沈阳师范大学学术文库

回归马克思意识形态理论的实践基础

李馨宇 著

RETURN TO THE PRACTICAL BASIS OF MARX'S IDEOLOGICAL THEORY

中国社会科学出版社

图书在版编目（CIP）数据

回归马克思意识形态理论的实践基础/李馨宇著.—北京：中国社会科学出版社，2019.12
ISBN 978-7-5203-5582-7

Ⅰ.①回… Ⅱ.①李… Ⅲ.①马克思主义—意识形态—研究 Ⅳ.①A811.63

中国版本图书馆CIP数据核字（2019）第249087号

出 版 人	赵剑英
责任编辑	赵　丽
责任校对	张依婧
责任印制	王　超

出　　版	中国社会科学出版社
社　　址	北京鼓楼西大街甲158号
邮　　编	100720
网　　址	http://www.csspw.cn
发 行 部	010-84083685
门 市 部	010-84029450
经　　销	新华书店及其他书店
印　　刷	北京明恒达印务有限公司
装　　订	廊坊市广阳区广增装订厂
版　　次	2019年12月第1版
印　　次	2019年12月第1次印刷
开　　本	710×1000　1/16
印　　张	14.5
插　　页	2
字　　数	209千字
定　　价	69.00元

凡购买中国社会科学出版社图书，如有质量问题请与本社营销中心联系调换
电话：010-84083683
版权所有　侵权必究

前　言

　　意识形态是一个聚讼纷纭的话题，从其产生、争论、"短暂终结"、发展、泛化，有批判、有美化、有回归、有理性，结论一次次被历史实践所检验。

　　在马克思关于意识形态的原初定义中，是彰显着虚假和真实的两极张力的。其中，虚假的观念体系是指以"神秘主义的方式解答社会历史现象"的一种头足倒置的观念存在形式，"认为宗教、概念、普遍的东西统治着现存世界"，其"虚假性"主要来源于"颠倒性"。马克思所说的"虚假的意识"源于思维至上的观念，以往的意识形态家都认为纯粹的思维是分析社会现实的基础，认为观念的东西是推动社会发展的动力，这是历史唯心主义的认识论；而马克思认为，意识形态在阶级社会中，在理论上表现为特定阶级的根本利益，社会形态的变革伴随着意识形态的变化，这是利益要求使然。在马克思看来，意识形态之所以会"虚假"，就是因为阶级利益作为一种特殊的集团利益，只有在革命期间才会与社会普遍利益相契合，因而是短暂的。

　　按照马克思的观点，既然阶级利益与社会普遍利益的契合只在革命期间，那么，当无产阶级革命取得胜利之后，原来的被统治阶级——无产阶级，上升为统治阶级，随着其阶级角色的转换，无产阶级的阶级利益是否也会转变为特殊的集团利益？其意识形态是否会失去真实性，成为"虚假意识"呢？对这一理论悖论的解决，成为本书研究的一个主要任务。

马克思之后，意识形态概念发生了嬗变，在东西方都陷入了困境，对于这种困境的解决，需要我们重新回到马克思。通过对马克思意识形态概念的文本考察，我们发现，马克思将意识形态及其相关思想统一在了人类的生活实践之中。如果一种意识形态能够真实反映社会存在，实现"事实真实"；能够代表大众利益，实现"利益真实"，那么，这种意识形态就是真实的，而这种真实的意识形态无疑是要建立在实践基础之上的。

首先，事实真实是意识形态真实性的现实论基础。当一种意识形态建诸实践基础之上、真实反映社会存在的时候，就实现了它的"事实真实"。马克思正是在实践基础上来阐述意识形态的生成与发展的。意识形态是关于人的社会生活的总体观念，而人的社会生活在本质上是以物质资料生产为基础的社会实践活动。因此，物质实践是社会意识产生、发展的动力，是解释社会意识的基础。要使意识形态走出虚假性、走向真实，就必须始终使意识形态如实反映社会存在，随社会实践的发展变化而不断修正自身。

其次，利益真实是意识形态真实性的价值论基础。利益是社会实践的一个部分，是意识形态的存在基础，完全脱离利益因素的意识形态是不存在的。意识形态的形成、发展都有赖于利益作为基础。只有正确反映利益水平、要求的意识形态，才是符合历史的。当一种意识形态能够建诸实践基础之上，最大限度地反映大众利益的时候，就实现了其"利益真实"。意识形态作为一种国家利益诉求，其实质就是要实现统治阶级利益与社会整体利益的契合，无产阶级由于其彻底的革命性，其意识形态从终极意义上要代表全人类利益，这样具有普遍性的意识形态是可以达到真实的。

在当代中国，改革开放以来，意识形态范式随社会实践的变迁而不断变革，意识形态由于建诸实践之上而推动了中国的经济与社会发展，凸显其利益真实。今后，意识形态仍然要始终真实反映社会存在、最大程度代表人民利益，才能保持其真实性。而实践是意识形态变革的立足点，中国当代意识形态应随实践发展而彰显其真实性旨趣。

目　　录

第一章　绪论 …………………………………………………… （1）
　一　研究背景、目的及意义 ………………………………… （1）
　二　国内外研究现状及文献综述 …………………………… （3）
　三　本书观点及创新之处 …………………………………… （25）
　四　研究方法 ………………………………………………… （30）

第二章　马克思的意识形态概念及其两极张力 ……………… （32）
　第一节　马克思的意识形态概念 …………………………… （32）
　第二节　马克思的意识形态概念内涵的两极张力 ………… （44）
　第三节　阶级角色的转换与理论悖论的凸显 ……………… （49）

第三章　马克思之后意识形态概念的嬗变及其理论困境 …… （51）
　第一节　列宁的意识形态理论及其两极对立的凸显 ……… （52）
　第二节　西方马克思主义的意识形态批判
　　　　　理论及其评价 ……………………………………… （60）
　第三节　苏联社会主义实践及其意识形态
　　　　　虚假性的显现 ……………………………………… （76）

第四章　回到马克思：社会实践是意识形态生成与
　　　　发展的现实基础 …………………………………… （82）

第一节　意识形态何以真实 …………………………………（82）
　　第二节　社会物质生活——意识形态真实性的
　　　　　　现实本体 ………………………………………………（91）
　　第三节　立足实践：走出意识形态虚假性的理论路径 ………（96）

第五章　反映大众利益：走向意识形态真实性的
　　　　价值论路径 ……………………………………………（101）
　　第一节　马克思论意识形态的利益真实 ………………………（101）
　　第二节　阶级利益与人民利益的统一性问题 …………………（108）
　　第三节　国家利益与人类利益的统一性问题 …………………（113）

第六章　中国主流意识形态的发展与变迁历程 ……………（117）
　　第一节　中华人民共和国成立初期至改革开放前的
　　　　　　主流意识形态 …………………………………………（117）
　　第二节　改革开放后的主流意识形态 …………………………（123）
　　第三节　新时代的主流意识形态 ………………………………（134）

第七章　与"实"俱进的当代中国意识形态及其
　　　　真实性解读 ……………………………………………（142）
　　第一节　改革开放实践与意识形态范式变革 …………………（143）
　　第二节　实践是意识形态范式变革的立足点 …………………（152）
　　第三节　中国当代意识形态应随实践发展而
　　　　　　彰显其利益真实 ………………………………………（166）

第八章　加强主流意识形态建设的基本策略 ………………（178）
　　第一节　强化意识形态工作的领导权和主导权 ………………（178）
　　第二节　提升中国主流意识形态的整合功能 …………………（188）
　　第三节　建立主流意识形态的保障机制 ………………………（196）

第四节　注重主流意识形态引领多样化社会
　　　　思潮的方法创新 …………………………………（202）

结束语 ……………………………………………………（209）

参考文献 …………………………………………………（212）

后　记 ……………………………………………………（221）

第一章

绪　　论

一　研究背景、目的及意义

党的十九大提出："牢牢掌握意识形态工作领导权。意识形态决定文化前进方向和发展道路。必须推进马克思主义中国化时代化大众化，建设具有强大凝聚力和引领力的社会主义意识形态，使全体人民在理想信念、价值理念、道德观念上紧紧团结在一起。"① 意识形态问题是学术界的热点问题，也是马克思主义哲学主题，更是主权国家必须高度重视的核心价值问题。在经济全球化和世界多极化的影响下，国内外经济、政治和思想文化环境都发生了错综复杂的变化，社会主义与资本主义意识形态的交锋与交流使意识形态研究面临许多新情况和新问题。这就需要理论工作者，必须结合时代背景的变化，重新回到马克思的意识形态之源，去深刻揭示和理解马克思意识形态理论的本质，探索在中国特色社会主义的伟大实践中，马克思意识形态学说的内在发展规律。

意识形态理论是马克思主义科学体系的重要组成部分，马克思从开始进行哲学批判的那一刻，就把意识形态问题纳入他的研究视野，使意识形态理论不断丰富和发展，并最终揭示出意识形态的"真实性"的实践本质。按照马克思的观点，既然阶级利益与社会普遍利益的契合只在革命期间，那么，当无产阶级革命取得胜利之后，原来的

---

① 《决胜全面建成小康社会夺取新时代中国特色社会主义伟大胜利——在中国共产党第十九次全国代表大会上的报告》，人民出版社2017年版，第41—42页。

被统治阶级——无产阶级，上升为统治阶级，随着其阶级角色的转换，无产阶级的阶级利益是否也会转变为特殊的集团利益？其意识形态是否会失去真实性，成为"虚假意识"呢？对这一理论悖论的解决，成为本书研究的一个主要任务。

在中国特色社会主义的伟大实践中，我国的社会结构、社会面貌发生了深刻的变化，人们的思想观念、价值取向、生活方式和行为方式不断地实现由传统到现代的转向，马克思所阐述的意识形态环境发生了前所未有的变化，意识形态领域的矛盾与斗争具有了新的特点。在新的历史时期，如何理性地看待马克思意识形态理论的形成发展历程及其在当代中国的运用，具有重大的理论和现实意义。因此，本书从阐述马克思意识形态概念的理论前提和形成过程入手，对马克思之后意识形态概念的嬗变及其理论困境进行了深入分析，认为在马克思关于意识形态的原初定义中，是彰显着虚假和真实的两极张力的。本书以此为基本的立论基础，提出社会实践是意识形态生成与发展的现实基础，反映大众利益是走向意识形态真实性的价值论路径。从而真实地解读了与"实"俱进的中国当代意识形态发展的规律和路径。本书建立在马克思主义唯物史观的基础上，为中国的社会主义意识形态建设提供了理论与现实的指导，为党和国家制定正确的路线、方针和政策提供了理论依据。

从理论意义上来看，通过本书的论述，要为分析意识形态问题找到一个理解的基础。即通过社会实践，来判别一种意识形态是否具有科学性。从以往关于意识形态的种种说法中，总结出来：意识形态的真假对错不是先天造成和永远如此的，无论是对于意识形态的何种理解，都要立足于"实践"这个基础，只有这样，关于意识形态的分析结论才可能是科学的。从现实意义上来说，马克思恩格斯之后意识形态理论的演变都是与实践的变化密不可分的，所谓意识形态的虚假与真实也是相对于实践而言的，经济全球化和互联网时代的意识形态问题，都是由于生产力的变化，也就是社会实践的变化，对于意识形态提出了新的要求。

四十多年中国改革开放的实践证明,实践上每前进一步都依赖于意识形态的变革。因此,希望通过本书,为意识形态找到"实践"这样一个理解基础。在当代中国,改革开放带来社会的实践变迁,相应的,意识形态范式也应当随之转变,即在方法论上,从否定辩证法转向肯定辩证法;在历史观方面,从革命史观转向渐进史观。意识形态范式随社会实践的变迁而不断变革,意识形态由于建诸实践之上而推动了中国的经济与社会发展,创造了"中国奇迹"。今后,意识形态仍然要始终真实反映社会存在、最大程度代表人民利益,才能保持其真实性。而实践是意识形态变革的立足点,中国当代意识形态应随实践发展而彰显其真实性旨趣。

二 国内外研究现状及文献综述
(一) 国外关于意识形态理论的研究概述

自特拉西首先提出意识形态概念,特别是马克思恩格斯《德意志意识形态》发表之后,西方学术界形成了一股意识形态研究的热潮,其中既有马克思主义传统,也有非马克思主义传统。西方学者对意识形态的研究,扩大了研究的视角,开辟了许多新的研究领域,但也有其无法回避的局限性,这些研究成果对于我们的意识形态的理论研究,是重要的思想资源。

1. 国外意识形态理论研究的总体情况

国外学者在《德意志意识形态》出版之前,就开始了对马克思意识形态理论的研究。1932年,《德意志意识形态》正式出版,这项研究达到了高峰时期,出现了前所未有的研究热潮。学者从不同角度来研究马克思的意识形态理论。大卫·麦克里兰在他的《意识形态》一书中指出,"在这段期间,马克思主义对意识形态的探讨主要在三个方面取得了进展。第一,第二国际的马克思主义将马克思的思想简单化为经济决定论的一般学说,这会使意识形态与虚假意识的等同更为突出"①。第二是"列宁的意识形态概念被剥去了否定涵义，社会主义的或马克思主义的意识形态观出现了"②。也就是说，意识形态在列宁那里已具有了阶级性：资产阶级的意识形态是统治阶级的意识形态，无产阶级意识形态是科学的意识形态。第三是"由于革命运动在西方未能获得充分的发展，在诸如葛兰西和阿尔都塞等西方的马克思主义者当中，意识形态是比迄今可以想见的更为强大而独立的力量的印象逐渐增强，并因此给予了它更多的注意和重视"③。随后在《共产党宣言》中继续揭示出意识形态革命是社会革命的深层本质④这一深刻含义。国外学者对意识形态的研究取得的进展，从原因上分析，随着国际共产主义运动的发展，参与其中的理论家们不断地总结运动失败的经验教训，在这一过程中，他们将研究目光转向了马克思的意识形态理论。可以说，西方学者对马克思意识形态理论的研究是他们研究意识形态问题的重要视角和理论谱系。

与此同时，对非马克思主义传统的意识形态理论进行深入研究，也是西方学者意识形态研究工作中的一项重要内容。"一般认为，韦伯、杜尔凯姆以及弗洛伊德的思想对后来非马克思主义传统的意识形态理论有很大的影响。"⑤ 如拉康就从弗洛伊德精神分析的角度对意识形态现象进行了分析。而"曼海姆则被公认为是非马克思主义传统意识形态理论的代表人物。对曼海姆意识形态理论的考察构成了西方意识形态研究的一个重要领域"⑥。上述研究存在一个共同的弊病，即采取实证主义方法，将意识形态理论化、认识论化，通过淡化意识形态理论的阶级归属，使意识形态完全脱离阶级和党派的利益。这种做法

---

① 大卫·麦克里兰：《意识形态》（第二版），孙兆政等译，吉林人民出版社2005年版，第28页。
② 同上。
③ 同上书，第37—38页。
④ 侯惠勤：《真正的社会革命必然是意识形态革命——纪念〈共产党宣言〉问世一百七十周年》，《世界社会主义研究》2018年第2期。
⑤ 鲁克俭：《国外马克思学研究的热点问题》，中央编译出版社2006年版，第150页。
⑥ 同上。

虽然开辟了意识形态研究的新视野，但却无法对这一问题进行最本质、最深刻的研究。

2. 国外研究意识形态理论的主要方面

第一，对意识形态概念的研究。

卡尔·曼海姆从知识社会学的角度区分了两种意识形态：一种是走向没落阶级的偏见，即"意识形态"；另一种是新兴进步阶级的意识形态，即"乌托邦"。什么是"乌托邦"，曼海姆认为"一种思想状况如果与它所处的现实状况不一致，则这种思想状况就是乌托邦"①。曼海姆进一步提出"特殊的意识形态概念"和"总体的意识形态概念"，并认为从知识社会学的角度来说，总体的意识形态概念具有加以改造和提高的可能，是有研究价值的。在曼海姆看来，意识形态发展史就是特殊的意识形态不断融入总体的意识形态的历史。在融入过程中，知识社会学使意识形态不断中立化，并逐渐摆脱党派的政治影响，实现了意识形态学说从"一个党派的斗争武器"转变为一个超党派的"社会学的精神历史"②。与马克思将社会意识建诸社会存在基础上不同，曼海姆试图通过"抽象的理智"实现意识形态与乌托邦的结合，在他那里，这两种意识形态只是有限的实在知识。

莱蒙德·盖斯提出了不同形式的意识形态概念：一是描述意义上的意识形态；二是贬义的意识形态（或称否定性的意识形态），是对社会存在的本质的一种遮蔽，与此联系的自然是意识形态批判；三是肯定意义上的意识形态，即不仅承认意识形态的存在，而且认为它能客观地反映社会存在的本质，肯定其内容与价值。③ 按照盖斯的上述划分，特拉西的意识形态概念是肯定性的，马克思的意识形态概念则是否定性的，而到了列宁那里，意识形态概念则是描述性的。这是因为，"在列宁那里，意识形态涵义的变化过程达到了顶点。意识形态

---

① 卡尔·曼海姆：《意识形态与乌托邦》，黎鸣、李书崇译，译林出版社 2016 年版，第 192 页。

② 转引自俞吾金《意识形态论》，人民出版社 2009 年版，第 250 页。

③ R. Geuss, *The Idea of A Critical Theory*, Cambridge University Press, 1981, pp. 4, 12, 22.

不再是取消冲突的必然的扭曲，而是成了一个涉及阶级（包括无产阶级）的政治意识的中性的概念"①。

弗雷德里克·杰姆逊提出了意识形态的七种模式②。其中，既有马克思主义意识形态理论的经典模式，包括意识形态是有局限性的意识、意识形态概念是一种"关于社会阶级的理论"、意识形态是物化意识；也有对经典模式的继承和发展，包括日常生活的意识形态、阿尔都塞意识形态国家机器理论、支配权的意识形态、语言异化意义上的意识形态。这种对意识形态模式的划分充分说明意识形态理论，从来就不是单一和永恒不变的，它是随着社会历史环境的改变而变化着的。这不仅证明了马克思主义意识形态理论的意义，而且为意识形态研究的文化转向提供了方向和可能。此外，还有对意识形态形式的其他区分，比如齐泽克就根据意识形态概念的发展史，把意识形态分为自在的意识形态、自为的意识形态和自在自为的意识形态三种。

第二，对意识形态与政治关系的研究。

20世纪20年代，卢卡奇、葛兰西等早期的西方马克思主义者，在总结西欧工业革命失败的原因时，提出无产阶级对意识形态领导权的疏忽是革命失败的深层原因。"近代以来的世界历史告诉我们，任何真正的社会革命都是意识形态的革命。"③ 正如F. 哈里戴所说："柯尔施和葛兰西都主张，无产阶级革命的主要任务是开展意识形态展现的斗争。"④ 基于此，早期的西方马克思主义者都将目光投向了马克思的意识形态学说。出于革命需要，他们对意识形态与政治（主要是革命）的关系问题进行了深入的研究。卢卡奇将无产阶级革命理解为一种意识革命。在他看来，意识形态不只是一种思想体系，在更深层次意义上，是物化了的社会关系。因此，革命的重点应该放在物化意识

---

① T. Bottom ore edited, *A Dictionary of Marxist Thought*, Cambridge Harvard University Press, 1983, p. 222.
② 弗雷德里克·杰姆逊：《后现代主义与文化理论》，唐小兵译，北京大学出版社2005年版，第206页。
③ 朱继东：《新时代党的意识形态思想研究》，人民出版社2018年版，第3页。
④ K. Korsch, *Marxism and Philosophy*, New York NLB, 1970, p. 11.

的克服和无产阶级总体性意识的形成上，经济政治斗争和暴力革命成了次要的事情。而由于深受克罗齐、拉布里奥拉的影响，葛兰西则更注重精神和实践的作用，他认为文化的领导权或称精神的和道德的领导权是进行革命的首要问题，而这种领导权的实质就是意识形态领导权。

法兰克福学派则完全是从否定意义上使用意识形态的。在他们看来，一切意识形态都是其制造者为了左右人们的思想、决定社会生活而杜撰和虚构出来的，其目的就是为了巩固与扩大自身的阶级利益。意识形态控制已取代传统的政治经济统治而成为新的统治形式。但自20世纪50年代以来，资本主义社会基本矛盾不断暴露，作为这些矛盾在意识形态领域的反映，西方社会出现了一股"意识形态终结"的思潮。最先提出"意识形态终结论"的是雷蒙·阿隆，在他的《知识分子的鸦片》一书的最后一章，以"意识形态时代的终结？"作为标题；后来，他又在《阶级斗争》一书中进一步丰富和发展了这一思想。但事实上，雷蒙·阿隆的意识形态终结论本身就具有明显的意识形态特征，"因为它从马克思主义与社会主义进行意识形态斗争的立场出发，夸张马克思主义和左翼思想在理论上的困难，淡化现实社会的矛盾，美化资本主义现实，对当代西方社会做了有利自由主义和保守主义的经验描述等，不仅在政治取向上是保守的，在理论上也是片面的"[①]。丹尼尔·贝尔在《意识形态的终结》中指出："摆在美国和世界面前的问题是坚决抵制在'左派'和'右派'之间进行意识形态争论的古老观念，现在，纵使'意识形态'这一术语还有理由存在，它也是一个不可救药的贬义词。"[②] 丹尼尔·贝尔的意识形态终结论是具有一定矛盾性的，他一方面强调该理论具备"政治性读物"的特点，但有时又会否认他的理论与政治有关，这样的矛盾表述事实上暗含着两个方面的信息，"一方面他把命题视为对马克思主义的拒绝，

---

① 汪行福、俞吾金、张秀琴：《意识形态星丛：西方马克思主义的意识形态理论及其最新发展态势》，人民出版社2017年版，第51页。

② 丹尼尔·贝尔：《意识形态的终结》，张国清译，江苏人民出版社2001年版，第68页。

同时又强调自己的理论已经构成了新的思想正统"①。"'终结论'先是以科学技术的进步、社会制度的相似性,得出意识形态必将随着科技理性的扩张、民主政治的实践而衰落;后是以社会主义国家的低潮、现代化目标的趋同性,得出世界将统一于西方的自由民主。这是完全不符合客观事实的虚假意识,颠倒了思维与存在的关系这个重大的基本问题。"② 由此可见,在终结论者看来,世界正在进入一个无利益冲突的时代,政治诉求已无必要。实际上,他们所说的意识形态的"终结",并不是全部意识形态的"终结",而是指传统的意识形态中所蕴含的政治因素的消失。

对于意识形态与政治的关系的研究,是意识形态理论研究的一个重要领域。总体上看,大多数国外学者也都没有离开政治或权力的问题来研究意识形态。虽然意识形态斗争并不都是权力的斗争,但意识形态问题应当说都涉及权力与利益的冲突问题。这一点也启示我们,在建构当代中国意识形态的过程中,绝不能忽视现实利益因素。

第三,对意识形态与科学技术关系的研究。

特拉西把意识形态称之为"观念的科学"或简称为"观念学"。这里所指的"观念的科学"是与经院哲学和中世纪神学相对立的学说,主张在可靠的感觉经验和理性知识的基础上,重建各种知识,把它们整合成"观念的科学",倡导新的科学和科学方法。③

国外学者在意识形态与科学的关系问题上,有两个观点:法兰克福学派肯定了意识形态与科学的统一,而意识形态发展史上其他的思想家则都将意识形态与科学的对立作为他们研究的基本出发点。

马尔库塞作为法兰克福学派的代表人物,提出技术合理性是意识形态的内核,并在此基础上进一步强调技术合理性向政治合理性的转

---

① 汪行福、俞吾金、张秀琴:《意识形态星丛:西方马克思主义的意识形态理论及其最新发展态势》,人民出版社2017年版,第61页。

② 杜朝举:《论西方"意识形态终结论"思潮的三个逻辑误区》,《思想理论教育导刊》2016年第12期。

③ 汪行福、俞吾金、张秀琴:《意识形态星丛:西方马克思主义的意识形态理论及其最新发展态势》,人民出版社2017年版,第19页。

变。他认为，技术的合理性成为发达工业社会意识形态的真正的灵魂。而哈贝马斯进一步发展了马尔库塞的观点，他在《作为"意识形态"的技术与科学》一文中指出，晚期资本主义社会的基本特征就是科学技术不仅成了第一生产力，同时也有了意识形态的意蕴，成了发达工业社会的意识形态。

与法兰克福学派的观点不同，实证主义的孔德认为人类智力发展有三个阶段：宗教神学、形而上学和科学，其中宗教神学和形而上学属于意识形态范畴，是虚假的，人类智力发展的第三阶段即科学才是实证的。而结构主义的阿尔都塞认为，"意识形态是具有独特逻辑和独特结构的表象（形象、神话、观念或概念）体系，它在特定社会中历史地存在，并作为历史而起作用"①。以此明确区分了科学与意识形态。

第四，对意识形态和精神分析与文化的关系研究。

从19世纪末到20世纪初，作为对黑格尔哲学的泛理性主义倾向的反拨，以叔本华和尼采为代表的唯意志主义思潮开始产生重大影响。奥地利心理学家弗洛伊德深受这一思潮的影响，他创立了以无意识理论作为基础的心理分析学，并在此基础上对整个人类文明的发展做出了新的批判性解释。与马克思关注经济因素对人们社会生活的决定性作用不同，弗洛伊德重视的是无意识性对人们的社会生活的决定性作用。虽然弗洛伊德并没有使用"意识形态"这个概念，但在他的《文化中的不满》一书中，包含着一种独特的意识形态分析方法，即相对于理性来说，弗洛伊德更注重本能、无意识的作用。他说："本能的升华是文化发展的一个最显著的特征；正是这种升华使更高的心理活动，即科学的、艺术的或意识形态的活动成为可能，它在文明的生活中起着极为重要的作用。"② 正如 I. H. 柯亨所说："运用心理分析的理论，意识形态和意识能够从人的原初的本能的倾向与社会环境的相互

---

① 路易·阿尔都塞：《保卫马克思》，顾良译，杜章智校，商务印书馆1984年版，第201页。

② S. Freud, *Civilization and Its Discontents*, New York: W. W. Norton & Company, 1961, p. 49.

作用中得到理解。"① 由此可见，作为叔本华所开创的唯意志主义思潮的进一步发展，弗洛伊德的理论对意识形态学说的发展起着不可估量的影响。

20世纪20年代，赖希首创将弗洛伊德的精神分析学说同马克思主义意识形态结合起来，运用弗洛伊德的心理结构理论来补充马克思主义的社会历史学说。赖希通过改造弗洛伊德性格理论提出"社会性格"概念，并以此作为经济基础与上层建筑之间的纽带。他认为，一旦了解了人的性格结构的形成过程，也就理解了经济发展过程如何转化为意识以及意识形态如何具有相对独立性。赖希之后，弗洛姆和马尔库塞也运用了这一方法来进一步充实意识形态的研究。弗洛姆认为，虽然思想的根源在于社会的经济结构，但经济基础并不直接产生意识形态，意识形态也不直接反映经济基础，二者必须借助于"社会性格"②这一纽带。所谓"社会性格"，是指在一个特定文化时期内绝大多数人所共同具有的性格结构的核心。而马尔库塞试图通过改造弗洛伊德的心理结构理论，并同马克思关于人的本质思想结合在一起，论证建立一种无压抑的文明社会的可能性。他从弗洛伊德的心理结构中提炼出"爱欲"作为人的本质，并认为马克思所讲的人的解放实际上就是人的爱欲的解放。③

而到了20世纪60年代，随着拉康提出"回归弗洛伊德"的口号，学者们再次看到精神分析与马克思主义意识形态理论结合并以此分析社会历史问题的希望。拉康以"回到弗洛伊德"为旗帜，以破除主体的透明性和自主性幻想为己任，目的不是要人们适应现实与重塑自我，而是要揭示主体性本身的内在分裂和挫折的必然性。④ 可以说拉康的

---

① I. H. Cohen, *Ideologys and Unconsciousness*, New York University press, 1982, p. 129.
② 弗洛姆说："我所说的社会性格指的是同一文化的绝大多数成员所共有的性格结构的核心，它不同于个人性格，因为即使属于同文化的人，个人的性格也是彼此不同的。"（见 E. Fromm, *Beyond the Chains of Illusion*, New York: Simon and Schuster, 1962, p. 78.）
③ 庄福龄：《简明马克思主义史》，人民出版社2001年版，第327—328页。
④ 汪行福、俞吾金、张秀琴：《意识形态星丛：西方马克思主义的意识形态理论及其最新发展态势》，人民出版社2017年版，第381页。

结构主义精神分析学影响了 20 世纪 60 年代以后欧洲学术界，并成为后现代思潮消解主体哲学的主要理论资源。阿尔都塞主要运用拉康早期的有关镜像阶段的理论，认为意识形态主要通过意识形态国家机器对人的质询起作用。阿尔都塞从拉康式的精神分析与葛兰西的历史主义特征相结合，获得一种意识形态理论，这一理论体现在他的文章《意识形态与意识国家机器》和专著《保卫马克思》中。而齐泽克则主要运用了拉康后期的思想进一步发展了意识形态理论，他的理论是对阿尔都塞意识形态理论研究的进一步深化和发展。与阿尔都塞不同的是，齐泽克并不准备用精神分析来补充马克思主义意识形态理论的不足，而是重新强调社会对抗（阶级斗争）的不可消除性。齐泽克的理论对资本主义社会的批判意义是被人公认的，"他的哲学思想就像一种计算机病毒，目的是要摧毁全球自由资本主义那种赖以生存的、表面上看上去很舒适、温暖的母体"[①]。在意识形态理论中，齐泽克的贡献大致有两个方面：早期他以拉康的精神分析为武器，批判一切以绝对主义为基础的集权主义；后期他还是以拉康的精神分析为武器，批判自由主义、保守主义和左翼多元主义等一切意识形态。[②]

伊格尔顿则从文化角度来理解晚期资本主义社会。在伊格尔顿心目中，"意识形态"是一个中性概念。表面上看，它无关乎真假，也无关乎利益；但从深层次看，它不仅关乎真假，而且关乎利益，因而成为伊格尔顿进行文化分析的重要工具。在伊格尔顿看来，"文化"范畴一如既往地是利益、价值和政治权力激烈斗争的场所。他从文化视域来研究意识形态，并进而指出文化所蕴含的意识形态本质。在他的文学批评背后，我们看见的是伊格尔顿坚持从生产方式的矛盾运动中寻找意识形态的源头，在"意识形态"概念中注入了阶级关系、权力结构以及话语理论等内涵，恢复并增强了意识形态批判的力量。

[①] 斯拉沃热·齐泽克、格林·戴里：《与齐泽克对话》，孙晓坤译，江苏人民出版社 2005 年版，第 1 页。

[②] 汪行福、俞吾金、张秀琴：《意识形态星丛：西方马克思主义的意识形态理论及其最新发展态势》，人民出版社 2017 年版，第 440 页。

3. 简要评价

西方学者对意识形态的研究，不仅进一步丰富了意识形态理论的内容，而且开辟了意识形态理论研究的很多新领域，成为我们研究意识形态问题的思想资源；他们对非马克思主义意识形态理论的研究则从学理上为意识形态理论的整体研究注入活力。西方学者不仅从意识形态与革命、政治的关系角度研究意识形态，而且将科技、精神分析等因素引入意识形态的研究。所有这些，都是我们研究意识形态理论时可资借鉴的思想资源。

然而，我们也不能忽视西方意识形态理论研究的缺陷。这种缺陷包括两个方面：一是他们对意识形态所进行的研究，总体上还是一种"理性革命"，脱离了社会发展实践的基础；二是过分重视结构的意识形态，因而放弃了其历史维度。脱离实践基础的结果是：意识形态的研究始终是在意识领域内的自我缠绕，是在理性之内绕圈的活动；将历史与结构割裂的结果是：对规律的把握变成了对现象的单纯的描述，这就不可避免地改变了意识形态的性质，减弱了意识形态的批判力量。意识形态是属于历史的，离开了历史，意识形态也就失去了生命力；意识形态是建立在实践基础之上的，离开了实践，意识形态就成了虚幻的花朵，"我们要超越仅仅从概念和理论层面来理解创始人的意识形态观，就是要从实践层面来看待它，即把马克思主义意识形态看作是一种实践理性，一种具有实践品格的意识中的存在或'意识事实'"①。意识形态随人们的生活条件及社会关系的改变而改变，正如马克思所说："人们的观念、观点和概念，简短些说，人们的意识，是随着人们的生活条件、人们的社会关系和人们的社会存在的改变而改变的，——这一点难道需要什么特别的深奥思想才能了解吗？"② 对于社会意识的研究，应当以人们现实的生活条件、现实的社会关系和现实的社会存在，即以社会实践为基础。因此，回归马克思意识形态的实践基础，建设社会主义意识形态，就是西方意识形态研究给我们

---

① 张秀琴：《马克思意识形态概念理解史》，人民出版社 2018 年版，第 32 页。
② 《马克思恩格斯全集》第 4 卷，人民出版社 1958 年版，第 488 页。

的启示。

（二）国内关于意识形态理论的研究概述

意识形态研究是学术界的热点问题，也是当代的哲学主题。近20年来，我国学者以全球化为意识形态研究的时代背景，针对意识形态领域出现的新情况和新问题，进行了广泛而深入的研究，积累了许多研究成果。概括起来，学者们对意识形态的研究主要是从以下方面展开的。

1. 关于意识形态的内涵

"意识形态本质上是国家现象，这就决定了其实质是阶级意志的思想表达，其作为历史现象所固有的历史合理性和变动性。"① "意识形态是人存在的必然生活结构或存在方式，意识形态生产是社会主体间有序互动的前提、媒介和结果。"② 有学者认为，马克思是以否定性来理解意识形态内涵的。许多西方学者认为，意识形态是一个贬义词，即"虚假的意识"。这些学者认为，在阶级社会中，统治阶级为了维护自身利益，而故意将统治阶级的利益描绘成普遍的利益，意识形态因此是"虚假的意识"，很多国内学者也持这种观点。他们认为，在马克思的很多著作中明确地将意识形态等同于"虚假意识"，因此，马克思是从否定意义上理解意识形态内涵的。"迄今为止人们总是为自己造出关于自己本身、关于自己是何物或应当成为何物的种种虚假观念。"③ 有的学者将马克思恩格斯所使用的"意识形态"这一概念概括为三个层面，即作为与唯物史观基本范畴相对立的唯心史观的意识形态、统治阶级为各自的目的和利益要求而提出的意识形态以及观念或思想上层建筑的意识形态及其社会意识形式。④ 还有的学者则从社会意识与社会存在的辩证关系角度阐明了马克思主义意识形态所具有

---

① 侯惠勤：《意识形态的历史转型及其当代挑战》，《马克思主义研究》2013年第12期。
② 朱国伟：《虚拟社会意识形态治理的理论要求》，《思想理论教育》2016年第6期。
③ 《马克思恩格斯文集》第1卷，人民出版社2009年版，第509页。
④ 王永贵：《马克思主义意识形态理论与当代中国实践研究》，人民出版社2013年版，第20页。

的依赖性、非主观性、社会性和相对独立性。①

俞吾金在《意识形态论》一书中指出，意识形态的本质是编造幻想、遮蔽现实关系的一种精神力量，因此，它是对社会现实的颠倒的、神秘的反映。通过分析马克思和恩格斯的整个思想理路，可以看出，在他们那里，意识形态始终是被当作否定性概念来对待的，但这并不意味着意识形态就等同于虚假意识。俞吾金对意识形态的定义为："在阶级社会中，适合一定的经济基础以及竖立在这一基础之上的法律的和政治的上层建筑而形成起来的，代表统治阶级根本利益的情感、表象和观念的总和。"②"西方国家从法律上规定了意识形态及其传播、教育的正当性，从而给传播、加强意识形态教育披上了合法的外衣。"③周宏认为，按照马克思和恩格斯的本意，虚假性是意识形态的主体特征。④ 季广茂认为，马克思真正实质性地赋予了意识形态以贬义色彩，并认为意识形态始终是一个贬义词。与我们现在所处的时代不同，马克思分析意识形态的社会形态是资本主义社会，而不是一般的人类社会。因此，他探讨的是资本主义社会的发展规律而不是一般社会的发展规律。⑤

虽然马克思、恩格斯主要是将意识形态与"虚假意识"等同起来，但国内大多数学者认为，"虚假的意识"有其特定含义。

俞吾金认为，如果将意识形态全部视为统治阶级编造的谎言，那它是不可能作为支配人们思想的精神力量而长期存在的。从认识论上来说，马克思的"虚假的意识"来源于思维独立性至上的观点，来源于以往的意识形态家仅从思维材料中寻找动力，因为"他只和思想材料打交道，他毫不迟疑地认为这种材料是由思维产生的，而不去进一

---

① 付雨欣、高军：《重识马克思主义意识形态理论的基本内涵及其当代价值》，《思想政治教育研究》2013 年第 1 期。
② 俞吾金：《意识形态论》，人民出版社 2009 年版，第 131 页。
③ 张志丹：《意识形态功能提升新论》，人民出版社 2017 年版，第 113 页。
④ 周宏：《理解与批判——马克思意识形态理论的文本学研究》，上海三联书店 2003 年版，第 111 页。
⑤ 季广茂：《意识形态》，广西师范大学出版社 2005 年版，第 28—29 页。

步研究这些材料的较远的、不从属于思维的根源"①。而马克思恩格斯在创建唯物主义的过程中认识到，思维和观念的东西不但不是第一性的，而且也不是独立的和自足的，社会存在决定社会意识。因此，仅从思维和观念出发所创造出来的意识形态，必然是虚假的意识。因此，意识形态作为"虚假的意识"是根植于历史唯心主义的认识方式中的。②

杨生平指出，马克思、恩格斯并没有把意识形态完全等同于虚假意识："马克思、恩格斯所说的'虚假意识'是指以往阶级社会中某种意识形态理论的具体内容，称之为所指意识形态；而不是某种意识形态理论存在这一事实，不涉及具体内容，称之为能指意识形态。"③

陈明等认为，将意识形态当作虚假意识是马克思、恩格斯的一贯思想，既是对现代科学精神的体现，也是对西方哲学传统的继承。但马克思所说的意识形态"虚假性"并非是指意识形态内容的真假，而是指意识形态的颠倒性，即这种意识形态颠倒了思维和存在的关系。④

王晓华对意识形态虚假性的来源进行了分析。他认为，虚假性源于历史局限性，即已知的社会现实总是存在局限性的，运用这种现实去预见未来，必然被其历史局限性所制约；但这种已知的社会现实又不是可以完全抛弃的，因为如果离开社会现实，则仅存的事实根据也就不复存在了，那么脱离现实基础的社会分析必然更只是空中楼阁，虚假性也必然无法摆脱。⑤

侯惠勤在其专著中也认为，意识形态的虚假性主要是指其"颠倒性"，即它使社会存在和社会意识、生活和观念的关系从根本上颠倒过来，不是将生产、生活和实践作为出发点，而是以观念代替现实。

---

① 《马克思恩格斯选集》第 4 卷，人民出版社 2012 年版，第 642 页。
② 俞吾金：《意识形态论》，人民出版社 2009 年版，第 140 页。
③ 杨生平：《意识形态相关概念辨析》，《江汉论坛》1998 年第 7 期。
④ 陈明、吴太贵：《论意识形态的自组织性》，《广西大学学报》（哲学社会科学版）2006 年第 5 期。
⑤ 王晓华：《关于意识形态的历史反思》，《浙江学刊》1995 年第 1 期。

这里所说的"假",主要指其没有把观念摆在适当的位置上,并未涉及这些思想观念的内容本身之正误、真假的问题,因此,"虚假的意识"并不等同于"错误的观念"。归根结底,颠倒的现实世界造成了颠倒的观念世界,意识形态要摆脱虚假性,只能回到现实的革命实践中去。

还有学者认为,马克思所理解的意识形态有两层含义。一种是上文中提到的"虚假意识",即从否定的、贬义的角度来使用意识形态。另一种是中性的用法,侯惠勤认为,马克思将意识形态看作是历史唯物主义的一个基本范畴,是在描述意义上使用意识形态的。作为观念的上层建筑,意识形态是社会意识的一部分,是对社会经济形态和政治制度的系统的、自觉的反映。在这个意义上,意识形态是统治阶级宣扬社会制度合法性的基础,是使人们认同现存社会制度的价值系统,并不存在"虚假"或否定的含义。①

宋惠昌谈到,意识形态是思想的上层建筑,是一种特殊的社会意识形式,是对一定社会集团或社会关系的自觉反映形式。意识形态通过系统的理论观点和学说体系的形式表现社会现实,是一定阶级、社会集团的一种自我意识。②

姚大志认为,通过改造特拉西认识论意义上的意识形态概念,马克思赋予这一概念以社会学和政治学方面的内涵,并发展为意识形态理论。在马克思那里,意识形态不仅被理解为为统治阶级利益服务的虚假意识,而且将意识形态与经济基础的关系作为其理论的一个基本方面,在此基础上,将经济基础、上层建筑和意识形态当作理解社会历史的基本概念工具。③

陈锡喜认为,对意识形态仅从社会结构层面做描述性的定义(反映经济基础的思想上层建筑),并在这一定义基础上推论出它的根本

---

① 侯惠勤:《马克思关于意识形态虚假性之判断与当代意识形态之争》,《河南大学学报》(社会科学版)2002年第2期。
② 宋惠昌:《当代意识形态研究》,中共中央党校出版社1993年版,第8—17页。
③ 姚大志:《现代意识形态理论》,黑龙江人民出版社1993年版,第36—38页。

特性是阶级性（经济基础是有阶级性的，因而意识形态也具有阶级性），尽管是必要的，但是，由于这一"定义"没有进一步从社会需要和历史发展两个层面揭示它的本质特征和根本功能，便不能很好地解释意识形态在社会生活中的历史变化，以及人们对意识形态的不同态度。①

2. 关于马克思对于意识形态基本规定的研究

对于这一问题，国内学者是基本形成共识的。俞吾金认为，马克思的意识形态的基本含义包括以下几层意思：第一，在马克思那里，意识形态是一个总体性的概念，包括意识诸形式；第二，意识形态是生活过程在人脑中的反映；第三，意识形态的载体是语言；第四，意识形态是社会的产物。②

姚大志认为，马克思改造了特拉西的意识形态概念，即在原有的认识论意义之外，赋予它以社会学和政治学方面的含义，使其发展为意识形态理论。作为现代意识形态理论的奠基人，马克思的意识形态概念有以下几个特点：第一，意识形态是虚假意识，它为统治阶级利益服务，其功能是保守的；第二，经济基础对上层建筑具有决定作用，马克思将意识形态称为"观念的上层建筑"，恩格斯则直接称为"意识形态的上层建筑"，这表明马克思的意识形态理论的一个基本方面就是经济基础与上层建筑的关系；第三，在对社会领域进行了经济基础—上层建筑的结构性分析之后，马克思把经济基础、上层建筑和意识形态当作理解社会历史的基本概念工具。③

3. 关于马克思意识形态理论的旨趣

国内部分学者认为，马克思意识形态理论主要是意识形态批判。批判维度是马克思意识形态理论的基本向度，批判性正是时代赋予这一理论的基本特征。④ 马克思的意识形态概念本身就充满了批判性，

---

① 陈锡喜：《意识形态：当代中国的理论与实践》，中国人民大学出版社2018年版，第8页。
② 俞吾金：《意识形态论》，人民出版社2009年版，第68—69页。
③ 姚大志：《现代意识形态理论》，黑龙江人民出版社1993年版，第36—38页。
④ 唐晓燕：《马克思意识形态理论的三重向度》，《浙江学刊》2015年第5期。

"我们的意识形态和思想认识也不断从那些不合时宜的观念、做法和体制中解放出来,从对马克思主义的错误的和教条式的理解中解放出来,从主观主义和形而上学的桎梏中解放出来,既坚持了老祖宗,又谱写了新篇章"①。在马克思的理论体系中,对作为资产阶级意识形态的政治理论、经济学、哲学和宗教的批判占有重要地位。马克思之后的意识形态理论逐渐失去了其中的批判性,而变化成一般的文化建设理论。

姚大志认为,就其所包含的思想原则而言,马克思建立了一种意识形态理论,就其所应用的具体场合和方式来看,这种意识形态又是意识形态批判。②

周宏提出,马克思意识形态理论的要义即意识形态批判,而意识形态批判的基本目的就是解开被意识形态所遮蔽的社会现实,并从社会的真实矛盾中推演意识形态产生的机制和中介,从而宣告一定意识形态的终结。超越意识形态是马克思意识形态理论的主要目的。③

张秀琴指出马克思意识形态批判的向度和问题域是哲学批判、经济学批判、资本主义政治社会批判及全面批判。④

应当说,马克思的意识形态理论既包括意识形态批判,也包括科学意识形态的建构。意识形态批判的本意就是"批判旧世界,发现新世界"。如果离开思想文化方面的建设性内容,意识形态批判就会成为无的放矢的抽象的学术慰藉。马克思、恩格斯在批判各种非科学的意识形态的基础上,也建构了科学的意识形态。本书将通过回归马克思意识形态理论的实践基础,找到马克思意识形态理论中所蕴含的"科学的意识形态"的真正内涵。

---

① 肖巍:《作为国家发展之魂的意识形态建设》,《思想理论教育》2012 年第 19 期。
② 姚大志:《现代意识形态理论》,黑龙江人民出版社 1993 年版,第 38 页。
③ 周宏:《理解与批判——马克思意识形态理论的文本学研究》,上海三联书店 2003 年版,第 226—269 页。
④ 张秀琴:《马克思意识形态理论的当代阐释》,中国社会科学出版社 2005 年版,第 74—98 页。

4. 关于意识形态与现时代

第一，全球化与意识形态。

世界是丰富多彩的，并不是只有一种文明、一种社会制度、一种模式、一种价值观念；每一个民族、国家的文化也是多样的，这也决定了社会意识形态的多样性。在社会主义国家，以马克思主义为灵魂和旗帜的社会主义意识形态占主导地位的情况下，其他非马克思主义、非社会主义的意识形态不可避免地也会存在，敌对势力对社会主义意识形态渗透也是难以避免的。因此，在意识形态领域必然会存在矛盾和斗争，需要正确地认识和处理。①

20世纪90年代以来，全球化进入全面加速阶段，其基础是技术和经济的全球一体化，很快扩展到世界政治、文化等领域。随着全球化影响的不断加深，必然在意识形态方面带来全新变化。王永贵等人认为我国意识形态建设面临着来自国际国内的多重挑战，这就对我们党牢牢掌握意识形态建设的领导权、管理权和话语权提出了新要求，主要概括为"双重因素说""综合因素说""文化因素说""国际因素说"②等几大方面。我国学者针对这些变化所带来的意识形态领域内的新情况，进行了严肃的思考和研究。

一方面，学者们指出全球化必然带来不同意识形态的相互比较和交融。胡惠林指出，在处理国际关系中，淡化意识形态标准而强调国家利益应该是一个基本的思路和方向。③而宋效锋则在他的文章《文化全球化与我国的意识形态安全》中指出，经济全球化推进了不同社会制度国家之间的矛盾由过去单纯的尖锐对抗转变成经济上的既竞争又合作、政治上的既对立又对抗、文化上的既交锋又交流，形成了一

---

① 杨河等：《当代中国意识形态研究》，北京大学出版社2015年版，第58页。
② 王永贵等：《意识形态领域新变化与坚持马克思主义指导地位研究》，人民出版社2015年版，第3—4页。
③ 胡惠林：《国家文化安全：经济全球化背景下中国文化产业发展策略》，《学术月刊》2000年第2期。

个进步性与矛盾性并存、多种价值观较量与兼并过程并存的复杂局面。① 随着经济社会的快速发展和物质生活水平的不断提高，人们的价值取向更趋向多元、多样。有调查显示，在价值观要素的选择中，民众选择"公正"（71.8%）、"和谐"（61.5%）、"民主"（55.0%）、"仁爱"（47.3%）、"法治"（45.3%）、"人本"（43.7%）、"自由"（43.7%）的比例较高。②

另一方面，学者们也指出了全球化鲜明的意识形态性。在周宏的专著中提出，全球化的本质是资本主义的全球化，资本主义借助于经济全球化，让资产阶级的意识形态披上一件全人类共同文化的外衣，在全球蔓延传播。③ 沈湘平认为，无论是从全球化形成的历史来看，还是从今日全球化的事实来看，全球化的意识形态性是十分明显的。作为对全球化的认识论诉求，以后现代思潮为代表的当代西方反思都强调差异、例外、边缘、多元和无中心，这种观念仍是西方式地理解目前体系分裂状态的方法，并非对现实的反映。④ 申小翠等在《"全球主义"的内涵及其谱系》一文中明确地将西方国家在冷战后采取的意识形态的新形式称为"全球主义"——西方发达国家借助一系列全球性现象的出现，打着"全球意识""全人类共同利益"的幌子，极力张扬其政治制度、经济制度和文化价值的普世意义，而炮制出来的一种新型的资产阶级意识形态表现形式。⑤

还有学者对当代中国社会主义意识形态主导地位所面临的挑战提出相应对策的研究，如王永贵就从具体层面探索了在全球化背景下党的建设、社会主义市场经济和构建社会主义和谐社会等重点领域，以

---

① 宋效锋：《文化全球化与我国的意识形态安全》，《中共天津市委党校学报》2006 年第 3 期。
② 陈延斌、周斌：《中国省域民众核心价值观调查报告》，《人民论坛·学术前沿》2013 年第 9 期。
③ 周宏：《理解与批判——马克思意识形态理论的文本学研究》，上海三联书店 2003 年版，第 28—32 页。
④ 沈湘平：《全球化的意识形态陷阱》，《现代哲学》1999 年第 2 期。
⑤ 申小翠、吕催芳：《"全球主义"的内涵及其谱系》，《广西大学学报》（哲学社会科学版）2006 年第 6 期。

及大学生、当代工人和农民等重点群体中开展社会主义意识形态建设的战略方针。①

第二，意识形态建设与构建和谐社会。

面对现代人精神上的困境，人们尝试多种破解方案。有的选择了复兴儒学，认为儒家"天人合一""和合大同"的哲学思想和治世理念是克服人类生存发展困境、引领中国现代转型的光明大道；有的认为应该"复归"五四时期的"德先生""赛先生"传统，主张要重启启蒙之路、继续学习西方先进经验——事实上，这些方案背后都或明或暗地"隐藏"着不同的意识形态立场和取向，正是这些立场和取向使得许多方案之间或相互对立，或相互补充，引发了激烈的意识形态纷争。②

党的十六大明确提出了构建社会主义和谐社会的战略目标，引起国内学者极大的关注。学者们将意识形态建设视为构建和谐社会的重大课题，对意识形态在构建和谐社会中的作用以及和谐社会背景下的意识形态建设的内容任务及方法途径进行了探讨，取得了一系列研究成果。学者们一致认为，科学发展观与构建和谐社会目标的提出，是社会主义意识形态建设的一个重大转型与创新。"意识形态越来越多地从纯粹的政治意识形态转化为复合性的经济、政治、文化以及日常生活意识形态，意识形态及其话语形式由凸显'利益对抗''敌我分明'的'革命''批判'优先转变为凸显'建设''和谐'优先，强调价值共识和利益整合。"③

郑慧、王义宝提出，以马克思主义为指导的社会意识形态作为一种系统地、自觉地科学合理反映社会经济形态和政治制度的思想理论体系，一种确保政权稳固、维护社会稳定和促进经济发展的重要手段，对构建社会主义和谐社会具有合理解释与指明方向以及凝聚力量和提

---

① 王永贵：《经济全球化与我国主流意识形态建设研究》，人民出版社2012年版，第221—450页。
② 任志锋：《当代中国社会主义意识形态主导性研究》，中国书籍出版社2015年版，第3页。
③ 张志丹：《意识形态功能提升新论》，人民出版社2017年版，第148页。

供保障的意义和价值。①

安怡军认为，意识形态工作对社会和谐价值理念的形成具有重要的促进作用。第一，意识形态工作促进和谐理念从制度和政策层面转化为社会心理层面；第二，意识形态构建人们心理、精神的和谐状态；第三，意识形态发挥包容、整合差异主体的功能。②

叶政进一步指出，和谐社会构建对意识形态建设的内容和任务提出了新的要求。一是要坚持指导思想的一元性，为和谐社会的构建提供强有力的理论动力和思想保证；二是在价值取向上要坚持以人为本，增强社会成员的价值共识；三是要从构建和谐社会的新高度，赋予舆论导向以新的时代内容。③

第三，意识形态与经济发展。

国内学者一致认同意识形态在经济发展过程中具有反作用，但对于这种作用的具体机制的研究却并不多。特别是对于意识形态在中国渐进式改革以及"中国奇迹"创生过程中所起的作用的研究，主要有郭忠义教授的研究成果可资借鉴。

就意识形态与经济发展的关系，学者们进行了初步的探索。中国经济持续快速增长，为提升主流意识形态功能奠定了坚实的物质基础，究其原因在于，"意识形态吸引力最终受制于经济基础和社会建设状况，因为软实力只有以硬实力为依托，才能充分显示其魅力"④。俞伯灵指出，中华人民共和国成立之后的头30年，我国选择了"精神激励型"的经济发展模式，这是新中国所确立起来的主导意识形态的结果；改革开放以来，经济制度演化过程与意识形态变革过程是一个双向互动的过程；而中国之所以选择"渐进式改革"方式，也可从意识形态角度得到合理的诠释。因此，当时代主题发生变化的时候，意识

---

① 郑慧、王义宝：《试论意识形态对构建社会主义和谐社会的价值和意义》，《政治学研究》2005年第4期。
② 安怡军：《和谐价值理念与意识形态理论》，《理论探索》2007年第2期。
③ 叶政：《和谐社会构建中的意识形态建设刍议》，《理论学刊》2005年第8期。
④ 黄明理：《马克思主义魅力与信仰研究》，人民出版社2016年版，第210页。

形态也要与时俱进，及时进行变革。①

徐增文等指出，作为经济发展的重要变量，意识形态具有独特的经济功能。30年来，社会意识形态的创新和发展始终伴随和主导着改革开放进程，为推进改革开放发挥了至关重要的作用。②

而柳新元认为，由传统的儒家意识形态和马克思主义意识形态所规定的制度变迁路径，决定了中国的渐进式改革方式。而国内外研究经济体制转轨的学者却恰恰忽视了意识形态这个变量。他进而得出结论，研究转轨经济学必须将意识形态因素考虑在内。③

郭忠义指出，意识形态是推动经济增长不可或缺的制度动力，中国经济奇迹创生的基本前提就是国家意识形态范式的变革。新的意识形态范式因其在认知上真实反映社会存在、在价值上真实代表社会各个阶级阶层的利益而回归唯物史观的根本精神，回归了马克思对意识形态真实性、有效性的基本立场。意识形态因此而焕发出巨大的理论力量。④ 郭忠义教授运用诺思的制度变迁模型来分析中国奇迹的成因，进一步指出，在自上而下的制度变迁中，意识形态决定有效率的产权制度供给，决定界定和保护产权的国家意志，是经济增长的重要基石。中国奇迹的关键原因是作为党和国家意志的意识形态的范式变革。⑤

实际上，"在党的领导中，思想领导是关键，道路、制度和民主均是由意识形态'铸魂'的"。因此，破解中国经济高速发展的奥秘，无论怎样都不能离开意识形态的保障和参与。

（三）评价及启示

社会存在决定社会意识，变革中的社会存在投射到社会意识领域，

---

① 俞伯灵：《意识形态与经济发展——基于新中国60年的分析》，《浙江社会科学》2009年第10期。
② 徐增文、房博：《社会主导意识形态变迁与中国经济发展：1978—2008》，《南京政治学院学报》2008年第6期。
③ 柳新元：《意识形态与中国渐进式改革方式的选择》，《理论探讨》2010年第4期。
④ 郭忠义：《中国奇迹与意识形态范式变迁》，《党政干部学刊》2011年第10期。
⑤ 张志丹：《意识形态功能提升新论》，人民出版社2017年版，第44页。

使意识形态的研究在当代中国得以凸显。马克思认为，意识形态没有独立的历史和独立的发展，意识形态是对社会现实的反映。因此，建构符合当代中国社会发展实践的意识形态就成为一个重要的学术课题。国内学者的研究深化了意识形态理论，对历史唯物主义及马克思主义其他学说的深入研究起到了推动作用，也从实践角度对社会主义意识形态的合理建构与发展做出了贡献。

然而，仍要看到，国内学者对于意识形态的研究还存在薄弱环节，比如说，对马克思意识形态理论的应用研究比较多，而对马克思意识形态基础理论的文本学进行"原生态"研究的比较少；研究西方马克思主义意识形态理论以及意识形态在当代传播的比较多，而研究意识形态矛盾的比较少。这就为本书的研究提供了思路和方向。本书将在目前已有的研究成果的基础上，从以下几个方面展开进一步的思考和探索。

第一，国内学者对马克思意识形态内涵进行了深刻的剖析，指明了意识形态虚假性与真实性的要义，本书将在此基础上，从马克思关于意识形态虚假与真实的二元张力入手，探索在当代中国，如何避免意识形态的虚假性？如果在一定条件下，社会主义意识形态产生了虚假性，如何克服？

第二，在马克思的意识形态理论中，既包括对以往意识形态的批判，也包括对新的科学意识形态的建构，那么，意识形态的真实性旨趣如何彰显？通过回归马克思意识形态理论的实践基础，本书从意识形态在认识论与价值论两方面的诉求入手，探索意识形态何以走向真实。

第三，学界一致认为意识形态在经济发展过程中具有反作用。40年来，正是国家意识形态范式的转变决定了国家发展理念的转变，中国经济持续高速增长，创造了"中国奇迹"，这里面意识形态的作用机制如何解释？从目前的研究成果上看，对于意识形态反作用于经济基础的研究并不多，本书将在这方面进行探索和尝试，研究社会变革过程中，如何构建符合当代中国社会发展实践的意识形态范式。

三 本书观点及创新之处

（一）本书观点

1. 马克思意识形态的原初含义中蕴含着虚假与真实的两极张力。

社会物质实践决定社会意识的思想是构成马克思意识形态理论的基本因素。在《德意志意识形态》中，马克思将意识形态界定为以社会全体成员普遍意识的面目出现的统治阶级的阶级意识，是占统治地位的精神力量和占统治地位的物质关系的观念表现，这种意识形态是虚假的意识；而在《政治经济学批判》序言中，马克思总结1845年前后的研究成果时指出，社会存在决定社会意识，社会意识反映社会存在，这样被社会存在决定的意识形态应当是真实的意识。因此，在马克思关于意识形态的原初定义中，是彰显着虚假和真实的两极张力的。

其中，虚假的观念体系是指以"神秘主义的方式解答社会历史现象"的一种头足倒置的观念存在形式，"认为宗教、概念、普遍的东西统治着现存世界"，其"虚假性"主要来源于"颠倒性"；而对于意识形态的真实性，马克思指出，"意识［das Bewu tsein］在任何时候都只能是被意识到了的存在［das bewu te Sein］，而人们的存在就是他们的现实生活过程。如果在全部意识形态中，人们和他们的关系就像在照相机中一样是倒立成像的，那么这种现象也是从人们生活的历史过程中产生的，正如物体在视网膜上的倒影是直接从人们生活的生理过程中产生的一样"①。

2. 意识形态的两极张力导致在阶级角色转换之后，理论悖论凸显出来。

马克思所说的"虚假的意识"源于思维至上的观念，以往的意识形态家都认为纯粹的思维是分析社会现实的基础，认为观念的东西是推动社会发展的动力，这是历史唯心主义的认识论；而马克思认为，

---

① 《马克思恩格斯选集》第1卷，人民出版社2012年版，第152页。

在阶级社会中，意识形态是特定阶级根本利益的理论表现形式，社会形态的变革伴随着意识形态的变化，这是利益要求使然。意识形态家总是把他们所代表的某一阶级的特殊利益说成是那个阶级的思想以普遍的形式。这种从特殊到普遍、从部分到整体的过渡是每一种意识形态的必然的生存方式。对于统治阶级来说，为了维护自己的长治久安，总是把自己的统治描绘成代表全社会成员的公正的统治；对于试图代替旧统治阶级地位的新阶级来说，为了赢得更多阶层的拥护，也要把自己的革命说成是为统治阶级之外的每一个人而进行的。直到革命胜利后，这种"普遍性"的外壳才会逐渐剥落，又转化为一个阶级的特殊利益。于是，普遍性还原为特殊性，整体还原为部分。在社会形态变革的过程中，统治阶级总是把他们所代表的那个阶级的意识形态说成是唯一合理的意识形态。这种合理性的观念不仅充斥在对意识形态的颂扬中，而且也充斥在对相应的社会存在的颂扬中。在马克思看来，意识形态之所以会"虚假"，就是因为阶级利益作为一种特殊的集团利益，只有在革命期间才会与社会普遍利益相吻合，因而是短暂的。由此可以看出，意识形态的真假之分，关键在于它所反映、维护、发展的统治阶级和社会整体两重利益之间的契合程度，以及为实现这种契合而对观念斗争和实际革命的选择。

如前所述，按照马克思的观点，既然阶级利益与社会普遍利益的吻合只在革命期间，那么，当无产阶级革命取得胜利之后，原来的被统治阶级——无产阶级，上升为统治阶级之后，随着其阶级角色的转换，无产阶级的阶级利益是否也会转变为特殊的集团利益？其意识形态是否会失去真实性，成为"虚假意识"呢？对这一理论悖论的解决，成为本书研究的一个主要任务。

3. 对上述理论悖论的解决，需要重新回归马克思意识形态理论的实践基础。

通过对马克思意识形态概念的原生态考察，我们发现，马克思将意识形态及其相关思想统一在了人类的生活实践之中。他一再强调，"德国哲学从天国降到人间；和它完全相反，这里我们是从人间升到天国。这就是说，我们不是从人们所说的、所设想的、所想象的东西出发，也不是从口头说的、思考出来的、设想出来的、想象出来的人出发，去理解有血有肉的人。我们的出发点是从事实际活动的人，而且从他们的现实生活过程中还可以描绘出这一生活过程在意识形态上的反射和反响的发展"①。如果一种意识形态能够真实反映社会存在，实现"事实真实"；能够代表大众利益，实现"利益真实"，那么，这种意识形态就是真实的，而这种真实的意识形态无疑是要建立在实践基础之上的。

首先，事实真实是意识形态真实性的认识论基础。在《政治经济学批判》序言中，马克思指出："物质生活的生产方式制约着整个社会生活、政治生活和精神生活的过程。不是人们的意识决定人们的存在，相反，是人们的社会存在决定人们的意识。"② 从以上论述可以分析出，当一种意识形态能够真实反映社会存在的时候，就实现了它的"事实真实"。马克思正是在实践基础上来阐述意识形态的生成与发展的。意识形态是关于人的社会生活的总体观念，而人的社会生活在本质上是以物质资料生产为基础的社会实践活动。因此，物质实践是社会意识产生、发展的动力，是解释社会意识的基础。要使意识形态走出虚假性、走向真实，也必须始终使意识形态如实反映社会存在，与"实"俱进地随社会实践的发展变化而不断修正自身。

其次，利益真实（或者叫价值真实）是意识形态真实性的价值论基础。利益作为与意识形态对立的客观实在，是社会实践的一个部分。意识形态必须以利益为基础，它不能脱离现实的利益而存在。意识形态随着利益的形成而逐渐形成，随着利益的发展而发展。意识形态必须正确反映利益的水平、要求和现状，才是符合历史的。"而且对实践的唯物主义者即共产主义者来说，全部问题都在于使现存世界革命化，实际地反对并改变现存的事物。"③ 从上述论述我们可以分析，当

---

① 《马克思恩格斯选集》第1卷，人民出版社2012年版，第152页。
② 《马克思恩格斯选集》第2卷，人民出版社2012年版，第2页。
③ 《马克思恩格斯选集》第1卷，人民出版社2012年版，第155页。

一种意识形态能够建诸实践基础之上,最大限度地反映大众利益的时候,就实现了其"利益真实"。不仅理论的先进性,而且对群众利益的满足也会影响意识形态工作的成效。[①] 意识形态作为一种国家利益诉求,其实质就是要实现统治阶级利益与社会整体利益的契合,无产阶级由于其彻底的革命性,能够最大程度地代表广大人民的根本利益,因而其意识形态是可以走向真实的。

4. 中国当代的意识形态应随实践变迁而不断变革。

在当代中国,改革开放以来,意识形态范式随社会实践的变迁而不断变革,意识形态由于建诸实践之上而推动了中国的经济与社会发展,创造了"中国奇迹",凸显其利益真实。今后,意识形态仍然要始终真实反映社会存在、最大程度代表人民利益,才能保持其真实性。而实践是意识形态变革的立足点,中国当代意识形态应随实践发展而彰显其真实性旨趣。

(二)创新之处

1. 从意识形态的真假之争入手,回归马克思,重新阐释意识形态的实践之根。以往对于马克思意识形态的理解,通常有贬义、中性二分法或贬义、中性、褒义三分法,即认为资产阶级意识形态是贬义的,对一般意识形态是中性的,对革命阶级的意识形态是褒义的,由此便自然推导出资产阶级意识形态因其唯心性而虚假,马克思主义意识形态因其科学性而真实的简单结论。事实上,马克思考察意识形态的立足点是人的现实的社会生活实践。在阐述意识形态及其相关思想时,马克思始终是从人类生活实践出发来认识意识形态的,认为意识形态是人类生活过程的必然产物,意识形态也必将随着人类现实生活的变化而变化。

本书对于实践与意识形态的关系研究,是以意识形态虚假性与真实性作为切入点的,这是一个全新的视角。通过对马克思意识形态理论的原生态考察,将其中所蕴含的虚假与真实的二元张力彰显出来,

---

① 高静:《十八大以来党的意识形态建设战略思想探析》,《重庆理工大学学报》(社会科学版)2017年第11期。

指出实践才是意识形态之根。

2. 通过事实真实与利益真实两个维度，分析出意识形态真实性的价值取向。在《政治经济学批判》序言中，马克思指出："物质生活的生产方式制约着整个社会生活、政治生活和精神生活的过程。不是人们的意识决定人们的存在，相反，是人们的社会存在决定人们的意识。"① 从以上论述可以分析出，当一种意识形态能够真实反映社会存在的时候，就实现了它的"事实真实"。同时，意识形态必须以利益为基础，正确反映大众利益诉求，才是符合历史的。"而且对实践的唯物主义者即共产主义者来说，全部问题都在于使现存世界革命化，实际地反对并改变现存的事物。"② 从上述论述我们可以分析，当一种意识形态能够建诸实践基础之上，最大限度地反映大众利益的时候，就实现了其"利益真实"。

本书提出"事实真实"与"利益真实"的观点，认为意识形态只有真实反映社会实践状况、代表大众利益，才能实现其真实性的价值取向。

3. 建构与中国社会发展实践相适应的意识形态范式。实现意识形态的利益真实是意识形态真实性的最终旨归。这就要求意识形态要随社会实践的发展而不断修正自身，这样才能达到统治阶级利益与社会普遍利益的不断契合，从而实现意识形态的真实性取向。本书通过比较研究，分析西方马克思主义意识形态理论与东欧社会主义国家意识形态的实践历程，指出当代西方研究意识形态的一些学者只是借用了"虚假"概念，并没有真正把握马克思的唯物主义历史观，对意识形态的批判由于脱离了实践而在理论上走入困境；并从中得到启示，纠缠于意识形态的"真假性"并无实际意义，对意识形态的评判要看其是否适应社会实践的发展。在当代中国，改革开放带来社会的实践变迁，相应的，意识形态范式也应当随之转变，即在方法论上，从否定辩证法转向肯定辩证法；在历史观方面，从革命史观转向渐进史观。

---

① 《马克思恩格斯选集》第2卷，人民出版社2012年版，第2页。
② 《马克思恩格斯选集》第1卷，人民出版社2012年版，第155页。

只有这样,意识形态的真实性旨趣才能得以彰显。

四 研究方法

(一) 文本研究法

文本研究是对马克思意识形态问题展开研究的基础。在文本研究的过程中,首先要严格把握马克思原著中的基本内涵,努力与经典作家的原意相符;同时,要将马克思的文本与它所依赖的语境联系起来。特别是对于马克思意识形态概念的研究,由于其蕴含着多重含义,因此,要结合具体的历史语境才能更加准确地把握马克思对于意识形态的理解,使文本研究更加贴近生活实践。

(二) 比较研究法

任何一种理论研究都不是孤立的和封闭的,哲学问题的研究更是一个综合性的研究,这里既有传统哲学和现代哲学的交融、交汇,更有西方哲学和中国哲学的交锋与交流,在研究的过程中结合各门类哲学以及伦理学和政治学等相关理论进行综合研究,探求马克思意识形态理论的内在本质与发展趋势。

(三) 历史梳理与逻辑论证相结合的方法

历史梳理方法是尊重历史规律和历史事实,客观分析马克思意识形态理论产生和发展前后的历史脉络。逻辑论证的方法是对马克思意识形态理论发生、发展的历史和现实进行理性分析,形成一定的解释框架和原则,使回归马克思意识形态理论的实践基础这一论题的基本主旨既尊重历史,又符合逻辑。本书在客观分析了马克思之后意识形态概念的嬗变及其理论困境基础上得出一个基本的立论基础,即社会实践是意识形态生成与发展的现实基础,并进而提出,反映大众利益是走向意识形态真实性的价值论路径。因此,本书在研究的过程中将历史与逻辑的方法实现了有机统一。

(四) 理论与实践相结合的方法

对于任何哲学问题的研究都不能仅仅是理论上的研究,而更应该是实践问题,既要注重学理性,又要突出实践性。意识形态的研究当然也不例外。按照意识形态在马克思文本中的具体使用，很多研究者认为"意识形态"就是一个否定性的贬义概念，并进而断言列宁将意识形态按照阶级属性进行划分不符合马克思的本意，似乎有篡改之嫌。然而，当我们从总体上来把握马克思的思想时，就会发现事情并非那么简单。因此，本书以理论研究为支撑，结合中国社会经济、政治环境的变化，真实性地解读了与"实"俱进的中国当代意识形态发展的规律和路径，使理论与实践紧密结合。

第二章

马克思的意识形态概念及其两极张力

关于"意识形态"的含义,一直受到学术界的争论。马克思批判地继承了以往的意识形态学说,赋予意识形态以全新的内涵,并在许多著作中频繁使用这一词语,"意识形态"是马克思哲学思想体系中十分重要的概念。为了系统地梳理马克思意识形态理论丰富的内容和复杂的结构体系,首先需要厘清马克思意识形态概念的理论前提及其形成过程,并对这一概念体系进行多维阐释,借以把握马克思意识形态理论的实质。

第一节 马克思的意识形态概念

马克思意识形态概念的产生是建立在对以往意识形态的批判和继承的基础上的,通过对黑格尔关于"异化"和"教化"思想以及费尔巴哈人本主义意识形态的批判、继承和超越,马克思形成了自己的意识形态理论,并最终在他的《德意志意识形态》中得到了精确化的表述,形成了具有虚假和真实两极张力的意识形态概念。

一 马克思意识形态概念的理论前提及形成过程

关于意识形态一词并不是马克思的首创,拿破仑时期的法国哲学家首先提出意识形态一词。特拉西提出意识形态,即以观念为研究对象的元科学,即观念学。从字义来看,意识形态指的是意识学。尽管特拉西对意识形态的解释只是一个基本的概念界定,但由于其所处的历史背景和理论研究方向,使这个词有了更深层次的意义。特拉西等人是以改造社会为目标的启蒙运动的传人,因此,他们对观念或意识的解释必然要隐含着社会实在的内容。其实他们对观念和意识的研究和社会研究属于同向。齐格姆·鲍曼指出,在特拉西和他的同仁那里,"意识形态是关于社会的唯一科学;或者,关于社会的科学只能是意识形态"①。他指出了特拉西的真实意图就是以意识形态来研究社会的实在内容。后来孔德直接用"社会学"来代替"意识形态"。同时,特拉西的意识形态研究,由于具有了实践特征,其目标指向与当时的政治实践发生了冲突,即与拿破仑时期的政治体制形成了矛盾,拿破仑认为意识形态研究者的思想是危险的,因为,他们的理想与现实目标是对立的。在拿破仑看来,意识形态这个词,就是不切实际的空想,最后,意识形态被当成一个贬义词来使用,特拉西等人也受到了拿破仑的攻击,从此,意识形态就成为与政治实践相联系的概念。

尽管人们关于意识形态的观念发生了如此的转变,或者说,尽管意识形态这一概念的颜色发生了如此重大的变化,但是意识形态概念的原初意义仍然保持着。作为观念学意义的意识形态概念,虽然与其目标——严格意义上的对概念或意识的研究——相距甚远,但是这个词所提示的意识对社会进程具有重要作用的观念并未消失。同时,意识形态这个词所具有的指涉政治实践领域的资质是使用这个词的人或明或暗地预先设定了的。这样,意识形态这个词在一开始就由三重含义构成:一是意识学,它以意识对社会实在和社会进程具有根本重要的意义作为前提假设;二是社会理论,它以研究社会实在和社会进程为内容;三是不切实际的政治空想,这时它是一个贬义词,与政治实践相关。②

黑格尔在《精神现象学》中曾经使用过一个重要的德语词 die Ge-

---

① 齐格姆·鲍曼:《立法者与阐释者》,洪涛译,上海人民出版社2000年版,第134页。
② 胡辉华:《马克思的意识形态概念》,《暨南学报》(哲学社会科学版)2001年第6期。

stalten des Bewusstseins 或 die Gestaltungen des Bewusstseins 来表示"意识形态"，由于这里的 die Gestalten des Bewusstseins 或 die Gestaltungen des Bewusstseins 是复数形式，所以，也被译为"意识诸形态"。①

在《精神现象学》的序言中，黑格尔将意识定义为精神的直接定在，并且认为意识具有知识和与知识处于否定关系的客观性两个环节。既然精神本身是在这一因素中发展并展开它的诸环节，那么，上述对立自然也包含在其中，并显现为意识的诸形态。在《精神现象学》的导论中，黑格尔进一步强调，意识并不是与它本身展开的过程中出现的诸环节相分离的东西，全体的各个环节就是意识的诸形态。在《精神现象学》的"理性"部分中，黑格尔再一次指出，《精神现象学》所要考察的系统，是一个整体的意识诸形态的系统，是按照精神生命依次排列的整体系统。

黑格尔所说的"意识形态"或"意识诸形态"应从广义上去理解，即涵盖了意识发展各阶段的一切精神现象，可以说，精神现象学也就是意识形态学。在黑格尔的这部著作中，"精神"这个概念也有广义和狭义之分。广义的精神是指所有的精神现象，狭义的精神则专指第四阶段"精神"，即客观精神或绝对精神在社会历史中的体现。正是在第四阶段，黑格尔提出了著名的"教化"和"异化"的概念。这两个概念的提出，不仅对整个哲学发展史具有重大的理论意义，而且对意识形态概念的发展也有决定性的推动作用，黑格尔的异化理论是马克思意识形态学说的决定性环节。

在黑格尔看来，精神的发展主要包括以下三个阶段。

第一阶段"真正的精神：伦理"。在这一阶段中，血缘关系是伦理实体的基础。这里的伦理精神是以否定个体性为前提的，在这样的伦理世界里，个别人只在他作为家庭的普遍血缘时才是现实的。在这种情况下的个别人，只是无自我的、死亡了的精神。随着个体性的发展与强大，血缘关系纽带逐渐被打破，否定个体性的伦理实体逐渐消

---

① 俞吾金：《意识形态论》，人民出版社2009年版，第32页。

亡，发展到以相互平等的"个人"为基础的超越血缘纽带的法权状态中。于是，从伦理实体的生活中产生出有效的独立性的人格，而这种人格正是意识到的现实。在黑格尔看来，看破了现实世界的混乱和虚无性，向往一个真实的彼岸世界，自我意识的这种普遍的校准就是从自我意识异化而成的实在性。

第二阶段"自身异化了的精神：教化"。在他看来，异化了的精神世界必定会分裂成两个世界：其一是现实的世界，是精神自己异化而成的世界；其二是信仰的世界，即彼岸的世界，是个体意识把自己皈依于信仰的世界，但它又不得不与第一个世界打交道，并通过教化在其中实现自己。黑格尔的"教化"概念主要有三层含义。

第一，教化是个体自然存在的异化。个体的存在作为一种直接的自然存在，只存在于伦理世界中。因此，这种存在也只适合于以自然的、血缘关系为纽带的伦理实体，个体要进入"法权状态中"的社会，就必须通过教化来实现对自然存在的超越，在异化了的现实世界即第一世界中获得自己的社会存在。对于个体来说，自我教化的目的是与现实世界认同，并努力去获得一种支配现实世界的力量，所以黑格尔写道："从这一方面看，教化显然是自我意识按照它原有的性格和才能的力量把自己变化得符合于现实。"① 同时黑格尔认为，这种支配现实世界最有力量的东西就是国家权力和财富，教化的目的就是要服从国家的权力。

第二，语言是异化或教化的现实。教化唯有通过语言才能得以实现，正如黑格尔所指出的："语言是纯粹自我作为自我的定在；在语言中，自我意识的自为存在着的个别性才作为它的个别性而获得生存。"② 也就是说，普遍的自我只存在于语言之中，教化正是通过语言这种抽象的普遍性而被感受到并发挥其实际作用的。这样一来，教化所期待达到的对国家权力的服从在语言上就成了"阿谀的英雄主义"，成了对国家权力的颂词。于是，语言和现实世界的关系发生了分裂和

---

① 黑格尔：《精神现象学》，贺麟、王玖兴译，商务印书馆2010年版，第365页。
② 同上书，第376页。

颠倒，语言成为异化或教化了的现实。

第三，教化的虚假性。黑格尔提醒我们，教化的话语并不是真实的，相反，"精神的有关它自己本身的话语的内容是一切概念和一切实在的颠倒，是对它自己和对别人的普遍欺骗；因此，说出这种欺骗的恬不知耻乃是最大的真理"①。这就等于宣告，教化的本质就是精神上的一种普遍的颠倒和欺骗，而宗教就是教化世界中的信仰，是最典型的异化了的意识。

第三阶段"自我确定的精神：道德"。从伦理世界经过教化世界的过渡而进入了道德世界，这个道德世界实际上就是以康德的《实践理性批判》中的基本见解为核心的新的意识形态。黑格尔认为，康德注重道德自律和良心，但这种以善为目的的良心归根结底是形式主义的，它停留在彼岸世界。从这种脱离实际行动和行为效果的良心出发，获得的只能是伪善。因此，只有从根本上扬弃异化，才能达到真正的主客统一，为此，黑格尔写道："推动精神自己的知识形式向前发展的运动，就是精神所完成的作为现实的历史的工作。"② 这就是说，黑格尔对意识形态的考察，归根结底也是对现实的社会历史的考察。

黑格尔虽然很少提到"意识形态"这一概念，但《精神现象学》却对与社会历史发展的不同阶段相对应的不同的意识形态做出了卓越的阐述，尤其是对异化了的现实世界的说明和对教化的虚假性的揭露，为"意识形态"概念含义的根本转折奠定了基础。在这个意义上可以说，《精神现象学》是意识形态概念发展史上的最重要的进步。

在黑格尔哲学的深刻影响下，费尔巴哈从黑格尔那里接受了"异化""外化""对象化""分离"等重要概念，用以分析宗教现象，因而大大深化了宗教批判的内容。尽管费尔巴哈未直接使用"意识形态"的概念，但他对宗教异化的批判仍然是我们理解意识形态概念的整个发展史的重要契机。

首先，费尔巴哈告诉我们，一切宗教虽然都着力于对彼岸世界的

---

① 黑格尔：《精神现象学》，贺麟、王玖兴译，商务印书馆2010年版，第387页。
② 同上书，第586页。

描绘，但宗教的本质却不能脱离现世的人的本质而得到索解。"宗教是人心灵的梦。但是，即使在梦中，我们也不是处身于虚无或天空之中，而是仍旧在现实界之中；只是在梦中，我们不是在现实性和必然性之光辉中看到现实事物，而是在幻觉和专擅之迷人的假象中看到现实事物。"① 宗教，特别是基督教并不具有与人相分离的特殊的内容；人与神的对立是虚幻的，它不过是人的本质与人的个体之间的对立。当然，费尔巴哈强调，人并不是从一开始就意识到，上帝的本质是人的本质的异化。只有宗教发展并达到相当完善的程度时，与之相应地发展起来的人的思想才有可能揭示出这一真理，而一旦人们意识到这一真理，神学即被人类学所取代。

其次，费尔巴哈认为，宗教是人的本质的一种外化，这种外化的结果是人的异己的独立的东西，这种东西反过来成为人自身的支配者和统治者。在费尔巴哈那里，宗教是关于世界的和人生的本质的观念，而这种观念跟人的本质是同一的。但是，宗教并不是人超越于自己的本质的观念，而是自己的本质的观念超越于宗教。这就是说，人们使自己的本质对象化，又使自己成为这个对象化了的、转化为主体的、具有人格的本质，即上帝的统治对象，这种情况下，人们越是敬仰和崇拜上帝，也就越是贬斥和否定自己。

最后，费尔巴哈认为，解决宗教异化问题的主要途径是形成以"爱"为核心的新的伦理观和宗教观。费尔巴哈人本主义哲学是以人和自然为出发点的，虽然他也注意到了人的社会活动，但并没有把社会存在理解为人的本质，而是把人的自然属性看作人的根本属性。尽管费尔巴哈的思想有种种局限性，但它对于马克思创立意识形态批判理论准备了重要的素材和资料。

可见，"意识形态"是在近代西方哲学的发展中逐步形成的一个哲学概念。特拉西的"意识形态"概念是在近代自然科学的发展并由此导致的对经院哲学的批判过程中建立起来的，他首倡的"意识形

---

① 费尔巴哈：《基督教的本质》，荣震华译，商务印书馆1995年版，第19—20页。

态"学说虽然在当时具有进步的历史意义，但却不可能在感觉主义的基础上建筑起一个"观念的科学"的王国。黑格尔一开始就以批判的眼光来看待特拉西的"意识形态"概念，并以巨大的历史感为基础，深入地探讨了意识的各种具体表现形式和在不同时期的差异，揭示了各种意识形式与异化和教化之间的内在联系。黑格尔的见解深刻地影响了从此以后的意识形态概念的演化进程，尤其影响了马克思对意识形态概念的理解与阐释。费尔巴哈的意识形态理论建立在人本主义的基础上，像黑格尔那样，批判了宗教这种最具异化特征的意识形式。费尔巴哈最卓越的贡献就是把神学还原为人学，但是，他的以抽象的人和自然为基础的人本主义哲学已经没有了发展的可能。意识形态问题研究急需新的突破，有待于一种新的划时代的哲学观的确立，而马克思完成了这一重大使命。①

二 马克思意识形态概念的多重含义

马克思在他的博士论文中讨论如何理解伊壁鸠鲁的天体理论时，首次使用"意识形态"这个词，马克思提出："我们的生活需要的不是意识形态和空洞的假设，而是我们要能够过恬静的生活。"②在《莱茵报》期间，马克思第一次将制造空论的人称作"意识形态家"。在马克思与恩格斯合著的《神圣家族》一书中，通过评述拿破仑"对工业琐事的轻视是他对意识形态家的轻视的补充"③，间接地表明了法国革命时代的"观念学派"怎样被称作带有贬义的"空论家"的过程。马克思对"意识形态"和"意识形态家"的表述，经过了一个严谨而自觉的形成过程，而最终的精确化表述是在他的《德意志意识形态》中。

通过考察马克思著作中关于意识形态的论述，可以看出，马克思的意识形态概念包含着多重含义。

---

① 俞吾金：《意识形态理论》，人民出版社 2009 年版，第 31—42 页。
② 《马克思恩格斯全集》第 40 卷，人民出版社 1982 年版，第 236 页。
③ 《马克思恩格斯全集》第 2 卷，人民出版社 1957 年版，第 158 页。

（一）虚假的观念体系

马克思意识形态概念的诸多含义中，在当代流传最广的就是关于"虚假的观念体系"的界定，而这一界定即是依据《德意志意识形态》。马克思在1845年写作的《德意志意识形态》，其目的是"批判黑格尔以后的哲学"，书中提到两个概念，一是意识形态，是指青年黑格尔派为代表的德国哲学，包括费尔巴哈、布·鲍威尔和施蒂纳等；二是意识形态家，指的是创造这些观念体系的人。在《德意志意识形态》中，通过对青年黑格尔派的批判，马克思使"意识形态"一词超越了原有的观念学含义，成为其确立的唯物主义历史观的一个重要范畴。马克思批判意识形态的基本立场就是通过揭露意识形态的虚假性，达到"改造"世界的目的。在书中，马克思第一次系统地分析了这种以"幻想"的方式解析社会历史现象的"意识形态"理论，阐释了意识形态虚假性的形成过程，"即认为宗教、概念、普遍的东西统治着现存世界"；"一切占统治地位的关系逐渐地都被宣布为宗教的关系……人们之间的关系、他们的一切举止行为、他们受到的束缚和限制，都是他们意识的产物。"①

可见，马克思在此书中所批判的，是唯心主义的意识形态，在当时主要是针对黑格尔以后的德国哲学进行批判性的分析。"虚假的观念体系"中，"虚假性"主要来源于"颠倒性"，即颠倒了思维和存在的关系。意识形态的虚假性在资本主义阶段，由于异化现象而凸显并加强，但随着社会的发展，把一切意识形态都看作"虚假的意识"也是不正确的，这既不符合意识形态自身发展的历史逻辑，也不符合马克思对于意识形态的真实理解。在《哲学的贫困》和其后不久发表的《共产党宣言》中，"意识形态"的概念已经有了新的解释，超出了原有的意识形态内涵，完全作为新世界观说明人类社会历史现象的范畴来使用了。

（二）观念的上层建筑

在《路易·巴拿马的雾月十八日》中，马克思写道："在不同的

---

① 《马克思恩格斯选集》第1卷，人民出版社2012年版，第144—145页。

财产形式上，在社会生存条件上，耸立着由各种不同的，表现独特的情感、幻想、思想方式和人生观构成的整个上层建筑。"① 在这里，意识形态作为社会意识的基本内容，是包含在马克思所说的"整个观念形态的上层建筑"中的。1859年马克思在《政治经济学批判》序言中对"意识形态"的概念进行了系统的阐述。马克思首先论述了社会存在与社会意识之间的关系，"人们在自己生活的社会生产中发生一定的、必然的、不以他们的意志为转移的关系，即同他们的物质生产力的一定发展阶段相适合的生产关系。这些生产关系的总和构成社会的经济结构，即有法律的和政治的上层建筑竖立其上并有一定的社会意识形式与之相适应的现实基础。物质生活的生产方式制约着整个社会生活、政治生活和精神生活的过程。不是人们的意识决定人们的存在，相反，是人们的社会存在决定人们的意识"②。马克思的这段阐述告诉我们，建立在唯物史观基础之上的社会意识，当它能够真实地反映社会存在的内容时，会对社会发展起到巨大的推动作用。在此基础之上，马克思又对"意识形态"概念进行了描述，"随着经济基础的变更，全部庞大的上层建筑也或慢或快地发生变革。在考察这些变革时，必须时刻把下面两者区别开来：一种是生产的经济条件方面所发生的物质的、可以用自然科学的精确性指明的变革，一种是人们借以意识到这个冲突并力求把它克服的那些法律的、政治的、宗教的、艺术的或哲学的，简言之，意识形态的形式"③。显然，这一表述超出了以往意识形态"虚假性"的表述，以往是"意识决定生活"，而马克思对意识形态内涵的表述，是将这种"头足倒置"的观念颠倒过来，不是从主观的思想、观念和意识出发，而是从现实的客观的社会生活实践出发。

马克思所理解的意识形态具有鲜明的阶级属性，他所说的"观念的上层建筑"也就是统治阶级的思想。在《德意志意识形态》中马克

---

① 《马克思恩格斯选集》第1卷，人民出版社2012年版，第695页。
② 《马克思恩格斯选集》第2卷，人民出版社2012年版，第2页。
③ 同上书，第3页。

思写道:"统治阶级的思想在每一时代都是占统治地位的思想。这就是说,一个阶级是社会上占统治地位的物质力量,同时也是社会上占统治地位的精神力量。"① 马克思之所以要批判资本主义意识形态,就是因为资产阶级作为统治阶级,将自己阶级的特殊利益表达成社会普遍的共同利益。通过这种意识形态的灌输,使整个社会认同其阶级统治。马克思认为:"支配着物质生产资料的阶级,同时也支配着精神生产资料,因此,那些没有精神生产资料的人的思想,一般地是隶属于这个阶级的。占统治地位的思想不过是占统治地位的物质关系在观念上的表现,不过是以思想的形式表现出来的占统治地位的物质关系。"② 在这里,意识形态不仅是现存经济关系在观念上的表现,而且其本身就是现存统治关系的组成部分。因此,作为一种"制度化的思想体系",意识形态被表述为每一个社会的统治思想。

(三) 革命阶级的阶级意识

虽然在马克思的意识形态概念中,包含着作为观念的上层建筑的"统治阶级的思想体系"的含义,但马克思并不认为意识形态与统治阶级的思想永远是绝对统一的,而只是将上层建筑中那些使宗教关系、逻辑范畴永恒化的部分看作意识形态。在资本主义社会初期,当工人阶级还不是革命阶级时,由于没有统一的组织和领导,尽管有共同的利益和社会心理,也不能产生革命阶级的意识形态;只有当工人阶级转变为革命阶级时,为了认清使命、团结群众,才产生了作为革命阶级的意识形态的思想观念及口号,因而它又必定是每一种革命得以成功的舆论基础。马克思就此写道:"占统治地位的将是越来越抽象的思想,即越来越具有普遍性形式的思想。因为每一个企图取代旧统治阶级的新阶级,为了达到自己的目的不得不把自己的利益说成是社会全体成员的共同利益,就是说,这在观念上的表达就是:赋予自己的思想以普遍性的形式,把它们描绘成唯一合乎理性的、有普遍意义的

---

① 《马克思恩格斯选集》第 1 卷,人民出版社 2012 年版,第 178 页。
② 同上。

思想。"① 革命阶级的革命思想能够以社会代表的名义动员群众，向旧社会宣战，是因为其利益在革命期间是与作为被统治阶级的人民群众的利益一致的。当然，在革命胜利后，革命阶级的意识形态必然会成为统治阶级的意识形态，但在革命过程中则存在着与统治阶级意识形态不同的革命意识。无产阶级革命与其他阶级革命的区别，并不在于它不需要意识形态，不需要以全社会的唯一代表的面目出现，而在于它的阶级利益确实是人类根本利益的体现，因而不仅在革命时期，而且在革命以后都能保持同其他群众共同利益的密切联系。

马克思针对不同阶段意识形态问题的表述，可以得出以下结论：

首先，在马克思关于意识形态批判的各种意识形态概念表述中，的确包含着"否定"的含义。这既包括马克思对一般意识形态的批判，还包括对德意志意识形态的批判。在不同的思想时期，它主要地被用来指代青年黑格尔派的自我意识哲学、费尔巴哈的人本学唯物主义、黑格尔的思辨哲学以及政治经济学批判中的拜物教。在《德意志意识形态》中，马克思指出，作为一般的意识形态，是脱离现实的生产、生活和实践，直接将思想和概念作为决定现实世界的本原，用观念的东西来支配现实的世界，"思想"成为决定现实物质世界的神秘之物；而作为现代德国的意识形态，认为观念、想法、概念对现实的人具有支配和决定作用，观念、想法和概念在人之外，现实世界不过是观念世界的产物。在马克思看来，不管是哪一种意识形态，都是把"观念、思想和意识"作为现实世界的本原和决定者，因此，其实质上都是一种颠倒存在与意识关系的"虚假意识"和"虚假观念"。马克思对各种意识形态的批判，就是要去揭示这种"虚假性"，指明其"真实性"。马克思对意识形态理论核心内容的表述也体现了这一点："意识在任何时候都只能是被意识到了的存在，而人们的存在就是他们的现实生活过程"②；"不是人们的意识决定人们的存在，相反，是

---

① 《马克思恩格斯选集》第 1 卷，人民出版社 2012 年版，第 180 页。
② 同上书，第 152 页。

人们的社会存在决定人们的意识"①，等等。

其次，意识形态批判是马克思思想发展的重要工具。正是他对各种意识形态的不断批判，才实现了世界观的变革，即历史唯物主义新的世界观。通过意识形态批判，马克思找到了意识形态的真实来源，也在研究视角上实现了"人与社会""自然与历史""理论与现实"的完美结合，并最终转向"现实的社会历史领域"。对于这种转向，马克思指出，"人们的存在就是他们的现实生活过程"②。这一生活过程是物质资料的生产过程与人类物质生活的过程的统一；是人类社会的发展过程与人自身发展过程的统一。总之，这一过程是人的发展、自然的发展与社会发展相统一的过程。可以说，没有马克思的意识形态批判，就没有马克思对人类历史发展一般规律的认识，也就没有马克思历史唯物主义的新世界观的形成。

最后，马克思在意识形态的批判中形成了自己的意识形态学说。首先，马克思认为，"统治阶级的思想在每一时代都是占统治地位的思想。这就是说，一个阶级是社会上占统治地位的物质力量，同时也是社会上占统治地位的精神力量"③。他还指出："占统治地位的思想不过是占统治地位的物质关系在观念上的表现，不过是以思想的形式表现出来的占统治地位的物质关系；因而，这就是那些使某一个阶级成为统治阶级的关系在观念上的表现，因而这也就是这个阶级的统治的思想。"④ 马克思的这些表述，就是在他对意识形态批判中形成的见解和主张，即一方面，马克思所批判的意识形态由于其"颠倒性"而具有"虚假性"；另一方面，当一种意识形态能够真实反映社会实践，当统治阶级的阶级利益与社会大众的整体利益实现了最大程度的契合，意识形态就具有了真实性的旨趣。由此可见，在马克思的意识形态概念中是蕴含着虚假和真实的双重张力的。

---

① 《马克思恩格斯选集》第2卷，人民出版社2012年版，第2页。
② 《马克思恩格斯选集》第1卷，人民出版社2012年版，第152页。
③ 同上书，第178页。
④ 同上。

第二节 马克思的意识形态概念
内涵的两极张力

在《德意志意识形态》中，马克思将意识形态界定为以社会全体成员普遍意识的面目出现的统治阶级的阶级意识，是占统治地位的精神力量和占统治地位的物质关系的观念表现，这种意识形态是虚假的意识；而在《政治经济学批判》序言中，马克思总结1845年前后的研究成果时指出，社会存在决定社会意识，社会意识反映社会存在，这样被社会存在决定的意识形态应当是真实的意识。

一 虚假和真实：马克思意识形态两极张力的内容

关于意识形态的虚假性，在《德意志意识形态》中，马克思将意识形态描述成新阶级在取代旧统治阶级地位的过程中，为获得社会普遍认同而将自己的利益说成是社会全体成员的共同利益的一种思想体系，这种意识形态是代表着一定统治阶级利益的价值取向的，通过神秘、扭曲的方式，有意无意地遮蔽真相，歪曲地反映现实世界。因此意识形态可以被指认为披着真理面纱的社会谬误系统。马克思还认为，意识形态作为一种思想体系，具有阶级性，总是代表着一定阶级的利益，以实现其在政治、经济和思想上的统一。在《共产党宣言》中，马克思指出，"毫不奇怪，各个世纪的社会意识，尽管形形色色、千差万别，总是在某些共同的形式中运动的，这些形式，这些意识形式，只有当阶级对立完全消失的时候才会完全消失"①。马克思的论述向人们阐明了，一切社会意识，都是为本阶级的利益服务的，无论是占统治地位的统治阶级的思想，还是被统治阶级的思想，都具有鲜明的阶级性，没有超阶级关系的意识形态。因此，当统治阶级利益与大众利益没有实现完全契合的情况下，

---

① 《马克思恩格斯选集》第1卷，人民出版社2012年版，第420—421页。

必然存在着虚假的意识。

而关于意识形态真实性的表述，主要体现在《政治经济学批判》序言中。马克思指出，"这些生产关系的总和构成社会的经济结构，既有法律的政治的上层建筑竖立其上并有一定的社会艺术形式与之相适应的现实基础。……不是人们的意识决定人们的存在，相反，是人们的存在决定人们的意识"①。可见，马克思的意识形态理论，是建立在对以往意识形态理论的批判基础上的，同时又进行了肯定性的表述，他指的社会意识，即是意识形态，不仅包括社会艺术形式，还包括法律的政治的上层建筑，这里的意识是社会存在的反映，是被社会存在决定的"意识"，不是脱离现实的幻想的和虚假的观念，而是以实践为基础的具有"真实性"的意识。同时，马克思指出，"如果在全部意识形态中，人们和他们的关系就像在照相机中一样是倒立成像的，那么这种现象也是从人们生活的历史过程中产生的，正如物体在视网膜上的倒影是直接从人们生活的生理过程中产生的一样"②。可见，马克思对意识形态的阐述已经由批判虚假性的"否定性"表述转向了真实性表达的"肯定性"表述。也正是如此，社会物质实践决定社会意识的思想成为马克思意识形态理论的基础。马克思还在《关于费尔巴哈的提纲》中，指出自己的哲学变革的实质就是在物质实践的基础上，实现主客体相统一、自然与社会相统一、实践与认识相统一。真实性成了马克思意识形态理论的本质内涵。马克思还指出，"在现实中，意识的这种限制是同物质生产力的一定发展程度，因而是同财富的一定发展程度相适应的"③。可以看出，现实的社会实践是意识形态形成、存在和发展的依据，体现了马克思意识形态学说是阶级性与科学性相统一的学说。

在马克思对意识形态的上述表述中，虚假的观念体系是指以"神秘主义的方式解答社会历史现象"的一种头足倒置的观念存在形式，

---

① 《马克思恩格斯选集》第 2 卷，人民出版社 2012 年版，第 2 页。
② 《马克思恩格斯选集》第 1 卷，人民出版社 2012 年版，第 152 页。
③ 《马克思恩格斯文集》第 8 卷，人民出版社 2009 年版，第 170 页。

"即认为宗教、概念、普遍的东西统治着现存世界"①，其"虚假性"主要来源于"颠倒性"；而对于意识形态的真实性，马克思通过"眼网膜倒影成像"的例子说明，社会存在决定社会意识，当一种社会意识真实反映社会存在的时候，是具有真实性的。因此，社会物质实践决定社会意识的思想是构成马克思意识形态理论的基本因素。马克思在《关于费尔巴哈的提纲》中指出自己的哲学变革首先在于从主客体相统一的实践角度理解反映自然和社会，并且认识能够达到与社会对象相一致，那么真实性也是马克思意识形态内涵的应有之义。以上就构成了马克思意识形态虚假与真实的两极张力。

二 马克思意识形态两极张力的实质

分析马克思意识形态两极张力的实质，一是认识论追求与价值论选择；二是特殊利益与普遍利益的对立。

首先，马克思所说的"虚假的意识"源于对思维独立性的崇拜，即以往的意识形态家都是在纯粹思维的基础上分析社会现实，认为观念的东西是推动社会发展的动力，这是历史唯心主义的认识论；而马克思认为，在阶级社会中，意识形态是特定阶级根本利益的理论表现形式，社会形态的变革伴随着意识形态的变化，这是利益要求使然。已经占统治地位的阶级总是把现存的一切（观念的和实在的）宣布为最合理的东西。马克思对作为观念的上层建筑的意识形态的作用方式，提出了自己的观点，他认为，统治阶级对人民的统治主要是通过意识形态的价值取向，以灌输和教化的方式，把一定的思想体系和价值观念、信念灌输给社会成员，让社会成员认同和信服。接受意识形态教化的人，会逐渐产生认同的观点和情感，并变成自己的真实的行为动机，可以看出，在灌输和教化的作用下，意识形态的虚假性被遮掩起来，人们所看到的意识形态就成为了共同的、真实的、现实的世界的反映。

---

① 《马克思恩格斯选集》第 1 卷，人民出版社 2012 年版，第 144—145 页。

其次，特殊利益与普遍利益的对立。意识形态家总是把他们所代表的某一阶级的特殊利益说成是那个阶级的思想的普遍的形式。这种从特殊到普遍、从部分到整体的过渡是每一种意识形态的必然的生存方式。对于统治阶级来说，为了维护自己的长治久安，总是把自己的统治描绘成代表全社会成员的公正的统治；对于试图代替旧统治阶级地位的新阶级来说，为了赢得更多阶层的拥护，也要把自己的革命说成是为统治阶级之外的每一个人而进行的。直到革命胜利后，这种"普遍性"的外壳才会逐渐剥落，又转化为一个阶级的特殊利益。于是，普遍性还原为特殊性，整体还原为部分。由此可以看出，从认识论角度说，社会意识可以真实反映社会存在，但在阶级社会，由于统治阶级的特殊利益与社会普遍利益的对立，导致对于意识形态的虚假性陈述。意识形态的真假之分，关键在于它所反映、维护、发展的统治阶级和社会整体两重利益之间的契合程度，以及为实现这种契合而对观念斗争和实际革命的选择。

三　马克思意识形态两极张力的根源

马克思关于意识形态虚假性的分析具有这样一些特征：（1）从来不把意识形态虚假性归结为"有意的欺骗或谎言"，而是着眼于对其进行社会历史结构的分析，因而其成为马克思解剖资本主义物化世界的病理学"切片"；（2）从来不把意识形态虚假性归结为其天然本性，而是着眼于阶级意识和阶级统治的历史变动分析，因而其成为考察阶级局限性以及把握历史界限的鲜活坐标；（3）从来不以摒弃意识形态的方式寻找克服意识形态虚假性的途径，而是着眼于其载体——阶级和社会利益集团——的具体分析，因而成为深化对于无产阶级阶级性认识的推动力。

马克思意识形态概念中所谓的"虚假性"，来源于认识论根源和利益根源。在认识论根源上，"虚假的意识"主要来源于对思维独立性的崇拜，即"虚假意识"的创造过程，仅仅是对思维材料的想象，一切行动都是以思维为中介，以思维为基础。马克思主义认为，思维和观念的东西不仅不是第一性的，而且也不是独立和自足的东西。因此，意识形态的虚假性，主要是指其"颠倒性"，即根本颠倒了思维和存在、观念和现实的关系，来源于历史唯心主义的认识论。

从利益根源的角度，在阶级社会，意识形态总是代表特定阶级的根本利益。社会形态发生变革，意识形态或迟或早发生变化，这是阶级利益的根本要求。在社会形态的变革中，意识形态总是与利益变化相互伴随，意识形态从观念上体现出利益关系的变动特点和规律，因此，统治阶级为了自己的阶级利益总是把现存的一切，不仅有物质的，还有精神的东西都宣布为最合理的，这种合理性的观念充斥在社会存在和社会意识的一切领域。统治阶级为维护自己的统治地位，总是把自己的价值取向以神秘的方式赋予意识形态之中，从而掩盖了现实存在的真相，成为具有"颠倒性"的反映形式，即"虚假的、幻想的"意识。因此，统治阶级的特殊利益，是意识形态虚假性的利益根源。

意识形态的内在矛盾之一就是在其全民性外观之下的阶级性，然而马克思却在对以法国大革命为代表的近代历史变革的考察中发现，只有以全社会的名义才能动员群众投入革命，因而革命的领导阶级必须以社会普遍利益和整体利益的代表出现。更为重要的是，这一举动并非纯粹的政治伎俩，也不是一种政治幻觉。"它之所以能这样做，是因为它的利益在开始时的确同其余一切非统治阶级的共同利益还有更多的联系，在当时存在的那些关系的压力下还不能够发展为特殊阶级的特殊利益。"① 也就是说，意识形态之所以能够披上"全民"的外衣，就在于其革命阶段有资本，掌权以后有需要。在马克思看来，意识形态之所以会"虚假"，就是因为阶级利益归根结底是一种特殊的集团利益，只有在革命期间才能和社会普遍利益相吻合，因而是短暂的；如果历史进程中出现了一个新型阶级，它能持续地保存"上升阶级"那种"作为全社会的代表"的品格，那么不仅人类解放具有了历史根据，而且意识形态向科学的过渡也有了现实基础。正因为如此，

---

① 《马克思恩格斯选集》第 1 卷，人民出版社 2012 年版，第 180 页。

"发现"现代无产阶级,无疑是马克思思想历程最为重大的转折点。也正是在此基础上,意识形态具有了真实性的阶级基础。

因此,对于意识形态真实性的根源,可以从上述对于意识形态虚假性根源的论述中找到答案。如上所述,既然意识形态的虚假性根源于唯心主义的认识论和统治阶级的特殊利益,那么,对于虚假性的克服也要从这两方面入手。事实上,马克思的意识形态的真实性有两个标准:一是事实标准——社会意识真实反映社会存在;二是价值标准——阶级利益与普遍利益实现契合。而这两个标准的统一只有在一个条件下,即代表社会全体成员利益的无产阶级,立足于社会实践基础之上,才能实现意识形态的真实性。我们探索意识形态的真实性旨趣,就是要回归到马克思当时的思想理路中去。

第三节 阶级角色的转换与理论悖论的凸显

在马克思那里,意识形态包含着虚假和真实的二元张力,即一方面,马克思所批判的德意志意识形态由于其"颠倒性"而具有"虚假性";另一方面,当一种意识形态能够真实反映社会实践,当统治阶级的阶级利益与社会大众的整体利益实现了最大程度的契合,意识形态就具有了真实性的旨趣。在阶级社会中,特定阶级根本利益的理论表现形式就是意识形态。社会形态的每一次变革,都伴随着意识形态的变化。统治阶级集团的更替,必然引起利益结构的变动,也必然引起意识形态的变化。在社会形态变革的过程中,统治阶级总是把属于自己的意识形态加上合理的外衣,从而拒斥其他形式的意识形态,以表达其意识形态的唯一性和合理性。

如前所述,按照马克思的观点,既然阶级利益与社会普遍利益的吻合只在革命期间,因此,当无产阶级革命取得胜利之后,阶级角色必然发生转变,被统治阶级也自然上升为统治阶级,那么,无产阶级的阶级利益是否也会转变为特殊的集团利益?其意识形态是否会失去真实性，成为"虚假意识"？

　　马克思在批判和继承了以往意识形态的基础上，形成了自己的意识形态概念，并赋予意识形态以"虚假的观念体系""观念的上层建筑""革命阶级的阶级意识"等多重含义，意识形态概念中蕴含着虚假和真实的两极张力。两极张力的存在使意识形态的理论悖论凸显出来，这就是在无产阶级的阶级角色转换之后，如何保持其作为革命阶级的意识形态的真实性问题。对这一理论悖论的不同理解，导致了马克思之后意识形态概念的嬗变。在共产主义由学说走向实践的过程中，意识形态从"解释"世界走向了"改造"世界。

第三章

马克思之后意识形态概念的嬗变及其理论困境

在马克思从历史唯物主义的视角对意识形态的概念进行了系统阐释之后，关于意识形态概念的论争并没有停止过，这里有批判、有继承、有发展，意识形态概念发生了嬗变。随着共产主义由学说向实践的发展，一些实际的问题摆在了马克思主义者面前。按照马克思预先的设想，胜利的曙光应当首先出现在西方发达资本主义国家，而事实上却是在东方不甚发达的资本主义国家出现了。因此，如何在东方夺取无产阶级的胜利以及在胜利以后如何巩固政权的问题，就不可能在马克思那里找到答案。马克思主义者不得不根据实际的社会状况，对马克思的思想进行一系列的"发展"，以适应革命发展的需要。

列宁出于俄国革命以及巩固刚刚建立起来的无产阶级政权的需要，提出了"阶级的政治意识"概念，将意识形态作阶级性的划分。列宁的意识形态理论，在一定条件下赢得了俄国人民的认同、信任和支持，在更大程度上，推动了无产阶级政权的建立和巩固。

西方马克思主义者从各个视角对马克思主义的意识形态理论进行了新的阐释，但都是以批判资本主义社会的各种现象为意识形态阐释目标。他们的意识形态理论没有突破意识形态本身的限制，只是局限在意识形态的理论范式内的理性革命，因此，他们提出的意识形态革命并不是真实意义上的现实的经济革命、政治革命或文化革命，而是意识革命，不是革命意识形态的真实性表达。

随着无产阶级政权的建立及巩固，无产阶级的阶级角色发生了转变，在列宁之后，苏联的意识形态理论并没有随社会实践的发展变化而不断进行修正，造成这一理论在后期没有真实反映社会存在，没有代表大众利益，因而失去群众的公信力，导致苏共领导权和凝聚力的弱化，苏联的解体也就成了历史的必然。

第一节 列宁的意识形态理论及其两极对立的凸显

在俄国，列宁为适应俄国革命发展和无产阶级专政的需要，提出了"阶级的政治意识"概念，认为意识形态具有阶级性与科学性的两极矛盾，坚持意识形态的阶级性，并在社会实践基础上使阶级性与科学性相结合是意识形态工作的任务。列宁的意识形态理论，有着重大的理论和现实意义，推动了无产阶级政权的建立和巩固。

一 列宁对马克思意识形态概念的发展

在马克思和恩格斯看来，黑格尔思辨的唯心主义哲学是一种头脚倒置的哲学，其意识形态理论掩蔽了社会现实，是对社会现实的一种颠倒或编造幻想，在《德意志意识形态》一文中，马克思指出："这些哲学家没有一个想到要提出关于德国哲学和德国现实之间的联系问题，关于他们所做的批判和他们自身的物质环境之间的联系问题。"[①]可见，在马克思和恩格斯那里，意识形态虽然也蕴含着肯定性的取向，但与各种错误思潮做斗争贯穿于科学社会主义学说发展的始终，因此在他们那里，意识形态的否定性、虚假性无疑是被彰显出来的，而意识形态的肯定性、真实性取向则被遮蔽起来。列宁在继承马克思主义意识形态理论的基本精神基础上，实现了对马克思主义意识形态理论的跨越式发展，并在现实的革命实践中得到了运用，取得了十月革命

---

① 《马克思恩格斯选集》第 1 卷，人民出版社 2012 年版，第 145—146 页。

的胜利。

（一）社会背景及实践根源

马克思主义诞生之后，与工人运动不断结合，得到了广泛传播，直接推动了世界社会主义运动的发展。19世纪70年代，马克思主义开始在俄国传播，到19世纪90年代与工人运动结合起来，出现了工人阶级政党。20世纪初，俄国出现了比欧洲国家更为成熟的革命形式，以列宁为首的布尔什维克党领导工人阶级和人民群众英勇奋斗，先后经过三次革命，最终于1917年取得十月革命的胜利，推翻了沙皇统治，建立了世界上第一个无产阶级统治的国家，并开始进行社会主义建设。在长期的革命和建设实践中，列宁高举马克思主义旗帜，最终形成了列宁主义，使社会主义意识形态在新的历史条件下获得新的发展，成为社会主义俄国的国家意识形态。列宁主义是马克思主义和俄国具体实践相结合的产物，列宁的社会主义意识形态理论的核心是解决经济文化落后的国家如何取得社会主义革命的胜利及如何建设社会主义的问题。

十月革命前，列宁深入地研究各个帝国主义国家的发展现象和发展特点，发现了资本主义经济政治发展的不平衡规律，提出社会主义革命将首先在资本主义发展的薄弱环节取得突破性胜利的著名论断。在新的历史条件下，列宁突破了马克思和恩格斯在资本主义自由竞争时期提出的"共同胜利论"，强调"经济和政治发展的不平衡是资本主义的绝对规律。由此就应得出结论：社会主义可能首先在少数甚至在单独一个资本主义国家内获得胜利"[①]。1916年9月，在《无产阶级革命的军事纲领》一文中，他进一步强调："社会主义不能在所有国家内同时获得胜利。它将首先在一个或者几个国家内获得胜利，而其余的国家在一段时间内将仍然是资产阶级的或资产阶级以前的国家。"[②] 这一论断，正是十月革命的理论指导。由于帝国主义战争使当时的俄国处于特殊的境地，"要么是灭亡，要么是进行反对资本家的

---

① 《列宁选集》第2卷，人民出版社2012年版，第554页。
② 同上书，第722页。

革命"。① 以列宁为首的布尔什维克党人，正是利用战争造成的临时政府后方力量空虚的有利时机，一举推翻了资产阶级统治，取得了十月革命的伟大胜利，从而开辟了人类历史的新纪元，使社会主义由理想变为现实。

列宁将马克思和恩格斯的科学社会主义理论变成了实践的形态，实现了科学社会主义由理论到现实的飞跃，并在社会主义伟大实践中，开创了社会主义意识形态的新局面。

（二）列宁意识形态理论的主要内容

列宁把意识形态从一个否定性的概念变成一个描述性的概念，赋予意识形态鲜明的阶级属性，这是适应其所处时代的革命实践的需要；列宁强调建立在社会存在基础上的社会意识具有相对独立性，是推动社会发展的巨大的精神力量，这是对马克思关于社会存在与社会意识理论的继承和发展；在此基础上，列宁提出要自觉地对工人阶级进行社会主义意识形态教育，使其真正成为现实的无产阶级革命力量。列宁的意识形态理论，是对马克思意识形态理论的继承与发展，是建立在唯物史观和剩余价值理论基础上的意识形态，即社会主义和共产主义意识形态，它来源于革命实践，又去指导革命实践，是适应社会历史发展潮流的"科学的意识形态"。

首先，列宁认为，意识形态在阶级社会中具有阶级性，集中体现一定阶级的利益和要求。政治斗争或阶级斗争始终是列宁探讨意识形态问题的立足点。在继承马克思恩格斯意识形态理论的基础上，列宁从革命实践需要出发，明确赋予意识形态以阶级属性。列宁认为，资产阶级和无产阶级都有各自的不同利益需求的意识形态，因阶级属性不同而有很大的差异。作为无产阶级解放学说的马克思主义，是为无产阶级的根本利益服务的，是无产阶级真正的自觉的阶级意识，因而是科学的意识形态。他阐明了资产阶级意识形态和无产阶级意识形态的根本区别，并强调了二者之间斗争的不可调和性："或者是资产阶

---

① 《列宁选集》第30卷，人民出版社2017年版，第27—28页。

级的意识形态，或者是社会主义的意识形态。这里中间的东西是没有的（因为人类没有创造过任何'第三种'意识形态，而且在为阶级矛盾所分裂的社会中，任何时候也不可能有非阶级的或超阶级的意识形态）。"① 从而赋予意识形态以鲜明的阶级属性。

同时，列宁的意识形态理论是现实的革命指导思想，而不是在学术层面上的讨论。列宁认为，社会科学的发展必须以意识形态的总体环境为背景，即随着社会实践的发展，才能体现科学性。意识形态工作者与无产阶级斗争和无产阶级的根本利益紧密联系在一起，以解放全人类为服务宗旨，列宁的意识形态思想具有阶级意识和革命意识的性质。在他看来，意识形态就是阶级意识，意识形态与政治斗争或阶级斗争紧密相连，意识形态总是代表着某个阶级的利益、情感和认识的方式。无产阶级的意识形态就是代表着无产阶级的利益和情感，以解放全人类为自己的最终目标，符合人类社会发展的客观规律，是科学性与革命性相统一的科学理论。

其次，列宁认为意识形态具有相对独立性。马克思恩格斯始终是从社会存在与社会意识辩证关系的角度来理解意识形态的能动作用的。他们认为，意识形态根源于社会存在，但它一经产生，便具有相对的独立性，并具有特殊的功能。列宁坚持和发展了马克思的社会存在决定社会意识的唯物史观基本原理，强调社会存在是一切社会意识和意识形态的前提和基础，他提出，"就是只有以先进理论为指南的党，才能实现先进战士的作用"②。纵观人类社会历史发展过程，正是在物质生产实践中产生并不断发展着的思想意识、文化精神，有力地改变着人类的价值观念、思维方式和精神面貌，也改变着整个世界。一定社会的精神生产、意识形态对其经济结构和政治结构的能动作用的发挥，以一种强大的精神力量推动着人类社会历史的进步和发展。实践是意识形态科学性的基石，是意识形态走向真实的基础，建诸实践基础上的意识形态具有巨大的社会功能。

---

① 《列宁选集》第 1 卷，人民出版社 2012 年版，第 326—327 页。
② 同上书，第 312 页。

最后，列宁强调要自觉地对工人阶级进行社会主义意识形态教育。在《怎么办?》一书中，列宁指出，"没有革命的理论，就不会有革命的运动"①。作为工人阶级的思想体系，社会主义意识形态以马克思主义为指导，是无产阶级争取解放的巨大的思想武器。列宁认为，无产阶级政党要取得革命的胜利，必须自觉地对工人阶级进行社会主义意识形态教育，因为工人阶级本身不能自发地产生社会主义意识形态，必须从外部自觉地将其灌输到工人阶级中去。列宁曾指出："工人本来也不可能有社会民主主义的意识。这种意识只能从外面灌输进去。"② 无产阶级政党必须有计划有组织地对工人群众进行马克思主义理论教育，用马克思主义的立场、观点和方法去宣传群众、教育群众、武装群众，形成自觉的政治意识，使人民群众懂得社会发展规律，认清自己的地位、作用和历史使命，清除工人运动中资产阶级意识形态的影响，同时为无产阶级革命准备了现实的革命力量。

列宁关于社会主义以及社会主义意识形态的理论是立足于俄国革命实践的。列宁强调，对俄国来说，根据书本争论社会主义纲领的时代已经过去，"现在一切都在于实践，现在已经到了这样一个历史关头：理论在变为实践，理论由实践赋予活力，由实践来修正，由实践来检验"③。他还指出，由于各个国家的历史传统、经济文化发展水平不同，走向社会主义的历史起点不同，建立和建设社会主义的道路也是不同的。"一切民族都将走向社会主义，这是不可避免的，但是一切民族的走法却不完全一样，在民主的这种或那种形式上，在无产阶级专政的这种或那种形态上，在社会生活各方面的社会主义改造的速度上，每个民族都会有自己的特点。"④ 这样，列宁就从历史唯物主义的角度揭示了各民族发展道路的多样性，从而为落后国家走出一条具有本国特色的社会主义建设道路提供了坚实的理论基础。

---

① 《列宁选集》第1卷，人民出版社2012年版，第311页。
② 同上书，第317页。
③ 《列宁选集》第3卷，人民出版社2012年版，第381页。
④ 《列宁选集》第2卷，人民出版社2012年版，第777页。

二 列宁对意识形态两极矛盾的解决

列宁认为意识形态的两极矛盾，即阶级性与科学性之间的矛盾，因此，解决办法和方式，即是坚持意识形态的阶级性，并在社会实践基础上使阶级性与科学性相结合。列宁还进一步指出，资产阶级的意识形态是脱离社会实践的，因此是虚假的，不具有科学性。无产阶级的意识形态是建立在社会实践的基础上，不仅是真实的，还是科学的。

马克思主义之所以是科学，就是因为他的基本理论和学说有着深厚的社会实践基础，是正确地、真实地反映了人类社会发展的一般规律，并通过无产阶级革命的伟大实践将科学的理论变成了现实。列宁始终坚持马克思主义的基本精神，并把马克思主义与俄国革命实际相结合，以科学的态度对待马克思主义，体现了马克思主义科学的社会实践本质，十月革命的胜利，充分地证明了马克思主义的科学性和革命性。针对那些认为马克思主义已经"过时了"的论调，列宁指出："马克思主义是马克思的观点和学说的体系。……马克思的观点极其彻底而严整，这是马克思的对手也承认的，这些观点总起来就构成作为世界各文明国家工人运动的理论和纲领的现代唯物主义和现代科学社会主义。"[1] 此外，列宁也从发展的视角出发，提出不能教条化和僵化地理解和运用马克思主义，必须与各国革命的具体实践相结合。"科学和技术每前进一步，都必不可免地、毫不留情地破坏资本主义社会内的小生产的基础……他们的毛病就是不管有意还是无意，势必号召农民或推动农民去接受业主的观点（即资产阶级的观点），而不是推动他们去接受革命无产者的观点。"[2] 列宁旗帜鲜明地反对教条主义，既坚持了马克思主义，又发展了马克思主义，有力地反击了资产阶级和各种反马克思主义的攻击，使马克思主义成为不断发展和创新的科学。

列宁创新性地继承和发展了马克思主义，为社会主义意识形态增

---

[1] 《列宁选集》第4卷，人民出版社2012年版，第418页。
[2] 《列宁选集》第2卷，人民出版社2012年版，第5页。

强了解释力和包容力。列宁坚持马克思主义的基本原理,科学地解决了俄国社会主义革命的一系列重大的理论和实践问题,丰富和发展了马克思的科学社会主义学说,开拓了马克思主义的新境界。列宁在马克思主义的指导下,根据俄国社会发展的实际,创立了帝国主义理论,是对马克思主义发展史上的重大创新。列宁对帝国主义基本特征的科学分析,进一步论证了资本主义必然要为社会主义所代替的历史发展规律。列宁在坚持科学性与革命性相统一的基础上,提出要大胆吸收和利用资本主义创造的一切文明成果,为丰富和发展马克思主义提供思想基础,增强了社会主义意识形态的解释力和影响力,使社会主义意识形态在苏俄占据了主导地位。

三 对列宁走出社会主义意识形态虚假性的理论努力的反思

列宁提出的对意识形态两极矛盾的解决方式在当时无疑是成功的,是被实践证明了的。这里有很多经验是值得我们借鉴的:一是辩证地理解和运用了意识形态理论。列宁始终注重灵活运用马克思主义的辩证法,坚持集体主义原则,营造一种相对宽松、民主的思想文化氛围。在强调意识形态内容的灌输时,列宁还提出要注意区分不同的教育对象,具体分析不同阶级和阶层的特点,体现了列宁运用马克思主义的灵活性。对于资产阶级的意识形态,列宁也提出了批判继承的原则,并没有全盘否定,主张"必须取得资本主义遗留下来的全部文化,并且用它来建设社会主义。必须取得全部科学、技术、知识和艺术"①。从而增大社会主义意识形态的解释力和包容性。列宁的意识形态理论对于我们今天进行的意识形态建设具有重要的借鉴意义,我们要辩证地理解和运用意识形态理论,使意识形态能够为广大人民服务,为社会主义服务,增强意识形态的说服力和感染力。

二是历史地看待意识形态的虚假性问题。列宁在论述意识形态的虚假性时指出,虚假性是历史的而不是一成不变的,社会主义意识形

---

① 《列宁全集》第36卷,人民出版社2017年版,第48页。

态能够超越资本主义意识形态的虚假性,而日益体现真实性。剥削阶级意识形态的虚假性,源于其唯心主义的世界观以及局限的阶级意识,由于他们不能正确理解社会存在和社会意识的关系,否定社会存在对社会意识的决定地位,也就不能正确地把握历史发展规律,只是为维护资产阶级的利益服务,他们的意识形态必然不能正确地反映社会现实和社会发展规律,因而带有虚假性成分。但是,随着马克思发现唯物史观,无产阶级的阶级意识不断由自为转向自觉,无产阶级的历史地位也不断提高;随着无产阶级革命的深入,革命的实践需要革命理论的指导,意识形态的虚假性必然要被消除、被超越。马克思和恩格斯早已指出,"这种意识形态上的颠倒是应该消除的"[1];"共产主义革命就是同传统的所有制关系实行最彻底的决裂;毫不奇怪,它在自己的发展进程中要同传统的观念实行最彻底的决裂"[2]。无产阶级革命在打破旧的生产关系,建立新的生产关系的同时必然要打破旧的意识形态,其真实性的不断表达必然要消解其虚假性。社会主义意识形态以马克思主义为科学指导思想,遵循人类社会发展的一般规律,真实地反映了无产阶级的利益关系和阶级关系,从而克服和超越了资产阶级意识形态的虚假性。实现了意识形态和科学性的有机统一,是"确证其中与绝对真理相符合的东西"[3]。

列宁对于意识形态两极矛盾的解决是成功的,但是后来意识形态在苏联的发展,并未随着革命重心的转换而及时进行调整,凸显出了两方面的问题:一是意识形态二元张力的理论矛盾并没有得到实际的解决;二是现实过程中阶级斗争导致意识形态与宣传不一致,脱离了国内的现实情况,使人们对意识形态的科学性和说服力产生了怀疑,最终失去凝聚力。

---

[1] 《马克思恩格斯选集》第 4 卷,人民出版社 2012 年版,第 249 页。
[2] 《马克思恩格斯选集》第 1 卷,人民出版社 2012 年版,第 421 页。
[3] 《列宁选集》第 2 卷,人民出版社 2012 年版,第 81 页。

第二节 西方马克思主义的意识形态批判理论及其评价

西方马克思主义者卢卡奇、葛兰西、曼海姆、阿尔都塞、伊格尔顿、齐泽克等人,都从不同角度提出了自己的观点,为意识形态研究开辟了新的视角。然而,尽管他们的表达具有批判资本主义现实社会的理论意义,但由于抛开了现实的利益因素,使理论本身缺少了说服力,也很难使理论成为现实。

一 西方马克思主义的意识形态理论

(一)革命的意识形态——"物化意识"与"文化霸权"

1."物化意识"

20世纪20年代以后,西方马克思主义的研究出现了"主题创新",即不再从理论上正视重大的政治、经济问题,而将注意的焦点转到文化问题上。意识形态的研究与文化有着密切的关系。研究意识形态这一主题是由卢卡奇在其《历史与阶级意识》一书中首先确立并加以阐述的:为什么无产阶级革命是在落后的俄国,而不是在先进的西方资本主义国家取得了成功?卢卡奇认为西方资本主义国家无产阶级革命失败的根本原因在于革命发生的主观条件还不成熟,即无产阶级意识形态的缺乏,没有与自己阶级地位和历史使命相对称的意识形态,没有形成自觉的无产阶级的阶级意识。因此,革命重点在于"物化意识"的克服和无产阶级"总体性意识"的形成,而没有放在经济政治斗争和暴力革命上。卢卡奇开创了意识形态研究的全新视角。这就是,意识形态不仅仅是一种思想体系,更是一种物化的社会关系。人对人的关系取得了一种类似于自然的客观特性。对于他来说,要破除这种物化意识形态和人的物化意识,就必须超越直觉,超越经验主义和实证主义,超越主客体关系,从总体上把握资本主义的状况。

"物化意识"是卢卡奇早期理论建构的核心话语。在卢卡奇看来,

"物化意识"是随历史的发展而逐渐形成的。前资本主义社会由于根本不存在整体的、自觉的经济结构,只有无意识地进行的经济活动,社会不是以阶级而是以阶层或等级来划分的,所以根本没有出现产生"阶级意识"的客观可能性,自然也就不可能出现与社会结构发生自觉关联的阶级意识。随着资本主义的出现,等级被废除,阶级意识就进入了一个可能被意识到的时期,出现了产生阶级意识的客观可能性:社会结构逐渐简化为无产阶级和资产阶级;社会经济生活逐渐脱离政治生活,经济因素的影响力不断扩大,整个社会变成以商品交换原则为普遍原则的商品社会。这个时候,等级观念转化为阶级意识,转化为依靠商品货币关系、等价交换和可计算原则进行论证的"物化意识"。正如马克思在《德意志意识形态》中所强调的:意识形态没有自己的历史,任何意识形态都是那个时代物质生产和社会交往条件的反映。卢卡奇也认为,阶级意识"既不是组成阶级的单个个人所思想、所感觉的东西的总和,也不是它们的平均值"[①],而是"一种受阶级制约的对人们自己的社会的、历史的经济地位的无意识"[②]。因此,对"物化意识"的研究必须深入到资本主义物化结构的剖析上。

由于商品结构和商品生产的发展,资本主义条件下的人的关系虽然摆脱了纯自然的形式,但并没有获得真正人的形式,而是获得了"物的性质",变成了物与物的关系。如果说在资本主义发展初期,经济关系的人的性质有时还能看得清楚的话,那么在资本主义得到长足发展后,人的性质就越来越被掩盖在物的性质中,人的关系披上了物与物之间即劳动产品之间的关系,人们就越难以看清这层物化的面纱。在资本主义社会中,这种物化的普遍化,一方面造成了客体的"真正的物性"的消灭,另一方面也造成了人的贬值。也就是说,当各种使用价值都表现为商品时,物就获得了"一种新的客观性,即一种新的

---

① 卢卡奇:《历史与阶级意识》,杜章智、任立、燕宏远译,商务印书馆1992年版,第105页。
② 同上书,第106页。

物性"①，建立在物体的客观性基础上的使用价值和交换价值发生了分裂，交换价值似乎成为商品的客观属性；同时，随着物化的普遍渗入，人的生活世界变成了一个冷冰冰的非人世界，人真实的价值取向、真实情感被消除，人变成了商场上的一架"自动售货机"。正如卢卡奇所指出："如果我们纵观劳动过程从手工业经过协作、手工工场到机器工业的发展所走过的道路，那么就可以看出合理化不断增加，工人的质的特性，即人的——个体的特性越来越被消除。"②

事实上，物化结构还造成了人的意识的物化，这是物化带给人最持久、最致命的危害。卢卡奇指出："正像资本主义制度不断地在更高的阶段上从经济方面生产和再生产自身一样，在资本主义发展过程中，物化结构越来越深入地、注定地、决定性地沉浸入人的意识里。"③ 这种物化的社会结构渗透到人的思想层面，影响整个人的意识领域，导致意识的物化。其核心是绝对服从于资本主义制度，并认为这是人类永恒的唯一的合理秩序，成为自己别无选择的生存环境。"物化意识"本质上是符合资本主义利益诉求的"阶级意识"，是对资本主义制度下"物化社会结构"的反映。

为了克服和超越"物化意识"，卢卡奇提出必须进行意识形态斗争，形成无产阶级"自觉的""总体性的"阶级意识。并指出，虽然无产阶级在资本主义社会中无论从经济上、政治上还是从组织上都不占优势，但其特殊的历史地位决定了无产阶级能够形成自觉的"阶级意识"。这是因为，一方面它是物化的彻底牺牲者；同时它又是扬弃物化的根本力量。无产阶级总是能站在"现实"的对立面，力图彻底消灭现有的占有方式，推翻现行统治，不仅消灭统治阶级，也要消灭自身。无产阶级的这一地位就决定它能够超越资本主义社会的"直接性"，克服资产阶级地位的局限性，达到对社会本质的认识。因此，

---

① 卢卡奇：《历史与阶级意识》，杜章智、任立、燕宏远译，商务印书馆1992年版，第154页。
② 同上书，第149页。
③ 同上书，第156页。

在卢卡奇那里，只有无产阶级才是具有"普遍性"的阶级，但这里的无产阶级却是一个空洞的哲学范畴和概念。由于脱离了从事现实实践活动的现实的人，卢卡奇的意识形态理论必然陷入困境。与之相反，马克思的辩证唯物主义意识形态理论建立在现实的社会实践基础之上，将从事无产阶级革命实践的人作为意识形态的主体，这是马克思的意识形态理论与卢卡奇"物化意识"的最大差别。

卢卡奇主要批判了与物化现象联系在一起的物化意识，以及这种物化意识所衍生出来的各种资产阶级思想和非马克思主义思想。他的批判主要集中在对物化意识形态的批判上。后来的西方马克思主义者继承了卢卡奇的思想，但是把资本主义社会中的物化现象本身理解为一种意识形态。在他们看来，资本主义生产方式本身作为一种意识形态，是把人的活动安排在一种客观的类似于物的运动规律的形式中，使人把这种生产方式永恒化。可以说，卢卡奇对于物化意识形态的分析奠定了西方马克思主义的意识形态分析的一种全新的类型。虽然卢卡奇也强调意识形态的阶级特性，也强调由于阶级性而产生的颠倒意识（把人创造的东西当作自然物），但是这种颠倒主要不是由于阶级的偏见，而是由于资本主义的基本制度，特别是生产关系的现实状况造成的。显然，卢卡奇并不是从认识论，而是从社会历史观的角度来理解意识形态，也因此，为意识形态的研究提供了一个新的视角。

2. "文化霸权"

在对于意识形态的不同理解中，有一些学者把意识形态和文化领导权的斗争联系起来，其中颇具代表性的就是葛兰西。在葛兰西看来，意识形态的斗争就是争取文化领导权的斗争，资本主义社会之所以经历经济、政治的深重灾难而没有崩溃，并且大有复兴之势，而西方无产阶级在革命的客观条件成熟的情况下没有取得革命的成功，甚至完全丧失了革命主动权，根本原因在于资产阶级通过"文化霸权"对"市民社会"的控制。而"文化霸权"的实质是"意识形态领导权"。

中文"文化霸权"一词是从意大利文"egemonia"翻译而来的。葛兰西文本中的"egemonia"所描述的是一种统治阶级对从属阶级的权力关系，并且是超越边界的权力扩展：不是强制性的控制，也不是"自觉"的拥护，而是"自发的"同意，即在自己的工作、生活中不对现存制度和统治反抗，而是自觉不自觉地认同。其最基本含义是："某一个社会集团包括处于统治地位的社会集团和处于被统治地位的社会集团，运用教育、宣传等文化手段，争取其他集团认同、支持并自动融入该社会集团的权力结构中，以达到权力的维护、巩固与扩张的一种控制方式，是通过文化手段对社会精神生活的控制，在阶级社会中其实质是统治集团行使权力的一种方式。"① 可见，"egemonia"在葛兰西那里主要表示的不是对组织内成员的当然"领导"，而是让组织外的人"自愿"接受"领导"的过程。对于葛兰西来说，"文化霸权"的根本特征就是"同意"，一个社会集团要化解矛盾和冲突，避免因利益冲突所造成的分裂和破坏，维护社会稳定有序的发展，巩固其统治地位，就必须取得来自被统治阶级、被领导者的"同意"。政治社会对市民社会的意识形态控制要以广大市民社会的"同意"为基础。

统治阶级要获得被统治阶级的这种"同意"，可以通过两个途径，一种是通过发展生产力和科学技术，创造丰富的物质产品，然后通过二次分配等手段，提高工人的福利待遇和生活水平，让人们沉溺在消费的乐趣中；而葛兰西更加注重的是另一种途径，即统治阶级通过家庭、学校、教会、政党、社会团体、工会、大众传媒等"市民社会"活动场所的文化渗透和控制，使被统治阶级缺乏形成清晰自觉的理论的机会。他们只要去生活和工作，所接受的就只能是资产阶级的世界观、价值观，因为他们所有的工作和生活场所都被统治阶级的意识形态所占领。就算被统治阶级觉察到了应有和现有的矛盾，甚至产生许多不满，也只好同意，因为他们找不到矛盾的症结所在，甚至无法用准确的语言来描述这种矛盾和不满。可见，资产阶级是通过精神文化的领域来控制市民社会，保障其在意识形态上的领导权，进而维护其

---

① 王晓升：《西方马克思主义意识形态理论》，社会科学文献出版社 2009 年版，第 51 页。

政治统治地位的。

文化霸权的实质就是"意识形态领导权",这种意识形态控制是不同于政治"强制"的全新的统治方式。葛兰西的这些论述是对马克思、恩格斯思想的继承和发展。马克思强调,统治阶级不仅凭借物质武器而且依靠精神武器支配被统治阶级,从而保障其统治的稳固。葛兰西认为,如果说旧国家主要是依靠暴力和欺骗维护其统治的话,那么在当代资本主义国家的正常情况下,暴力和欺骗都失去效力,资产阶级主要是通过"文化霸权"使人民"同意"其统治,而不是有意地欺骗。即不是故意把不合理的说成是合理的,不合法的说成是合法的,骗取人民的同意,而是通过其意识形态的"合法性"论证,通过意识形态的控制消除被统治者的否定性和批判性,使人民自觉"同意"其统治。因此,一个社会集团在取得政权之前,首先应该确立起"文化霸权",即在意识形态上的领导权,而一旦夺取政权,就更应加强这种意识形态的领导权,这样才能维护其统治,保证国家的稳定。

在此基础上,葛兰西进一步指出了无产阶级政党所肩负的重要历史使命。葛兰西指出:"政党是完整的、全面的知识分子的新的培育人,可以被理解为现实的历史过程的理论和实践的统一在其中得以发生的坩埚。"① 而无产阶级政党在知识分子培育和"文化霸权"的抵抗中,应当发挥重要的作用。这是由无产阶级政党的性质决定的。在葛兰西看来,无产阶级政党是真正的"总体性政党",资产阶级政党虽然也是总体性的,但由于它完全从资产阶级的根本利益出发,对无产阶级和广大群众往往采取欺骗的手段,因此总体性程度很低,最多只是资产阶级利益的最大实现。而无产阶级政党则不同,它的阶级本质和最终目标决定了它必须是无产阶级、农民阶级和其他劳动群众的忠实代表,以实现全体人民的根本利益为宗旨,上述特征使得无产阶级政党能够发挥"总体性功能",带领无产阶级团结广大人民群众,彻底抵制"文化霸权",夺取市民社会的意识形态领导权。

---

① 葛兰西:《狱中札记》,曹雷雨等译,中国社会科学出版社2000年版,第246页。

葛兰西提出的关于无产阶级政党"总体性功能"的论述，对于当代中国的意识形态建设具有启示作用。由于无产阶级政党的阶级本质和最终目标，决定了其能够最大程度地代表社会普遍利益。意识形态要反映大众利益，这是意识形态走向真实性的基本价值论路径。江泽民同志提出"三个代表"重要思想，其中重要的一条就是我们党要始终代表最广大人民的根本利益，葛兰西的上述思想对于意识形态如何实现利益真实具有借鉴意义。

（二）描述性的意识形态：虚假意识与真知灼见

马克思和恩格斯在《德意志意识形态》中认为意识形态是一种虚假意识，是对于社会颠倒的反映。而曼海姆作为在马克思主义传统之外系统论述中性的意识形态概念的主要代表人物，抓住了马克思主义关于思想和现实之间历史联系的思想，对马克思的意识形态概念进行了改造，把马克思在否定意义上所说的意识形态概念转换为一个中性化的意识形态概念。

曼海姆是把意识形态放在一定的社会历史进程中来理解的。他强调意识形态和社会历史条件的关系，并从这种关系的角度来考察意识形态的性质和特点。曼海姆承认人们在一定的历史条件下，把意识形态看作虚假意识、看作阶级的观点的合理性，但是他更强调，我们必须使这种意识形态观走向知识社会学。这就是，我们应该把意识形态看作在一定的社会历史条件下对于社会现状的认识，作为一种知识，它的产生是有社会历史条件的。于是，对于他来说，意识形态是真知灼见，而不是虚假意识。

在曼海姆看来，历史上，人们之所以把意识形态理解为一种虚假意识，是因为人们发现，意识形态作为一种对于社会现实的看法无法与现实的实在相一致，因此就将意识形态定义为"虚假意识"。而事实上，对于这些情况应该进行实事求是的分析。曼海姆对于意识形态持一种中性的态度。他反对把意识形态简单地看作一种虚假意识。他认为："就与意识形态有关的概念而言，意识形态根本不能等同于幻觉。"① 他认为意识形态概念从一开始提出的时候，只不过是用来指关于思想的理论。既然意识形态是关于思想的理论，那么这就需要研究思想和社会现实的关系。在他看来，思想总是和现实社会条件密切相关的。因此，意识形态不是幻觉，而是一定的社会历史条件的产物。从这个角度来说，意识形态可以给人们提供确切的知识，这种确切的知识是从思想和现实的关系中发生的。

曼海姆进一步指出："从长远来看，诸如意识形态这个概念所提供的、有关思想基础的发人深省的真知灼见，是不可能长期作为一个阶级所特有的垄断物而存在的。"② 意识形态能够给人们提供真知灼见，这是因为，不同的阶级，不同的集团会用意识形态来相互斗争。在这种斗争中，它们不能不吸取正确的东西。即使无产阶级也不能不在意识形态的斗争中吸取资产阶级思想中有价值的东西。因此，没有一个阶级能够在意识形态中处于垄断地位。曼海姆说："只有马克思主义理论，第一次把特定的意识形态观念和总体性意识形态观念结合了起来，只有这种理论第一次对阶级地位和阶级利益在思想方面所发挥的作用给予了应有的强调。"③ 从这里可以看出，曼海姆对意识形态的思想还是受到了马克思思想的影响的。

在确定了意识形态不是幻觉、不是错误意识的基础上，曼海姆进一步指出，意识形态也不提供绝对真理。意识形态所给出的答案都是受到一定的社会历史条件影响的。因此，他一再强调意识形态只能提供真知灼见，只能提供知识，而不能提供绝对真理。在曼海姆那里，意识形态处于绝对真理和虚假意识之间，它是一种关于社会现实的知识，一种评价性的知识。这种知识是与社会历史条件有关的。人的社会生活的本质是实践，曼海姆的这一思想启示我们，社会实践是意识形态产生和发展的基础，只有真实反映社会存在的社会意识，才具有真实性。现实的社会物质生产实践，是意识形态真实性的现实本体。

---

① 曼海姆：《意识形态和乌托邦》，艾彦译，华夏出版社 2001 年版，第 95 页。
② 同上书，第 83 页。
③ 同上书，第 84 页。

(三) 西方马克思主义意识形态理论中的非理性主义倾向

1. 阿尔都塞意识形态的虚幻性与"主体已死"

阿尔都塞认为，意识形态是人对于自己生存状态的幻觉。也就是说，意识形态与人们是否正确地认识人的生存状况无关，也与人们是否正确地反映人和人之间的关系无关。意识形态不是对于人所生存的世界的虚幻反映或者扭曲的反映，而是人同他所生存的世界的想象性关系的表达。在这里，意识形态本身无所谓虚幻不虚幻，虚幻的是人自己和他所生活于其中的世界的关系。人们在这里脱离了现实而进行纯粹的想象，把虚幻的东西当作现实的东西，颠倒了现实和虚幻的关系。阿尔都塞认为，出现这种颠倒的原因，是因为人们生活在一个想象的、颠倒了社会现实的世界中，社会现实不能满足人们的各种需要，但在想象的现象世界中人们的各种需要得到了自我满足。阿尔都塞提出："在意识形态中表述出来的东西就不是主宰着个人生存的实在关系的体系，而是这些个人同自己身处其中的实在关系所建立的想象的关系。"① 如果个人在现实生活中不能够认识到自己的真实存在，也就不能正确表达自己和自己的生存状态，从而沉浸在凭空的想象当中。阿尔都塞还指出，意识形态的作用就是把别人的思想和感受当作自己的感受，使人认识到自己是主体，并进而既有主动又有被动层面地去想象一种与外在世界的关系。虽然失去了主体地位，但又认为自己是主体，这就是意识形态的作用，即把人"构造"为主体。他说："主体之所以是构成所有意识形态的基本范畴，只是因为所有意识形态的功能（这种功能定义了意识形态本身）就在于把具体的个人'构成'为主体。"② 人在意识形态所"建构"的主体中成为一个"虚幻的主体"。

阿尔都塞把主体性哲学和资产阶级的意识形态联系在一起进行思考和批判，指出，资产阶级意识形态的最大谎言就是宣扬人是主体，

---

① 阿尔都塞：《哲学与政治：阿尔都塞读本》，陈越编，吉林人民出版社 2003 年版，第 355 页。

② 同上书，第 364 页。

人是自己的主宰。而阿尔都塞对主体性哲学的批判，就是要揭露这种资产阶级意识形态的谎言。即在资本主义意识形态下，人并没有成为现实的主体。阿尔都塞的意识形态思想是批判性和革命性的，中心目的就是要彻底动摇主体性哲学，使人摆脱资产阶级意识形态的束缚。

阿尔都塞还认为，意识形态是物质的。他说："一种意识形态总是存在于某种机器当中，存在于这种机器的实践或者各种实践当中。这种存在就是物质的存在。"① 他同时强调了意识形态的物质性和实践性，并认为，意识形态都存在于实践中，而且更重要的是要强调，意识形态表达了人和他的生存状态的关系，展现了人和自己所生活于其中的世界的关系。这意味着，人在生活中都可能呈现出意识形态的特点，呈现出他对于自己生活于其中的世界的虚幻体验。意识形态是物质的，这无非是说，在今天的社会中，意识形态已经物化为一种客观的行动方式和结构，物化为某种客观的仪式、教化和信仰，物化为某种客观的机器了。阿尔都塞对于意识形态的控诉表明：意识形态把没有主体性的人说成是主体，人们没有反思，也失去了自觉意识。人们只是不假思索地接受，盲目地活动。从而认为，人一来到这个世界就必须接受各种观念、思想、生活方式等，日常生活实践就是意识形态的实践。在阿尔都塞的意识形态理论中，主体是"失去了主体意识"的主体，人完全成了意识形态的奴隶。虽然阿尔都塞被称为结构主义马克思主义，但他却抛弃了马克思关于人的能动性的合理解释，他只看到了意识形态对人的控制和塑造作用，却忽略了人可以通过实践活动改变环境，忽视了人类社会生活实践对意识形态的影响作用。

2. 伊格尔顿的意识形态理论及其"观念中的张力"

马克思的意识形态理论强调人的思想是受到一定的社会历史条件制约的，这也正是马克思主义哲学与唯心主义哲学的根本差别所在。伊格尔顿对这一点并不否认，但对于他来说，问题更在于，对于意识形态的研究，不能停留在把意识形态看作社会历史状况的反映这样简

---

① 阿尔都塞：《哲学与政治：阿尔都塞读本》，陈越编，吉林人民出版社 2003 年版，第 356 页。

单的层次上，而是要进一步深入分析意识形态是怎样反映社会存在的。这是伊格尔顿的意识形态理论中最值得我们研究的方面。

伊格尔顿认为，意识形态不仅是思想对于社会存在的反映，而且是以虚假的方式解决社会中存在的矛盾。因此，意识形态的研究任务就是要揭示这种虚假的解决方式，揭示其中所包含的矛盾。在他看来，意识形态就是要使人的意识产生一种脱离现实的幻觉，使人的思想脱离社会生活条件。伊格尔顿认为，马克思、恩格斯的《德意志意识形态》开拓性地提出了"意识本质上是实践的，意识的实践用处之一是生成幻象和神秘，使男男女女们在压迫和剥削之下能够'心不在焉'"[1]。按照他的分析，马克思和恩格斯的工作就是要重新重视意识和生活的联系。意识形态的斗争并非简单地用正确的观念批评错误的观念，而在于通过揭示思想的客观基础，重新激起人们进行革命实践的热情，激发人们改变资本主义的现实。于是，在马克思那里，"唯物主义分析和革命政治携手前进"，并抛弃了"理性主义信条"。[2]

伊格尔顿发现，马克思和恩格斯对于意识形态的理解中存在着一种张力。即一方面，意识形态是一种政治力量，有一种实践的功能，与现实有关；另一方面，意识形态又是一种虚幻的观念，从这个角度说，意识形态又和现实没有关系。这种既与现实联系又脱离现实的关系，是意识形态的内在张力，而不是意识形态的内在矛盾。这是因为，意识形态只有与现实发生联系才能在现实中发生作用，但它又要对现实保持超然的态度，所以意识形态与现实之间这种亦有亦无的关系并不矛盾。至于这种内在张力的形成，是因为意识形态和权力之间存在着一定的关系。在这个问题上，伊格尔顿继续发挥马克思的思想。在《德意志意识形态》中马克思强调，每一个时代，统治阶级的观念都是占统治地位的思想观念。统治阶级为了自己的权力会不断使观念和现实之间的关系扭曲，他们会以各种不同的方式掩盖现实中的矛盾。

---

[1] 伊格尔顿：《历史中的政治、哲学、爱欲》，马海良译，中国社会科学出版社1999年版，第85页。

[2] 同上书，第84页。

统治阶级通过意识形态来遮蔽现实中的矛盾，从而保证其统治地位。基于此，伊格尔顿认为意识形态研究实际上就是一种意识形态的斗争，这种斗争的目的就是要揭示被意识形态所掩盖的矛盾和冲突。

伊格尔顿认识到了资本主义意识形态对社会现实的遮蔽和扭曲，认识到意识形态只是表面上提供了一个解决社会矛盾的方案，实际只是对矛盾的掩盖和转移，这是他的意识形态理论的进步性所在。但是，伊格尔顿将对这一问题的解决方式寄予美学和文学作品的批判上，只是以隐晦的形式再现这种矛盾。他通过揭示文学作品中所包含的冲突和矛盾，说明这些文本是如何来掩盖这种冲突和矛盾的。伊格尔顿的斗争方式并未走上现实的革命实践的道路上来，因此是不彻底的。

二　精神分析学说对马克思主义意识形态理论的补充

现代精神分析学说与当代意识形态理论之间存在着内在联系，齐泽克成功地将拉康的精神分析学说运用于现代意识形态理论的研究，为当今意识形态的研究提供了新的视角。

在西方哲学社会科学的发展轨迹上，精神分析学说占有重要的地位，精神分析理论不但蕴含着丰富的文化理论资源，同时还为我们提供了系统的方法论。其中弗洛伊德的精神分析理论应该是集大成者，他所提出的有关本我、自我和超我的理论等重大理论成果，成为西方哲学社会科学发展的至高境界。20世纪一大批西方学者以弗洛伊德精神分析学说为基础，交叉各个学科，产生了许多有影响力的新的理论，推动了西方马克思主义理论的发展。此后，精神分析学说经历了自我心理学、人际精神分析、英国克莱因学派、英国客体关系学派、自体心理学派和当代弗洛伊德主义修正者等。法国著名精神分析学者J.拉康提出了"回到弗洛伊德"的口号，但这并不是简单的回复，而是实现了对弗洛伊德精神分析学说的创造性的回归和再发现。

现代精神分析理论实现了对弗洛伊德原初的"本我、自我、超我"的超越，进入了更加微观的精神世界，同时也渗透到哲学、文学、电影和艺术等诸多领域。其中，齐泽克就将精神分析运用到人文社会科学研究领域，并把精神分析与意识形态相结合，形成了自己独特的意识形态理论。

齐泽克根据黑格尔辩证法将意识形态概括为三种形式。他说："至于宗教（这在马克思看来是绝妙的意识形态），黑格尔区分了三个因素：教义、信仰和仪式；人们因此会为之吸引，并以此三点为轴心排列出众多与意识形态相关的概念：作为观念复合体（理论、信念、信仰和论证过程）的意识形态；客观形式的意识形态，即意识形态的物质性，意识形态国家机器；最后，就是最难以捉摸的领域，在社会'现实'之心脏起作用的'自发的'意识形态。"①

第一种意识形态是作为观念复合体的意识形态，也称为"自在的意识形态"。即"作为一种教条、一种思想、信念、概念等的复合体的内在的意识形态概念，其目的就是说服我们相信其'真理'，而实际上服务于某种秘而不宣的特殊的权力利益"②。这种意识形态有两种表现形式，即观念复合体的意识形态以及对观念复合体的批判和解构而形成的意识形态。第二种意识形态是客观形式的意识形态，指的是那种在"意识形态实践、仪式和机构中意识形态物质存在的、阿尔都塞式意识形态国家机器概念所概括的契机"③。第三种意识形态是"自发性"的意识形态。即齐泽克依据拉康的精神分析学说推演出来的与内容无关的意识形态观，更是一种形式化的意识形态。齐泽克称此种意识形态是由"非意识形态向意识形态的第三次颠倒"，即外化的物质化的意识形态向意识形态形式化的回归。因而，这种意识形态"既不是作为详述的信条、明白表述的关于人、社会和宇宙本性之确信的意识形态，也不是以物质形式存在（机构、仪式和给予其实体的实践）的意识形态，而是隐含的、准'自发的'假定和看法，是难以捉摸的网络而形成的'非意识形态'（经济的、法律的、政治的、性的……）

---

① 齐泽克、阿多诺等：《图绘意识形态》，方杰等译，南京大学出版社2006年版，第9页。
② 同上。
③ 同上书，第11页。

实践的一种不能复归的瞬间再生产"①。根据这一分析，齐泽克认为，马克思的"商品拜物教"的理论就是第三种意识形态。他认为马克思的商品拜物教概念"指的不是一种（资产阶级）政治经济理论，而是一系列决定市场交换的'真实'经济实践结构的假定"②。显然，第三种形式的意识形态是与精神分析的形式快感相关联，明显具有形式化特征的意识形态。齐泽克说，这种"意识形态的真实目标是它所需要的态度，是意识形态形式的一致性……掩藏意识形态所特有的剩余快感"③。至此，齐泽克就将外化的物质化的意识形态变成了一种形式，并与剩余快感密切关联了起来。④

马克思商品拜物教思想的核心内涵就是，产品一旦走入市场，变成商品后，似乎就变得"是一个可感觉而又超感觉的存在物"⑤。在马克思看来，由产品到商品的转化，实现了个人劳动与社会总劳动的转换，劳动者与社会总劳动的关系似乎在物与物的关系中得到了解释，人们劳动本身的社会性质被物的性质代替了。马克思对商品拜物教的分析，意在揭示商品生产过程中现实的人的劳动关系，是透过物的表象来反映物的内在属性。与马克思不同，齐泽克是要说明商品拜物教的心理学根源，即人们是如何将事物的表象看作本质。他认为当桌子作为商品在市场进行交换时，就变成了"会跳舞的幽灵"，神秘性的东西不是桌子这个物本身，而是人的一种心理感应，即心理产生了幻觉或误认，把物的内在属性看成了脱离于人的社会劳动的东西，商品变得神秘而崇高。

商品拜物教的真正根源在于一种征兆性误认。但齐泽克提出了不同于马克思的观点，认为"商品拜物教的基本特色并不在于以物代人，相反，在于这样的误认，它关切结构网络与某个构成因素之间关

---

① 齐泽克、阿多诺等：《图绘意识形态》，方杰等译，南京大学出版社 2006 年版，第 14 页。
② 同上。
③ 齐泽克：《意识形态的崇高客体》，季广茂译，中央编译出版社 2002 年版，第 115 页。
④ 孔明安：《深化精神分析维度中的意识形态研究》，《世界哲学》2011 年第 5 期。
⑤ 《马克思恩格斯全集》第 35 卷，人民出版社 2013 年版，第 341 页。

系:真正的结构效果,即各种构成因素之间的关系网络的效果,表现为某一构成因素的直接属性,而且好像这个属性也属于在与其他构成因素关系之外的某一因素"①。

齐泽克认为,对于商品形式的分析,马克思运用了社会"无意识"的概念,人们在心理上对商品的误认,主要源于在人们的头脑中早已形成了商品形式的印象,对商品的概念解释,已经成为一种与现实商品无关的"先验范畴",并以网络形式在社会中传播。这种"无意识"决定着交换者的思想,但与交换者的思想并无关联,是交换者思想的外在物。正是这种先在地、抽象地存在于无意识中的交换关系,使人们对某一商品会发生误认,从而使商品变成了神秘而崇高的东西。齐泽克认为,马克思运用社会"无意识"来分析商品形式,为研究意识形态提供了基本的范式。那就是意识形态不是对现实世界的一种幻觉,更不是一种虚假意识,它就是真实的现实,一种"意识形态性"的现实。

从马克思开始,意识形态批判的主导方向就是,对虚假的或扭曲的意识进行批判和修正,从而揭示意识形态发挥作用的方式。以马克思的商品拜物教思想为代表,阿尔都塞的意识形态国家机器理论、葛兰西的意识形态领导权,等等,他们都以意识形态的批判为工具,对当代资本主义社会的弊端和顽疾进行了深入揭露和批判,揭示了资本主义现代社会奴役人,并使其统治合法化的意识形态机制。② 然而,这种意识形态机制只是表层机制,其理论形态只是局限在话语机制内。今天,世界各国的意识形态环境都发生了深刻的变化,表层的意识形态批判已经不合时宜,传统的解释、批判和去弊都无法到达意识形态发挥效应的深层机制。意识形态的真实表达,必须建立在社会实践基础上,也只有在社会实践的基础上,才能使意识形态研究从表面到

---

① 齐泽克:《意识形态的崇高客体》,季广茂译,中央编译出版社 2002 年版,第 23—24 页。

② 贺翠香:《穿越幻象认同症兆——论齐泽克探讨意识形态理论问题的新途径》,《世界哲学》2011 年第 5 期。

深入。

三 对西方马克思主义意识形态理论的评价

西方马克思主义意识形态理论的发展，几经波折，并经历了一个由革命的意识形态向学术意识形态转变的过程，这期间的研究方向，主要包括描述性的意识形态、非理性主义的意识形态、以精神分析为方法论的意识形态。总的发展趋势就是，越来越远离现实革命，其理论不能切实地反映和指导社会革命的实践，使意识形态理论变成了面对资产阶级意识形态的学术性批判。

对于西方马克思主义来说，他们都有着宏伟的革命目标，并声称自己是革命的追随者，但这些革命由于历史境遇的变迁，成为非现实的革命。早期西方马克思主义者，实实在在地是抱着推翻资本主义的现实革命的愿望，对意识形态问题的探讨，也是力求通过这一途径来为现实的革命服务。但最终还是失败了。现实的社会历史条件使他们的意识形态理论越来越远离革命的实践，而变成了学术层面的探讨，没有发挥其革命价值，但发挥了学术价值。他们远离现实革命是历史的必然。其理论在发展的进程中，远离现实革命的倾向已经越来越明显和不可避免。这主要是因为，西方无产阶级的现实的社会革命，由于资本主义社会发展的新特性，而失去了已有的地位，推翻资本主义的统治只是一个遥远的目标。在这一背景下，这些学者需要寻找一种与经典革命不同的另一种方式和道路来批判资本主义社会的不合理性。他们关于意识形态理论的探讨，成为一种完全意义上的远离现实革命的学术研究，从而在实践观上割裂了实践的革命批判本性和直接现实性，实际也就丧失了革命批判的真实意义，将个体经验的"客观性"视为资产阶级的思想原则，视为工人阶级缺乏革命积极性的根源。非理性主义一方面正确地认识到人们由于日常经验的局限而无法摆脱资产阶级的思想控制，但又脱离了现实的实践活动。从最初强调"无产阶级实践"以及由此形成的"阶级意识"，最后却复归到理论中心主义和思辨哲学，由强调实践本性走向了脱离实践的非理性，这是"西方马克思主义"的历史悲剧。因此,他们所提出的革命并不是真正意义上的现实革命,而是一场意识形态范畴内的意识革命和理性革命,而不是经济革命、利益革命或政治革命,不可能实现对现实革命的指导。只在意识形态领域内进行的意识革命,忽视了现实利益因素,不可能有效地对资本主义进行批判,是西方马克思主义意识形态理论最致命的缺陷。

西方马克思主义的意识形态理论有着众多的缺陷和不足,但仍然有着重要的学术价值。他们都从不同角度对意识形态理论进行了不懈探索和发展,也从各个角度和侧面对资本主义社会的各种社会现象进行了深刻的批判,是对马克思的意识形态批判理论的有效补充和发展,其影响意义是深远的,其理论成果对于我们今天的意识形态研究仍具有重要意义。西方马克思主义理论的学术性特色,丰富了意识形态理论研究的内容,完善了马克思主义意识形态理论。现实的社会历史条件造就了西方马克思主义意识形态理论的基本研究范式,今天世界发展的新形势,与西方马克思主义最初探讨意识形态理论的社会状况大体相同。特别是全球化推动了资本主义对整个世界的统治,这是一个社会的现实。在这种情况下,更加要求每一个马克思主义学者都应当立足于现实的社会生活实践,回归到马克思理论的本真含义,来探讨当代问题。

第三节 苏联社会主义实践及其意识形态虚假性的显现

在列宁之后,随着无产阶级政权的建立及巩固,无产阶级的阶级角色实现了转变,大规模的社会主义建设理应推动意识形态理论的创新,但苏联的意识形态理论并没有随社会实践的发展变化而不断进行修正,造成这一理论脱离了社会实践,越来越不能真实反映社会存在,不能真正代表大众利益,从而失去群众的公信力,并导致苏共领导权和凝聚力的弱化,成为苏联解体的重要原因。

一 中央集权是适应特殊革命实践要求的社会主义意识形态

十月革命胜利后,俄国建立了苏维埃政权,马克思、恩格斯关于科学社会主义的理论在这里变成了现实。但与马克思、恩格斯所设想的无产阶级革命率先在发达资本主义国家取得胜利不同,社会主义恰恰是在相对落后的俄国首先取得了胜利。因此,苏联的社会主义建设,由于它的后进性和一国性,需要经过国有化、工业化和农业集体化同时并举的特殊的过渡时期。对于如何在落后的俄国组织和建设社会主义,列宁在理论和实践上都进行了积极的探索,这一探索过程体现在从"战时共产主义政策"到"新经济政策"的转变。

战时共产主义政策是在帝国主义武装干涉和国内反革命叛乱的特殊条件下产生的一种经济政策。这一政策的实施,除了战争环境的客观因素之外,还由于列宁的主观因素。列宁强调在过渡时期应当建立集中的经济,他指出:"因为建成社会主义就是建成集中的经济,由中央统一领导的经济。"[①] 正是在这种理论的指导下,苏俄首先完成了大工业的国有化,又在内战结束后,将国有化推广到了中小企业。从总体上看,这时列宁更多考虑的是通过对整个社会实行强制性的集中管理,对生产、分配和流通实行全民计算和监督,依靠国家干预来消灭资本主义,而中央集权恰好适应了这种客观需要。应当说,战时共产主义政策是适应特殊时期革命要求的一种做法,也是列宁结合当时社会实践所进行的一种探索。但是,当苏联社会革命的重心已经发生了转变,仍将这种政策延续到和平时期,则是脱离了社会发展实践基础的。由于战时共产主义政策的失败,列宁不得不对这一问题进行新的探索。

中央集权是适应特殊革命实践要求的社会主义意识形态,随着社会实践的发展变化,意识形态也要随之调整。通过反思和探索,列宁对社会主义有了一个新的认识,即认识到在建设社会主义的过程中有

[①] 《列宁全集》第35卷,人民出版社2017年版,第414页。

一个较长的过渡时期，在这个时期，无产阶级在掌握国家政权的基础上，要"从国家资本主义转到由国家调节买卖和货币流通"①。利用国家政权组织国家资本主义和合作制经济，并在此基础上，利用商品货币关系和市场机制来促进生产力的发展，从而达到建设社会主义的目的。列宁不仅在理论上进行了探索，而且在实践中也进行了大胆的尝试。通过在工业、农业和商业领域推行一系列新经济政策，苏俄经济得到了恢复和繁荣。

从战时共产主义政策到新经济政策的转变，列宁将马克思主义理论与苏俄革命的具体实践相结合，对社会主义建设的模式和道路进行了历史性的探索。这也启示我们，社会主义建设是一个不断探索的过程，它不是教条的和一成不变的，只有从本国实践和实际特点出发，才能探索出一条适合本国发展的社会主义道路。

二 苏联的意识形态虚假性的根源

一般来讲，人们在革命斗争时期、支持某种意识形态的根本原因是因为这种意识形态能满足其改变现状的期望，而在革命胜利后则是因为在这种意识形态的指导下能够不断地改善其生存状态。与资产阶级革命和资本主义社会最初的建立一样，意识形态也在社会主义的革命和建设中起着至关重要的作用，甚至更为关键的作用。因为资本主义革命大都发生在生产力相对发达的国家，而社会主义革命却都出现在经济文化相对落后的国家，且面临着发达资本主义的武装干涉与和平演变，因而，同资产阶级革命和建设相比，社会主义革命和建设面临着更多的艰难曲折，意识形态的作用也就更为关键。正因为经济文化的落后，社会主义革命的胜利和社会主义制度的建立并不是在生产力发展基础上的"水到渠成"，而是经历了跨越"卡夫丁峡谷"的人为努力的结果，所以，人们对现实社会主义制度的认同不只在于它比资本主义有更为发达的生产力，而是对社会主义能够更好地改善人们

---

① 《列宁全集》第42卷，人民出版社2017年版，第239页。

的生存状态有着坚定的信念。

在苏联，十月革命的胜利是人类历史发展的新纪元，新经济政策促进了社会主义的建设，坚定了苏联人民以及世界拥护社会主义的人们的信念。但在列宁之后，斯大林在领导苏联社会主义建设的过程中，逐步形成了高度集中的政治经济体制，即"斯大林模式"。表现在经济上，完全实行计划手段，排斥商品和市场，否定价值规律，片面地注重重工业、忽视轻工业和农业，造成人们日常生活消费品供应不足，影响了人们建设社会主义的积极性；在政治上，高度集权导致官僚主义和个人独断，人民民主受到破坏。斯大林认为，无产阶级取得的胜利越多，阶级斗争就越尖锐，正是由于他对阶级斗争的错误估计，导致肃反扩大化。苏联的意识形态在此后逐渐远离了社会发展的实践基础，走向了教条主义，最终导致社会发展走上了冒进道路。

20世纪50年代以来，东欧各国的经济体制改革都走向了失败的命运，其根本原因是传统意识形态范式的阻力和障碍，意识形态离开实践基础，受教条主义支配。东欧诸国都是效仿苏联模式，其长期积累的意识形态范式就是政治中心、革命至上、教条主义，并在东欧得到日益强化。这一意识形态范式的形成在冷战时期得到了强化，冷战思维强化了两极对立格局，造成了你死我活的革命思维定式，形成了长期以来难以改变的传统观念，那就是"计划经济是社会主义的基本特征，市场经济是资本主义的基本特征"，并成为一种普遍的意识形态共识，与意识形态范式结合后，在苏联和东欧形成了高度集中的计划体制，成为苏联和东欧经济体制改革的最大束缚，也最终导致东欧剧变、苏联解体。这种教条主义的意识形态范式是理论创新的最大障碍，因为它无法提出一种明确可行的发展目标模式。计划体制绝对统治下的市场化必然造成一种结局，就是计划与市场的矛盾无法避免、无法调节，最后陷入双重体制困境，改革的失败将是不可避免的。

苏联的经济体制改革之所以失败，就是因为旧的意识形态范式，左右着领导层的决策意识。改革前的社会问题本来就是由高度集中的计划体制带来的，但改革的方向仍然是沿着完善计划经济的走向发展。

到戈尔巴乔夫改革时期这一思想仍然没有改变,并犯了方向性的错误,就是以政治体制改革和意识形态改革取代经济体制改革,决定了苏联解体的悲剧命运。戈尔巴乔夫改革并未实现革命思维向改革思维的范式转变,这就是传统意识形态范式的后果。首先,改革没有"以经济建设为中心",将改革政治化,将政治民主化作为一切工作的核心,号召"必须使我们全部工作适应于政治任务和政治领导方法"[①]。以政治为中心,偏离了广大民众的根本利益诉求,造成意识形态的虚假性。其次,大谈对"民主化"的信仰,没有提及市场化的改革思路,教条主义地理解和对待传统观念,造成"计划"与"市场"的脱离和脱节。最后,始终坚持"革命至上"的价值理念,认为"改革是一个革命过程",是飞跃。因此,必须反对"进化的方法——爬行式的改良"[②]而"运用革命的方式"[③]。这种思维方式就是一种旧的意识形态范式,改革中采取大造舆论、"公开性"、民主化的群众运动方式,导致改革进程的极端化,最终导致苏联解体。

从"全面展开共产主义建设"到"发达社会主义",再到"人道的民主的社会主义",社会主义意识形态在最高领导人的更替间不断变换,成为与人们生活息息相关却又遥不可及的乌托邦呓语,人们茫然不知所从。意识形态合法性的丧失必然导致苏共领导权和凝聚力的弱化,苏联的解体也就成了历史的必然。

在苏联社会主义意识形态理论的宣传上,表现为严重的教条主义、形式主义。在社会主义建设的实践过程中,苏联在意识形态领域逐渐把苏共领导人对马列主义的理解和解释以及他们的论断作为判断是非、划分敌我的唯一标准。在斯大林时期,党内斗争基本结束,领导人的思想成为真理的化身,只有信仰而不能质疑,以领导人的是非为是非的习惯开始形成。在意识形态的宣传和教育中,经典思想成为人们传颂的教条,对现实存在的困难和问题却视而不见,对人们的要求漠不

---

① 戈尔巴乔夫:《改革与新思维》,苏群译,新华出版社1987年版,第26页。
② 同上书,第57页。
③ 同上书,第58页。

关心，空讲社会主义制度的优越，忽视人民利益，口惠而实不至，不能解决人们迫切关注的现实问题。苏联的意识形态虚假性就表现在意识形态理论与社会实践相脱节，使社会主义意识形态和苏共对社会的凝聚作用消失，苏联也就随之解体。①

综上所述，在马克思之后，意识形态在东西方都发生了嬗变。列宁创新性地继承和发展了马克思主义，赋予意识形态以阶级属性，提出对意识形态两极矛盾的解决方式，在当时历史条件下是成功的。但后来意识形态在苏联的发展，并未随着革命重心的转换而及时进行调整，使人们对意识形态的科学性和说服力产生了怀疑，最终失去凝聚力。西方马克思主义者从不同角度对意识形态理论进行了不懈探索和发展，对资本主义社会的各种社会现象进行了深刻的批判，是对马克思的意识形态批判理论的有效补充和发展。但由于普遍脱离社会实践，远离现实革命，而使理论批判的目标转向了学术批判，因此，并不能现实地指导无产阶级社会革命的实践。西方马克思主义者由于忽视现实利益因素，不可能有效地对资本主义进行批判。在列宁之后，苏联的意识形态理论由于受教条主义的影响，脱离了社会实践，造成意识形态的虚假性，不能真实反映社会存在，不能真正代表大众利益，成为苏联解体的重要原因。

意识形态发展的历史证明，要使意识形态理论真正发挥指导作用，就必须回到马克思的意识形态视域，彰显意识形态的真实性，把社会实践作为意识形态生成与发展的现实基础。

---

① 刘明君、郑来春、陈少岚：《多元文化冲突与主流意识形态建构》，中国社会科学出版社 2008 年版，第 112 页。

第四章

回到马克思：社会实践是意识形态生成与发展的现实基础

意识形态概念在马克思之后，在东西方都陷入了理论上的困境，对这种困境的解决，需要我们重新回到马克思。事实上，马克思将意识形态统一在了人类的生活实践之中。在马克思关于意识形态的经典论述中，已经为我们指出了意识形态走向真实的路径。意识形态的真实性首先是立足于现实论基础上的事实真实。《政治经济学批判》序言中有这样一段经典的表述："物质生活的生产方式制约着整个社会生活、政治生活和精神生活的过程。不是人们的意识决定人们的存在，相反，是人们的社会存在决定人们的意识。"① 从以上论述可以分析出，当一种意识形态能够真实反映社会存在的时候，就实现了它的"事实真实"。马克思正是在实践基础上来阐述意识形态的生成与发展的。

第一节 意识形态何以真实

意识形态是关于人的社会生活的总体观念，人的社会生活在本质上是以物质资料生产为基础的社会实践活动。因此，物质实践是社会意识产生、发展的动力，是解释社会意识的基础。"哲学意义上的

---

① 《马克思恩格斯选集》第2卷，人民出版社2012年版，第2页。

'真实'是以人的实践活动为基础的"①，要使意识形态走出虚假性、走向真实，也必须始终使意识形态如实反映社会存在，与"实"俱进地随社会实践的发展变化而不断修正自身。

一 马克思关于意识形态真实性的论述

（一）社会存在决定社会意识

马克思在许多重要文献中，论述了社会存在与社会意识的关系。除了上面提到的《〈政治经济学批判〉序言》，在《德意志意识形态》中，马克思还说道："意识在任何时候都只能是被意识到了的存在，而人们的存在就是他们的现实生活过程。"②"那些发展着自己的物质生产和物质交往的人们，在改变着自己的这个现实的同时也改变着自己的思维和思维的产物。不是意识决定生活，而是生活决定意识。"③这里的社会存在与人密不可分，首先是指人的存在，然后是人的社会存在，并且由此而构成人的实际生活过程或人的生活。这里的社会意识与"政治、法律、道德、宗教、形而上学等"④意识形态是同义语，意指关于社会存在的意识。这些论述中，马克思明确表明"社会存在决定社会意识"的观点，并且对于社会意识有独立于社会存在的历史和独立于社会存在发展的可能的观点给予了否定。在《德意志意识形态》中，马克思指出意识形态是代表着一定统治阶级利益的价值取向的，通过神秘、扭曲的方式，有意无意地遮蔽真相，歪曲地反映现实世界。因此意识形态可以被指认为披着真理面纱的社会谬误系统。马克思的这些表述表明，统治阶级为维护自己的统治地位，总是把自己的价值取向以神秘的方式赋予意识形态之中，从而掩盖了现实存在的真相，成为具有"颠倒性"的反映形式，即"虚假的、幻想的"意识。

---

① 陆杰荣：《论哲学"真实"之规定》，《哲学研究》2003 年第 6 期。
② 《马克思恩格斯选集》第 1 卷，人民出版社 2012 年版，第 152 页。
③ 同上。
④ 同上书，第 151 页。

通过马克思对"社会存在决定社会意识"关系的论述可以看出，马克思的真实意图并不是运用社会存在的地位来解释意识形态现象，而是向人们揭示现存世界的意识形态不是独立产生的，这种革命意识来自于现实生活中的人和人的实际生产活动过程，并通过意识形态指导来改变世界而不是解释世界。

在"社会存在决定社会意识"这个命题中，马克思强调了人的重要性，认为现实的人是社会存在的必要因素，社会存在正是通过现实的人的实际生活过程反映出来的。在人与物、人与人、人与社会之间的相互矛盾的客观过程中就体现了人的社会存在，是不以人的意志为转移的客观实在，决定了人的社会存在所具有的或保守或革命的阶级性、价值取向与政治倾向。另一方面，通过生产自己的思想和观念，人们在自己的生活过程中形成社会意识，这是人们对于自己社会存在的意识，它是"被意识到了的存在"[1]，社会意识的产生与发展，离不开具体的和特定的生活过程，更离不开特定生活环境中的当事人。社会意识是人们主动对人们所处的社会存在或实际生活过程的反映，是主动地针对自己实际生活过程中的种种矛盾，将现实的社会生活及社会关系以能动的方式和态度反映出来。在阐释社会意识时，政治、法律、道德、宗教、形而上学等意识形式常常被马克思作为意识形态来加以表述。在马克思看来，社会意识本身就是社会生活中的能动力量，是随着人们现实生活过程的发展、变化而发展、变化的。

马克思进行意识形态批判的基本前提是"社会存在决定社会意识"这个根本命题。在1859年的《〈政治经济学批判〉序言》中，马克思写道："随着经济基础的变更，全部庞大的上层建筑也或慢或快地发生变革。在考察这些变革时，必须时刻把下面两者区别开来：一种是生产的经济条件方面所发生的物质的、可以用自然科学的精确性指明的变革，一种是人们借以意识到这个冲突并力求把它克服的那些法律的、政治的、宗教的、艺术的或哲学的，简言之，意识形态的形

---

[1] 《马克思恩格斯选集》第1卷，人民出版社2012年版，第152页。

式。"① 马克思的意识形态理论建立在对以往意识形态批判的基础上，马克思所说的社会意识是建立在社会存在基础上的，是被社会存在决定的"意识"，而不是脱离现实的幻想的和虚假的观念，是以实践为基础的具有"真实性"的意识。也正是如此，社会物质实践决定社会意识的思想构成了马克思意识形态理论的基础。

（二）物质生活制约精神生活

马克思恩格斯对于意识形态的解释，是从属于他们对于社会生活总体性的唯物史观的解释的，并从社会存在与社会意识的关系角度，支撑着唯物史观的基本观点。按照唯物史观对于社会结构的分析，社会生产力是理解社会结构的基础，通过生产力推及并解释生产关系，通过生产关系推及并解释阶级的政治关系及社会制度，最后通过生产关系、政治关系推及并解释作为意识形态的思想关系。这是包括意识形态在内的精神文化现象的发展轨迹，是马克思"从地上升到天上"的唯物主义路线。因此，从社会物质生活入手，经由政治关系，实现对社会精神生活的考察，即物质生活制约精神生活，是马克思唯物史观的基本观点。

在《〈政治经济学批判〉序言》中，马克思指出："物质生活的生产方式制约着整个社会生活、政治生活和精神生活的过程。"② 马克思透过各种社会现象，发现了一个简单的、但却长期被忽视的问题，那就是：无论在哪一个社会当中，人们都必须首先解决了吃喝住穿的问题，然后才能从事政治、科学、艺术、哲学、宗教等精神活动。因此，物质资料的生产制约着整个精神生活的过程，没有物质资料的生产，就不可能有其他种种社会活动，也不可能有社会历史。

物质生活资料的生产，把人同自然界联系起来，形成生产力系统；同时也使人发生一定的联系，形成生产关系系统，派生出社会的上层建筑，并且由于脑力劳动和体力劳动的分工，产生出政治法律思想以及社会意识的各种形式。

---

① 《马克思恩格斯选集》第 2 卷，人民出版社 2012 年版，第 3 页。
② 同上书，第 8 页。

二 "人的社会生活"的本质是实践

马克思通过确立人类世界的客观实在性和使主体现实化的过程，实现了其哲学上的变革。在马克思看来，意识形态的真实性必然是把实践活动规定为其现实基础并以"现实的个人"为出发点，才能得以实现。马克思关于"人的社会生活的实践本质"的观点的形成，深受费尔巴哈哲学的影响。费尔巴哈通过对黑格尔唯心主义的反拨，企图重建唯物主义。但费尔巴哈哲学的出发点是"人的类本质"，将人的本质规定为与动物的以个体为对象的感觉根本不同的"将自己的类，自己的本质性当作对象"的意识或理性。① 以人的类本质为出发点，费尔巴哈认为正是人的本质的异化，导致了剥夺人的自由的宗教，而哲学通过把神的本质还原为人的本质，就能够克服宗教的异化，实现以人为基础的思维与存在的对立的克服，实现人的自由和解放。

在《1844年经济学哲学手稿》中，与费尔巴哈把人的本质归结为类意识不同，马克思认为人的类本质是一种"自由的自觉的活动"，即"改造对象世界"的物质生产劳动。他说："正是在改造对象世界的过程中，人才真正地证明自己是类存在物。这种生产是人的能动的类生活。"② 这种作为类本质的生产活动，是一种有意识的活动。在这里，马克思通过把人的类本质规定为"改造对象世界"的生产劳动，并用这一本质去说明宗教、国家、法、道德、科学、艺术等，这实际上是初步提出了物质实践的概念，并力图把人的本质、社会生活的本质归结为实践，从而跨出了超越费尔巴哈哲学的重要一步。

然而，《手稿》中马克思将人的类本质作为出发点仍然是有缺陷的，这就是把人的类本质看成了一个现成的东西，因而在一定程度上仍是抽象的。在这里，人的类本质被当作一个不变的、理想性的东西，与此相关，从人的类本质出发的生产劳动也具有某种抽象性，即这里

---

① 《费尔巴哈哲学著作选集》（下卷），生活·读书·新知三联书店1959年版，第26—27页。
② 《马克思恩格斯选集》第1卷，人民出版社2012年版，第57页。

只强调改造对象世界活动是"自由的自觉的活动",而未确认物质生产的首要目的在于满足人们自身的物质生活需要的资料这一事实。这样一来,人的类本质成为一种理想性的、超个体的东西,因而这种作为类本质的活动的目的就只在于实现类本质而无关乎个体的现实存在。这就需要一种不同于人的类本质的新的出发点,用以说明劳动实践对于维护人类生存的重要性。在其后的《关于费尔巴哈的提纲》和《德意志意识形态》中,马克思和恩格斯完成了这项工作。

在《关于费尔巴哈的提纲》中,马克思强调了"实践"的概念,"实践"是马克思唯物史观的根基。因此,厘清"实践"的真正含义,是理解马克思唯物史观的重要环节,也是论证意识形态真实性的重要环节。

马克思在《提纲》中指出:"从前的一切唯物主义(包括费尔巴哈的唯物主义)的主要缺点是:对对象、现实、感性,只是从客体的或者直观的形式去理解,而不是把它们当作感性的人的活动,当作实践去理解,不是从主体方面去理解。"①"费尔巴哈想要研究跟思想客体确实不同的感性客体,但是他没有把人的活动本身理解为对象性的[gegenstdliche]活动。"②"费尔巴哈不满意抽象的思维而喜欢直观;但是他把感性不是看作实践的、人的感性的活动。"③"直观的唯物主义,即不是把感性理解为实践活动的唯物主义,至多也只能达到对单个人和市民社会的直观。"④"他在《基督教的本质》中仅仅把理论的活动看作是真正人的活动,而对于实践则只是从它的卑污的犹太人的表现形式去理解和确定。因此,他不了解'革命的'、'实践批判的'活动的意义。"⑤ 从马克思的上述论述中可以看出,费尔巴哈等旧唯物主义者虽然对实践也有一定的认识,但是他们所说的实践只是作为认识的一个环节,甚至只是精神过程的环节,没有看到实践的能动性。

---

① 《马克思恩格斯选集》第 1 卷,人民出版社 2012 年版,第 133 页。
② 同上。
③ 同上书,第 135 页。
④ 同上书,第 136 页。
⑤ 同上书,第 137 页。

由此可见，旧唯物主义的根本缺陷在于没有看到真正的实践，而这种机械的形而上学的认识论也就使得其虽在自然观上是唯物主义，但在历史观上却滑向了唯心主义的泥潭。

马克思在批判地吸取费尔巴哈哲学中朴素的实践观的同时，对费尔巴哈的实践观进行了辩证的革命性改造。马克思在《提纲》里明确地阐述了实践的科学含义。马克思认为实践是以劳动为核心的"人的感性活动"，是"客观的活动"，是可以感知和理解的，是人们有意识的能动性活动，是人们改造客观世界的物质活动，是主观见之于客观的对象性活动。马克思还在《提纲》的第八条中指出："全部社会生活在本质上是实践的。凡是把理论引向神秘主义的神秘东西，都能在人的实践中以及对这种实践的理解中得到合理的解决。"① 人是社会的主体，实践是人类一切社会生活和社会历史过程的基础，也是人类的政治活动、经济活动和精神活动的本质。《提纲》第三条进一步指出："环境的改变和人的活动或自我改变的一致，只能被看作是并合理地理解为革命的实践。"② 从而把人改变环境和环境改变人两者有机地统一起来了。可见，在马克思那里，实践是从人的现实存在即他们的现实生活关系中概括出来的历史概念，而不是从人的本质或人的特性中引申出来的人本主义概念。意识形态的"实践"基础，就是指意识形态应当以现实的社会物质生产实践为基础，意识形态的产生和发展都要立足于社会物质实践。

在《德意志意识形态》中，马克思和恩格斯反复强调从"现实的个人"出发的重大意义。在这里，作为出发点的"现实的个人"是这样一种活动主体，他们"这些个人是从事活动的，进行物质生产的，因而是在一定的物质的、不受他们任意支配的界限、前提和条件下活动着的"③。因此，区别于黑格尔抽象的"绝对精神主体"和费尔巴哈"感性的人"，马克思这里强调的是从事物质实践或物质生产活动

---

① 《马克思恩格斯选集》第1卷，人民出版社2012年版，第135—136页。
② 同上书，第134页。
③ 同上书，第151页。

的人。

从现实的个人出发,主体的活动目的即为维持生命存在与自然所赋予的潜能的全面发展的统一。这里,维持生命存在是最基本的和首要的目的,而每个人能力的自由而全面的发展则是最终的和最高的目的。以"现实的个人"为出发点,把实践理解为这种主体在一定的物质条件制约下和在一定的交往关系形式中的能动的活动,马克思最终解决了思维与存在、自由与必然的关系问题,确立了人的社会生活的实践本质。

三 人类实践的最高形式是无产阶级实践

从社会实践的主体形式看,马克思阐明的无产阶级实践是当代人类实践的最高形式。以"现实的普遍利益"为立足点,这绝不是思辨的虚构。马克思曾追随费尔巴哈,用抽象的"类本质"否定资本主义的残酷现实,并批判资产阶级经济学家为之辩护的实践形式,将其称之为"异化的活动"。但马克思也逐渐地认识到,这种批判越来越软弱无力,于是他转向了历史唯物主义的实践观点。通过对"无产阶级实践"这一崭新的实践形式的论证,马克思摒弃了费尔巴哈强加在现实实践活动上的偏见,不再把工业及世界市场看作"非人的活动",而是看作有着历史必然性的人类实践活动形式;在此基础上,克服了资产阶级经济学家套在雇佣劳动上的神圣光环,不把它当作人类唯一的实践形式,而只看作具体的阶段性历史实践形式之一。

马克思实践观的确立,离不开他对所处时代理性困境的反思和克服。当时,无论是唯物论或唯心论都把理性理解为是超越个人狭隘性的力量。只是唯物论为避免使理性成为纯粹的精神现象,从而冠之以"普遍利益"的称谓。但是,普遍利益如果脱离了"市民社会",没有在其中获得自己的存在方式,那么"普遍利益"始终只是一种思想原则和信念。正因如此,如果只从经验或直观出发,就很难发现现实的普遍利益。在深入进行历史研究的基础上,马克思弄清了革命阶级和人类利益的关系,找到了普遍利益的现实根据。他的结论是:其一,阶级利益与人类的普遍利益具有一致性。即革命阶级的阶级利益与人类的普遍利益相吻合。马克思写道："在这瞬间，这个阶级与整个社会亲如兄弟，汇合起来，与整个社会混为一体并且被看作和被认为是社会的总代表；在这瞬间，这个阶级的要求和权利真正成了社会本身的权利和要求，它真正是社会的头脑和社会的心脏。"① 无产阶级由于其彻底的革命性，其意识形态从终极意义上要代表全人类利益，这样具有普遍性的意识形态是可以达到真实的。其二，无产阶级追求人类普遍利益的永恒性。无产阶级能够始终如一地追求人类的普遍利益，因而是唯一能够冲破资本主义狭隘个人关系的社会力量。这是因为，一方面随着经济地位的不断提升，无产阶级已经成为一股强大的现实社会力量；另一方面，无产阶级不受特定生产资料占有关系的束缚，无产阶级的形成、发展和壮大，预示着阶级的消亡趋势，也意味着现存社会即将走向解体。因此，马克思认为，无产阶级是人类历史上第一个可能具有"自我意识"的被剥削阶级。作为劳动阶级他们首次掌握了文化和教育手段，作为革命阶级他们真正掌握了自我批评的武器，所以他们一定会摆脱雇佣劳动关系的束缚，最终实现人类的解放。

马克思最大的贡献在于将实践与无产阶级的历史使命结合起来，使无产阶级实践成为一种崭新的社会实践形式。马克思科学地阐明了无产阶级的历史使命，揭示了无产阶级只有解放全人类才能最终解放自己的实践根源，指明了无产阶级的利益与最广大人民根本利益的一致性。资产阶级所标榜的"普遍理性"，只是在表象上代表着社会全体成员的普遍利益，而实质上由于其特定阶级的特殊利益，决定了这种普遍理性只是资产阶级争取和赢得统治基础、夺取和巩固统治权力、维护和扩展自身利益的工具。而马克思在指出普遍理性构想的特殊性根源的基础之上，将实践概念与无产阶级结盟，赋予实践以直接现实性和普遍性相统一的内在本质。无产阶级由于其阶级属性和历史使命而具有更加彻底的革命性，而革命的彻底性决定了无产阶级的阶级利

---

① 《马克思恩格斯选集》第1卷，人民出版社2012年版，第13页。

益与社会利益能够契合。无产阶级能够从社会普遍利益出发，从人类解放的角度认识世界，这是意识形态真实性的基础。

第二节 社会物质生活——意识形态真实性的现实本体

马克思恩格斯所说的"虚假意识"并非指所有意识形态，更非要否定意识形态这种社会存在形式，而只是指以往意识形态理论内容。由于以往意识形态主张"观念决定世界"，因而建立在这种唯心主义形式之上的意识形态内容自然就是虚假意识。不过，从逻辑上讲，要想令人信服地指出以往意识形态内容是虚假意识，首先就必须提出正确意识以及与之相关的意识形态形式。只有这样，人们才可能从不同意识形态内容的比较中区分正误。正是在这个意义上，我们说科学的历史观——唯物史观是马克思恩格斯意识形态理论形成的重要前提。事实上，马克思恩格斯正是以唯物史观为指导批判并揭示以往意识形态的虚假意识内容，最终建立自己科学的意识形态理论的。

一 物质实践是社会意识产生、发展的动力

将"社会物质生活"作为意识形态所立足的现实本体，马克思是通过对黑格尔和费尔巴哈的批判总结出来的。

黑格尔将"绝对精神"作为其哲学的出发点，建构了一个从精神到精神的思辨体系，他将人当作绝对精神自我实现的工具，颠倒了主谓关系。而青年黑格尔派曾批判了黑格尔哲学无视人的存在的缺陷，但他们在拯救人的过程中，事实上也是在用思辨的运动代替现实的感性的历史运动。因此，青年黑格尔派从绝对精神中拯救出来的"人"，并不是从事现实感性活动的人，而是思维着的观念的人。可见，青年黑格尔派虽然看到了人在历史中的作用，提出了人的历史主体性要求，但他们所理解的人并不是从事现实感性活动的经验的个人，这样的"人"的主体性不是从事实践活动的人的主体性，而是精神活动的主

体性。

　　费尔巴哈认识到了黑格尔对于人的主体地位的颠倒，并从这里出发去批判黑格尔哲学。费尔巴哈哲学的出发点是感觉确定的感性存在的自然以及以这种自然为基础的具有肉体多样性的抽象的人。在费尔巴哈看来，人是一种直接的自然存在物，人的一切本质力量都来自于感觉所确定的自然，因此，人与自然是被动一致的，不存在任何矛盾，人与自然是机械地反映与被反映的关系，根本不存在人能动干预自然的问题。

　　从这样的观点出发，费尔巴哈把感性确定的东西当作真实的存在。在他看来，既然人的本质与感性存在的自然是一致的，那么，黑格尔把感性存在当作假象其实就是将人的现实本质当作假象。因此，费尔巴哈认为对黑格尔的批判只要将它的主体——绝对精神，和谓语——感性世界颠倒过来就可以了，又因为黑格尔哲学是一种观念的异化，因此这种颠倒在观念中就可以完成。应当说，费尔巴哈要求以感觉确定的东西作为哲学的出发点，动摇了黑格尔哲学的基本前提。然而，费尔巴哈把现实、感性当作纯自然的存在，而不是人的实践活动中介过的存在；把人的本质看作自在的自然，没有一个自我实现和生成的过程，对于自然来说，人只是被动的反映者，人在自然面前无能为力。

　　在马克思看来，黑格尔将否定之否定的辩证过程看作是主体自我实现、主体生成发展的过程，而不是简单的回到原点的运动，这是值得肯定的。但是，黑格尔没有把既定的主体"人"当作运动的主体，而是把"绝对精神"当作运动的主体；没有把这个过程理解为"人的发生的历史"，而是把这个过程当作"绝对精神"自我实现的活动。所以，黑格尔用思辨的、抽象的、逻辑的形式代替了人的现实的历史运动。

　　马克思以费尔巴哈为起点，将感性确定的自然作为哲学的出发点。但是，马克思所说的"人"完全不同于费尔巴哈所说的"人"。在马克思看来，"人不仅仅是自然存在物，而且是人的自然存在物，就是说，是自为地存在着的存在物，因而是类存在物。他必须既在自己的存在中也在自己的知识中确证并表现自身"①。在这里，原先作为出发点的感性确定的自然已经不是费尔巴哈意义上的自然了，而是与人的对象化活动联系在一起的自然。按照马克思的观点，对象化活动是一种感性的物质活动，对象化是人的本质力量的物化，所以克服对象化中产生的异化也是通过感性的物质活动——劳动实践，而不是精神活动。

马克思从费尔巴哈出发，通过对黑格尔的批判，使自己获得了崭新的哲学视界：人的本质力量是自然赋予的，从而自然具有优先性；人的本质力量要通过感性的活动而实现对象化、物化，并且也要通过感性活动来克服对象化、物化中的异化，并最终重占人的本质力量，从而说明了实践是人和人类社会形成、存在、发展的根本方式。因此，实践的观点成为马克思唯物史观的根本立足点。

在阐明了唯物史观的现实前提之后，马克思恩格斯通过《德意志意识形态》对青年黑格尔派的批判，阐明唯物史观是如何解释思想、观念的产生的。在马克思和恩格斯看来，真正生产着自己的观念和思想的人，是受一定的生产力及交往形式所制约的、从事着现实生产活动的人，而不是如青年黑格尔派所说的无任何条件的笼统的或抽象的个人。正因为如此，他们所产生的意识和观念其实都是对他们所处于其中的现实社会存在的一种反映，有什么样的社会存在就会产生什么样的社会意识。正是在这一意义上，马克思恩格斯说，"意识在任何时候都只是被意识到了的存在"②。

以此为基础，马克思恩格斯进一步指出，在以德国哲学为代表的意识形态中，上述两者的关系被颠倒了，似乎只有依赖于意识或观念的变化，现实存在才能发生变化。其实，这种颠倒了的观点恰恰也是从德国人具体的历史过程中产生出来的。因为在当时的德国，资本主义意义上的工业史、商业史或市民社会史还只是处于起步阶段，也就是说，当时的德国实际上还没有经历过严格意义上的市民社会。因此

---

① 《马克思恩格斯文集》第 1 卷，人民出版社 2009 年版，第 211 页。
② 《马克思恩格斯选集》第 1 卷，人民出版社 2012 年版，第 152 页。

他们才会忽视从物质生产过程的角度来展开对历史过程的解释，并把对历史的解释仅仅局限在观念或思想的层面上。应该说，马克思恩格斯的这种阐释对以青年黑格尔派为代表的德意志意识形态进行了釜底抽薪式的批判。

在马克思看来，意识形态作为社会存在在人的观念中的反映，必然要以实践为基础，物质实践是社会意识产生、发展的动力。社会存在决定社会意识，社会意识是人们的社会实践过程在观念上的反映。作为一种精神现象，意识形态由社会的经济基础所决定，其真实根源在于社会的物质生产实践，这是马克思不同于黑格尔式的抽象思辨以及费尔巴哈式的感性直观的意识形式。马克思颠倒了以往意识形态的唯心主义以及机械唯物主义的前提，给意识形态奠定了一个坚实的、客观的唯物主义基础。物质实践是社会意识产生、发展的动力，这是马克思意识形态理论的基础，也是研究马克思意识形态概念的立足点。只有立足于现实的社会物质生活，立足于社会发展实践，意识形态才能够走向真实。

二 社会实践是解释社会意识的基础

在马克思恩格斯看来，作为一种理论形式，意识形态不仅是统治阶级和社会集团根本利益的反映，而且也是统治阶级和社会集团利益得以满足和实现的实践要求和实践行动。意识形态具有强烈的实践指向性，在阶级社会中，根本不存在毫无政治目标和社会理想的意识形态，也不存在缺乏实践内容和行动要求的意识形态。马克思关于共产主义的论述也充分说明，只有通过不断的无产阶级革命运动、社会主义革命以及社会主义建设，无产阶级才能实现自己的意识形态的预定目标。

整个社会历史的基础就在于人们在生产中结成的各种物质关系，这种物质关系决定了整个社会的基本结构和基本矛盾的形成。马克思主义的历史唯物主义基本理论告诉我们，人们在生产中所产生的交往形式，即生产关系，是人类一切社会关系的基础，它决定了人与人之间的一切社会关系,决定了整个社会历史的发展,决定了历史发展的各个不同阶段的性质。想要真实反映社会有机体的普遍本质,揭示出生产力和生产关系、经济基础和上层建筑之间的矛盾运动,就必须将这样一种物质关系、经济关系作为整个历史的基础,这样才能把握人类社会发展的客观规律。对于意识形态的研究自然也不例外。只有站在实践的基础上,立足于物质生产活动,才能正确理解意识形态的内涵,领会马克思关于意识形态的理论本质。

马克思认为,社会实践是社会意识形态产生的基础,社会实践决定了意识形态的性质和发展方向,虽然意识形态一旦形成就具有很强的稳定性,但社会实践是不断发展的,这也就决定了意识形态的性质和形式都要随之变化发展。也就是说,意识形态不是"从天上降到地上"的,而是"从地上升到天上"的。离开了物质实践过程,意识形态就成了无源之水。一句话,意识形态具有受动性的特点,即它只能随着物质生活实践的产生而产生,并随着物质实践的发展而发展,尽管意识形态具有相对独立性,但它所处时代的物质条件和技术水平决定了同一时代的意识形态的性质和特点。

社会基本矛盾运动原理就是生产力决定生产关系,社会生产关系要符合生产力的发展状况;经济基础决定上层建筑,上层建筑要适合经济基础的发展状况。马克思在《政治经济学批判》序言中,在论证了社会存在与社会意识的关系之后,进一步指出:"社会的物质生产力发展到一定阶段,便同它们一直在其中运动的现存生产关系或财产关系(这只是生产关系的法律用语)发生矛盾。于是这些关系便由生产力的发展形式变成生产力的桎梏。那时社会革命的时代就到来了。随着经济基础的变更,全部庞大的上层建筑也或慢或快地发生变革。"[①] 这一原理告诉我们,生产力的发展引起物质生活实践的变化,从而导致生产关系和上层建筑与生产力之间的矛盾,这正是社会革命或社会变革的原因。当生产关系或上层建筑与生产力的发展不相适应

---

① 《马克思恩格斯选集》第 2 卷,人民出版社 2012 年版,第 2—3 页。

时，就要求对于这种生产关系和上层建筑进行变革。意识形态作为上层建筑的重要组成部分，也必然随着社会实践的发展而发展。对于不符合经济基础的意识形态必须要改变，而改变的意识形态通常是符合经济基础状况的，而符合经济基础的发展状况的意识形态就会反过来对生产力发展起到促进和服务的作用。

第三节 立足实践：走出意识形态虚假性的理论路径

意识形态的虚假性归根结底是由于对现实存在的直观的、先验的而不是客观的描述而导致的。走出意识形态虚假性的理论路径是使意识形态反映当下现实的经济基础、物质生活或生存结构，并随它的变化而变化。

一 意识形态建立在实践基础上

马克思对德意志意识形态的批判和对无产阶级意识形态的建构都是建立在实践基础之上的。在马克思看来，关于意识形态的批判从根本上说是一种实践的批判，站在实践的维度，揭示意识形态维护现存社会及其存在的矛盾的实质，正是这种批判的目的所在；并且通过实践，促使现存世界革命化。所以，马克思意识形态批判理论的核心观点就是实践的观点。马克思对于实践的把握，不是简单的感性经验把握，也不是神秘的纯概念把握，而是将实践理解为一种创造性和革命性的感性活动来加以把握的。同时，马克思认为，只有建立在实践基础上的批判才是真正的革命批判。

马克思认为，既然社会生活在本质上是实践的，那么，意识形态作为人们在实践基础上建立起来的思想观念体系，就具有实践的根源，意识形态被印上深深的实践烙印。马克思指出："理论的对立本身的解决，只有通过实践方式，只有借助于人的实践力量，才是可能的。"① 因此，应当从人们的物质生产活动及其历史发展中寻找意识形态的根源，并使意识形态随社会实践的发展变化而不断变化。"每个个人和每一代所遇到的现成的东西：生产力、资金和社会交往形式的总和"②，是意识形态的"现实基础"。所以，对意识形态的批判，必须从历史上一定社会的物质生活条件出发才是科学的。

在马克思恩格斯看来，作为一种理论形式，意识形态不仅是统治阶级和社会集团根本利益的反映，而且也是统治阶级和社会集团利益得以实现和满足的实践要求和实践行动。意识形态具有强烈的实践指向性，在阶级社会中，根本不存在毫无政治目标和社会理想的意识形态，也不存在缺乏实践内容和行动要求的意识形态。马克思关于共产主义的论述也充分说明，只有通过不断的无产阶级革命运动、社会主义革命以及社会主义建设，无产阶级才能实现自己的意识形态的预定目标。

因此，无论什么样的生产关系和上层建筑，都要随着生产力的发展而发展。如果它们不能适应生产力发展的要求，而成为生产力发展和社会进步的障碍，那就必然要发生调整和变革。社会意识形态也是如此，它不但有稳定性，更要有变革性，以适应不断发展的社会生产力。同样，社会主义的意识形态也不例外，僵化地和教条地理解和对待意识形态都不是本质的社会主义。当今世界形势已发生了巨大的变化，今天的资本主义不同于170年前《共产党宣言》时期的资本主义，今天的社会主义也不同于十月革命时期的社会主义，从中国自身来看，今天中国的社会主义也已经与改革开放之前的社会主义不一样了。判断一种意识形态是否具有真实性，归根结底是要看这种意识形态是否能够解放和发展社会生产力，特别是能否体现先进生产力的发展要求、能否体现先进文化的前进方向、能否代表最广大人民群众的根本利益。

---

① 《马克思恩格斯文集》第1卷，人民出版社2009年版，第192页。
② 同上书，第173页。

二 建立在实践基础上的意识形态是认识论与价值论的统一

根据唯物史观的基本原理，对于意识形态的评价必须把握两个维度：从认识论角度来说，意识形态要具有合规律性，即社会意识要真实反映社会存在；从价值论角度来说，意识形态要具有合目的性，即意识形态应当反映社会普遍利益。在马克思和恩格斯的视域里，社会发展的合规律性与合目的性问题是与实践内在有机地联系在一起的，这一问题的产生和解决就蕴含在人类实践活动以及对实践的理解中。马克思认为："凡是把理论诱入神秘主义的神秘东西，都能在人的实践中以及对这种实践的理解中得到合理的解决。"① 也就是说，社会实践是人类把握世界的最基本方式，包括意识形态合规律性与合目的性在内的一切社会历史问题，都有其现实的实践根源。

在马克思的论述中，意识形态产生和发展的基础是现实的革命实践，同时，意识形态在认识论层面与价值论层面的统一也是在现实的革命实践基础上实现的。通过现实的革命实践活动，加速旧的意识形态瓦解，促进新的意识形态得以产生和发展。建立在实践基础上的意识形态，应是对社会发展实际状况的正确反映，不仅真实反映社会现实，代表最广大人民的根本利益，而且能够随社会发展变化和人民利益诉求的变化而不断调整，实现了认识论与价值论的统一。

三 意识形态的实践主体是人民群众

意识形态是"从事实际活动的人"和"他们的现实生活过程"的"反射和回声"。要实现这种"反射和回声"，既要立足于"现实的生活过程"，即实践，又要有"从事实际活动的人"作为主体来参与其中。在马克思的哲学视野中，实践哲学中的"人"，是以劳动创造世界为己任的最广大的人民群众，而他们的实践，就是他们和他们的社会得以生存和发展的基本动力和依据。

---

① 《马克思恩格斯选集》第1卷，人民出版社2012年版，第139—140页。

马克思认为,以往的哲学家都是沉浸在意识形态的幻想中,把意识形态和思想观念看成是历史的起源,不去研究观念的起源和发展历史,而是从永恒的理念出发,因而不能真正理解历史;同时,以往的哲学家没有把观念看成是一个实践的过程,忽视了思想观念的历史选择和实践基础,不能解释观念被传播和认同的社会历史条件,因而不能找到实践思想观念的社会力量和群体,不能把二者有机结合起来。马克思认为,思想什么都不能改变,思想要成为现实的力量,就必须掌握群众,并与群众的实践活动结合起来。因此,真正的哲学一方面要了解具体的历史条件,具体问题具体分析,强调具体的社会历史特征和条件性;另一方面,要找到实践自己思想的现实的人——历史主体,才能科学揭示自己时代的本质和规律,促进社会历史的发展和人的自由、解放与全面发展。

"人民"是马克思主义历史观、价值观特有的词汇。马克思主义认为,人民群众是物质财富、精神财富的真正创造者,是推动社会变革、历史发展的根本力量。马克思主义经典作家一贯强调人民群众的历史地位和巨大作用。马克思、恩格斯一方面对空想社会主义"看不到无产阶级方面的任何历史主动性,看不到它所特有的任何政治运动"[1]进行严厉的批评;另一方面热情称颂巴黎公社的工人"具有何等的灵活性,何等的历史主动性,何等的自我牺牲精神!"[2] 毛泽东更为明确地指出:"人民,只有人民,才是创造世界历史的动力。"[3]

人民群众直接参与社会生产实践,是意识形态的实践主体。一方面,意识形态的真实性来源于对社会实践状况的真实反映,在现代社会中,这种实践主要是指生产实践,而人民群众作为物质财富的创造者,必定成为社会实践的主体;另一方面,意识形态要真实反映人民的利益,也必然要求意识形态的建设应从人民群众的实际利益要求出发。总之,人民群众是意识形态的实践主体。

---

[1] 《马克思恩格斯选集》第1卷,人民出版社2012年版,第431页。
[2] 《马克思恩格斯选集》第4卷,人民出版社2012年版,第493页。
[3] 《毛泽东选集》第3卷,人民出版社1991年版,第1031页。

综上所述，社会实践是马克思意识形态产生和发展的现实基础。我们寻找意识形态走向真实的路径，自然不能离开社会实践基础。马克思正是在实践基础上来阐述意识形态的生成与发展的，同时又强调人在社会实践中的地位和作用，即人的社会生活在本质上是以物质资料生产为基础的社会实践活动，意识形态的实践主体是人民大众。因此，要使意识形态走出虚假性、走向真实，不仅要始终使意识形态如实反映社会存在，与"实"俱进地随社会实践的发展变化而变革，同时还要真实地反映和代表人民大众的利益，这是实现意识形态真实性的价值论路径。

第五章

反映大众利益：走向意识形态真实性的价值论路径

意识形态应当与利益紧密相连，把利益作为意识形态服务功能的基础，并随利益格局的变化而发展，脱离利益的意识形态难以维持其巩固的地位。这是历史唯物主义的重要观点。因此，意识形态的真实性还取决于建立在价值论基础上的利益真实（或称价值真实）。当一种意识形态能够建诸实践基础之上，最大限度地反映大众利益的时候，就实现了其"利益真实"。因此，阶级利益与大众利益的统一，是实现意识形态利益真实的关键所在。意识形态作为一种国家利益诉求，其实质就是要实现统治阶级利益与社会整体利益的契合，无产阶级由于其彻底的革命性，能够最大程度地代表广大人民的根本利益，因而其意识形态是可以走向真实的。

第一节 马克思论意识形态的利益真实

在创立历史唯物主义的过程中，马克思、恩格斯意识到，意识形态应当与利益紧密相连。意识形态必须以利益为基础，它不能脱离利益而存在。意识形态是由于利益的形成而逐渐形成，由于利益的发展而逐渐发展起来的。"因为每一个企图取代旧统治阶级的新阶级，为了达到自己的目的不得不把自己的利益说成是社会全体成员的共同利益，就是说，这在观念上的表达就是：赋予自己的思想以普遍性的形式，把它们描绘成唯一合乎理性的、有普遍意义的思想。"① 在阶级社会，革命发展的过程就是统治阶级和被统治阶级之间的利益较量的过程，意识形态的变革总是与利益变迁相关联。"在有阶级的社会中，意识形态总是阶级的意识形态，是特定阶级根本利益的理论表现形式。"② 生产力与生产关系的矛盾运动是推动社会形态变革的最本质原因，这其中生产力与生产关系的内部结构以及相互作用的方式和结果，都与利益相关。生产力是人类征服自然和改造自然的能力，而改造自然本身就是为了满足人类生存的最基本利益需要。生产关系是人们在生产过程中形成的人与人之间的关系，其中主要包括所有制关系以及交换关系、分配与消费关系，而经济利益关系是其中最根本的一种关系。每一次社会形态的更替、每一次社会的变革总是伴随着意识形态的变化。

在利益观问题上，马克思恩格斯从来就没有否定人们对合理利益追求的必然性，相反，不仅认为对利益的追求是人们一切行为的动机，还认为利益动机是社会得以发展的强大动力。其历史唯物主义的利益观直到今天还具有重要指导意义。马克思、恩格斯认为，"即历来为繁芜丛杂的意识形态所掩盖着的一个简单事实：人们首先必须吃、喝、住、穿，然后才能从事政治、科学、艺术、宗教等等"③，可以看出，生存需要是人类的第一需要，只有满足了这一需要，人们才可以继续从事物质的和精神的创造。也正是有了吃、喝、住、穿等基本利益的满足，人的生命才能得以延续，社会才有继续发展的可能。生存的需要构成了人类的最基本的利益行为，正是这种基本利益的不断满足和提高，推动着社会不断进步。马克思认为，人的本质在其现实性上，是一切社会关系的总和。在利益关系面前，人成了"利益人"。一方面，在人的生存和发展过程中，为获得基本的生活资料，就要进行物质生产，而物质生产是建立在一定社会关系基础之上的，而利益关系

---

① 《马克思恩格斯选集》第1卷，人民出版社2012年版，第180页。
② 宋惠昌：《当代意识形态研究》，中共中央党校出版社1993年版，第20页。
③ 《马克思恩格斯选集》第3卷，人民出版社2012年版，第1002页。

是最基本的社会关系；另一方面，人为了实现自己的各种需要，必然发生一定的交换关系，而交换关系也必须以社会关系为条件，交换是社会领域的交换。因此，人们生存、发展和满足自身需要、实现自身利益的过程中，社会关系绝不是可有可无的，人在本质上是一切社会关系的总和。

人们与天奋斗，与地奋斗，进行科学实验和探索，改造自然，是为了谋取利益。人们进行社会方面的探索，进行各种政治制度、法律制度的创新和探索，同样是为了实现自身的利益。人们与人奋斗，进行殊死的民族战争、阶级斗争以及社会革命更是为了谋取利益。总之，精神和思想的后面是利益，各种社会行为的背后是利益，阶级斗争的根源是利益的斗争，利益是人类一切社会活动的最终动因。最后，马克思则一针见血地指出，"它正确地猜测到了人们为之奋斗的一切，都同他们的利益有关"①。利益真实是构成意识形态真实性的必要因素。

一 意识形态的利益属性

马克思恩格斯以历史唯物主义世界观为基础，认为在意识形态与利益的相互关系中，利益是意识形态产生和发展的基础，意识形态的变化与利益结构的变动密切相关，意识形态随利益的产生而产生，随利益的发展而发展，脱离利益关系的纯粹的意识形态是不存在的。马克思在《神圣家族》中批判了鲍威尔将精神、思想、激情视为超验的存在物而将群众、物质、利益当作"纯粹的无"的错误思想，这是一种典型的唯心主义世界观。对此，马克思说："群众对这样或那样的目的究竟'关怀'到什么程度，这些目的'唤起了'群众多少'热情'。'思想'一旦离开'利益'，就一定会使自己出丑。"② 马克思还在《德意志意识形态》中，系统地阐释了物质利益与思想观念的关系，认为意识形态只有正确反映利益的水平、要求，才符合历史发展

---

① 《马克思恩格斯全集》第1卷，人民出版社1995年版，第187页。
② 《马克思恩格斯全集》第2卷，人民出版社1957年版，第103页。

的规律，才能得以生存和发展。这一论述彻底地批判了唯心主义和旧唯物主义的德意志意识形态，把曾经被颠倒的利益与思想的关系重新纠正过来。

马克思对利益与意识形态关系的正确阐述，并不是所有人都赞同。比如，鲍勃强调了政治上层建筑的基础是不同于观念上层建筑的基础的，即经济基础决定政治上层建筑，而意识形态作为观念的上层建筑则不取决于经济基础的发展变化，即与利益并无关联。[①] 恩格斯针锋相对地予以反驳，在《路德维希·费尔巴哈和德国古典哲学的终结》一文中，他指出："更高的即更远离物质经济基础的意识形态，采取了哲学和宗教的形式。在这里，观念同自己的物质存在条件的联系，越来越错综复杂，越来越被一些中间环节弄模糊了。但是这一联系是存在着的。"[②] 恩格斯指出每一历史时期的意识形态会以特定的形式反映那个时代的经济基础，物质利益作为意识形态的基础，决定了意识形态产生和发展的样式和趋势。"随着社会历史条件的发展，尽管意识形态有一定的相对性，但它终究会随着利益的发展变化而逐渐改变自己的内容和形式，适应当代人的利益。"[③]

二 意识形态的生命力和活力来源于对现实利益关系的正确表达

社会意识在真实反映社会存在的基础上，还要真实表达现实的利益关系。意识形态的价值真实（或利益真实）意味着，意识形态要最大程度地代表社会成员的普遍利益，为社会发展和人的发展确立价值目标。如果意识形态能够积极地服务于人们的利益需要，帮助人们解释各种社会现象，解决各种社会问题，就容易为人们所认同和接受。意识形态的真实性，不仅取决于其服务功能的发挥，更重要的是人们对意识形态的认同度。不断适应社会的发展变化，不断解决复杂多变

---

① 乔治·莱尔因：《重构历史唯物主义》，姜兴宏等译，社会科学出版社1991年版，第84页。
② 《马克思恩格斯选集》第4卷，人民出版社2012年版，第260页。
③ 李英田：《利益变迁与意识形态创新——对社会主义意识形态建设的一种方法论思考》，《宁夏党校学报》2007年第3期。

的社会问题,不断满足人们日益变化的社会利益需求,代表最广大人民的根本利益,是社会主义意识形态生命力和活力之所在。

社会主义意识形态能够代表人民利益,克服了意识形态的虚假性,不仅仅是一个理论问题,更是一个实践问题。因此,社会主义的意识形态不仅要体现无产阶级的阶级立场和党性原则,更要在实践上满足最广大人民群众的根本利益要求。社会主义的意识形态,随着中国革命、建设和改革的深入而不断发展创新,但始终立足于基本国情,以实现最广大人民的根本利益为出发点和归宿。从毛泽东思想到邓小平理论、"三个代表"重要思想和科学发展观,党的意识形态理论不断发展和创新,广大人民群众的根本利益也不断得到满足,从"国家独立和人民解放"到"改革开放、共同富裕"再到"立党为公、执政为民"到"以人为本""公平公正""社会和谐",我们党准确地把握了时代脉搏,充分反映和代表了最广大人民群众的根本利益,保证人民利益的真实性。当然,受"左"倾思想的影响,党在特殊历史时期,也曾经犯了意识形态领域的错误,严重损害了群众利益,削弱了社会主义意识形态的吸引力和凝聚力。

马克思主义之所以具有顽强的生命力,就是因为它尊重人类历史发展的一般规律,从根本上揭示了无产阶级和广大劳动人民受压迫受剥削的阶级根源,并在实践上为他们指明了自己解放自己的道路。在马克思主义指导下的社会主义意识形态以广大人民群众的根本利益为根本价值取向,形成了科学的信仰、价值和规范的思想体系,具有强大的吸引力和生命力。社会意识是社会存在的反映,必然会随着社会存在的发展变化而发展变化。作为主流意识形态的毛泽东思想、邓小平理论、"三个代表"重要思想和科学发展观,都是随着革命、建设和改革实践的发展而不断发展创新的。对社会实践的动态适应是意识形态吸引力和凝聚力的基本保障。毛泽东思想引领中国人民取得了新民主主义革命的胜利,中国特色社会主义理论体系,科学回答了改革开放和社会主义现代化建设实践中的重大理论和实际问题,引领当代中国不断发展进步。

三 意识形态存在的价值以社会发展为尺度

按照马克思的观点，当我们对一个变革的时代进行分析判断的时候，不能仅仅依据它的社会意识，而应当将这种社会意识放置在社会物质生产关系的矛盾之中，从社会生产力和生产关系之间的现存冲突中去寻求答案。在《1844 年经济学哲学手稿》中，在谈到私有财产和共产主义时，马克思说："共产主义是私有财产即人的自我异化的积极的扬弃，因而是通过人并且为了人而对人的本质的真正占有；因此，它是人向自身、向社会的即合乎人性的人的复归，这种复归是完全的，自觉的和在以往发展的全部财富的范围内生成的。"[①] 也就是说，通过对私有财产和自我异化的扬弃，使人性得到解放，从而回归人性本真的自然状态，实现对人本质的真正占有，即共产主义的实现。资本主义社会存在着严重的异化现象，解决这一问题的途径就是实行共产主义。马克思通过对资本主义社会的分析，揭露了资本主义社会存在的不人道的现实："在社会的衰落状态中，工人的贫困日益加剧；在增长的状态中，贫困具有错综复杂的形式；在达到完满的状态中，贫困持续不变。"[②] 共产主义通过异化的扬弃，即私有财产的扬弃，达到了两个方面的复归：自然状态的复归和社会状态的复归。

其中，"这种共产主义，作为完成了的自然主义 = 人道主义"[③]，可以理解成自然状态的复归。这种复归是通过人的异化的积极扬弃来实现的，达到人这种复归是如何可能的呢？自然界的人的本质只有对社会来说才是存在的，就是说，只有在社会中，自然界才成为人与人联系的纽带，成为人存在的基础，自然界还是人的现实的生活要素，这样的人的自然存在才是自己的存在，并且自然界对人来说才成为人。共产主义扬弃私有财产，重新实现人对自然界的占有，使自然界成为人的自然界。它是完成了的自然主义，而完成了的自然主义就是人道

[①] 《马克思恩格斯全集》第 3 卷，人民出版社 2002 年版，第 297 页。
[②] 同上书，第 230 页。
[③] 同上书，第 297 页。

主义。

　　社会状态的复归是指"这种共产主义，作为完成了的自然主义＝人道主义"①。在社会中，最重要的活动就是私有财产的运动，即经济的运动。这种运动是现实的历史的产生活动，而且对意识来说，又是被理解和被认识的生成运动。在社会中，人生成自己和别人，在社会关系中确认自己和他人的存在，社会的基础是劳动的材料和作为主体的人，所以社会是由人根据劳动材料生产的，所以人根据劳动材料的生产的结果应该是社会的活动和社会的享受，而现实的情况是资本家通过对生产资料的私人占有而剥削工人，自己独享发展的成果，非人道地对待工人。在共产主义基础上，不仅要扬弃人和自然界的异化，更重要的是扬弃人与人的异化，使人和自然、人和人能够实现高度统一。以共产主义的政治理想扬弃以往资本主义社会一切不人道的社会状况。

　　通过上述两个方面的"复归"，马克思实现了对历史之谜的解答。当一种意识形态能够实现以上两个方面的"复归"的时候，这种意识形态就是真实的；反之则不然。而要实现以上两方面的复归，在当代就是要使意识形态积极推动社会发展，实现意识形态与大众利益的契合。

　　道格拉斯·诺斯认为，社会经济变革的目的是为了实现社会生产的效益最大化，那么就意味着意识形态及其变革如果与现实中的经济变革相一致，这种意识形态就会在达成制度变革的一致同意、形成对新制度的认同等方面产生积极作用，从而促进经济发展；相反，如果意识形态与现实经济变革不相适应，则会对经济发展起到阻碍的作用。这种阻碍作用表现在两个方面：其一，意识形态要随着社会生产实践的变迁而不断渐进式变革，当一种意识形态的变迁跟不上现实世界的发展，或者说它不合理地解释已经变化了的事实或经验，这种意识形态就是滞后的，由此增加社会交易费用，对经济发展造成阻滞。其二，

----
　　① 《马克思恩格斯全集》第3卷，人民出版社2002年版，第297页。

现实社会是由许多利益集团构成的，利益取向不同的社会集团，其意识形态通常也不相同，由此在社会运行过程中，各利益集团之间的相互约束与牵制，就可能造成社会动荡以及社会运行费用的增加，从而影响经济发展的绩效。因此，一套能够促进制度变迁、经济成功发展的意识形态，应当是为大多数人所认可和接受、具有灵活性与包容性，能够减少集团之间的摩擦、促进社会协作的意识形态。因此，考察一种意识形态是否具有真实性，就要看这种意识形态能否促进社会发展和进步，能否满足最大多数人的利益实现。因此，意识形态的存在价值以社会发展为尺度。

第二节　阶级利益与人民利益的统一性问题

马克思认为统治阶级的意识形态具有鲜明的阶级性。因此，在阶级社会中，主流的意识形态总是代表着统治阶级的利益，并通过各种方式为统治阶级的阶级利益服务。而在社会主义社会，主流的意识形态必须以最大多数人的利益为价值取向，阶级利益与人民利益具有统一性。统治阶级利益与大众利益的契合是意识形态利益真实的实质。

一　利益实现是意识形态认同的最有效途径

代表最广大人民的根本利益，促进人民利益的实现，是意识形态真实性的一个重要标准，也是使人民大众认同意识形态的最有效途径。在改革开放的今天，如何一如既往地代表中国人民的根本利益，是克服意识形态虚假性的关键所在。

社会主义意识形态的服务目标就是始终把人民群众的根本利益作为一切工作的出发点和归宿，既有现实利益又有长远利益，是为每一个现实中的而不是抽象的人服务。改革开放以来，在我国占统治地位的社会主义意识形态的本质总体上是代表广大人民的根本利益的意识形态。然而现实中在对待社会主义意识形态的态度上也存在很多问题。比如，在"让部分人先富，最终实现共同富裕"问题上，这本来是符合当时社会实际情况的一项政策，但在社会上产生了误读，片面地认为"部分人先富"的另一面，就是"部分人贫穷"，满足了"一部分人的利益"，就是损害了"另一部分人的利益"，破坏了社会主义意识形态的影响力和凝聚力；再比如，在对待民生问题上，还存在着弱势群体缺乏话语权的情况，缺少人文关怀，不能代表广大人民群众的根本利益，背离了社会主义意识形态的本质。在社会变革的重要历史时期，社会主义意识形态如何代表、体现和促进最广大人民的利益实现，是当前党所面临的严峻、紧迫而又异常艰难的任务。科学发展观的提出，既注重广大人民群众的整体利益，又不断关注个人当前和长远利益；既注重当代人的利益，又不对后代人满足需要的能力构成威胁，是新时期我党在利益与意识形态问题上的新的突破。"人"的问题在马克思那里就是一个重大问题，在当代，中国共产党以最广大人民的根本利益作为自己工作的出发点，这是保持意识形态科学性和真实性的基本思路。

首先，在市场经济条件下，利益呈多元化、个体化趋势，遮蔽并弱化了人民利益、整体利益。因此，在新的历史条件下代表人民的利益，首先要对人民利益有明确的观念并树立坚定的信念。人民利益是推动历史发展的根本动力，是评判历史是非的客观尺度。

其次，在改革开放的形势下，腐朽思想和腐朽生活方式的渗透加剧，腐败现象屡禁不止，使执政的共产党防腐拒变的压力空前加大。能否保持无产阶级的政治本色，就成为能否代表人民利益的关键。人民利益的一个重要特点，就是与一切特权利益根本对立。以人民利益为最高利益，就是共产党的党性特征，也是代表人民利益的根本前提。

最后，在改革不断深化的情况下，利益矛盾、思想冲突错综复杂，如何体察民情、掌握群众情绪变化，因此变得十分困难。人民利益虽然不能同人民的眼前利益直接吻合，然而它也不能脱离大多数人的实际利益和承受能力。尽量使最大多数人在改革的每一大关口都得到实际利益，是获得群众信任和支持的基本条件，也是使大众认同意识形态的最行之有效的途径。不是从领导者自己的需要和觉悟出发，不是从单纯的良好愿望出发，而是从群众的实际需要和觉悟出发，把群众的情绪作为决策的基本依据，才能真正代表人民利益。

二 意识形态利益真实的实质：统治阶级利益与大众利益的契合

在阶级社会中，统治阶级的意识形态从它所服务的阶级利益上看，是为统治阶级的阶级利益服务的，但在现代文明社会中，统治阶级的意识形态还必须适应最大多数人的利益取向。因此，统治阶级利益的实现，还必须兼顾大多数人的利益，否则就不会被社会大多数人所支持。"统治阶级的意识形态具有鲜明的阶级性，按照马克思主义的观点，统治阶级意识形态是对阶级性的集中反映。"[①] 马克思发现，意识形态所具有的支配力，其实就是统治阶级实现社会统治的思想政治形式。因此，统治权实际表现为两种支配权，即物质生产资料支配权和精神生产资料支配权。由此也凸显了被统治阶级实现解放的艰难度，如果不能摆脱对于统治阶级的思想依附，"让思想冲破牢笼"，解放就无从谈起。马克思还把这一点上升为一般的统治规律，即任何统治阶级要实现自己的统治，都必须"生产"思想并进行统治，因此，当他确认无产阶级要获得彻底的解放，必须首先上升为统治阶级时，实际上也就确认了无产阶级意识形态的历史地位。

代表无产阶级利益是马克思主义意识形态的本质属性之一。在马克思所处的时代，无产阶级是占社会绝大多数的群体，因此，马克思所说的代表无产阶级利益，其本真含义就是代表绝大多数人的大众利益，这是马克思主义的基本阶级立场和价值立场。马克思主义是无产阶级的世界观和方法论，其服务方向就是关注大众的生存和发展问题，关注大众的心灵世界，并为最终解决大众的社会问题提供方法论指导；它以无产阶级解放和人类解放为理想目标，关注的是大众利益。马克思、恩格斯指出："过去的一切运动都是少数人的，或者为少数人谋利益的运动。无产阶级的运动是绝大多数人的，为绝大多数人谋利益

---

① 李英田：《"科学的意识形态"与意识形态的科学性——论保持社会主义意识形态科学性的基本途径》，《资料通讯》2007 年第 3 期。

的独立的运动。"① 共产党人与整个无产阶级有着相同的利益诉求，那就是实现人类解放、促进人的全面自由发展。因此，无产阶级意识形态从其终极意义上要代表全社会乃至全人类的利益，这样具有普遍性的意识形态，可以达到真实。代表人民群众利益或社会利益的程度是衡量意识形态真实性程度的基本尺度之一。共产党人坚持马克思主义的大众立场，不断维护和实现大众的利益。对于今天的中国来说，社会主义民主的本质是人民当家做主，因而统治阶级意识形态是代表最广大人民群众的根本利益，而不是代表少数人的意识形态。中国共产党要代表最广大人民的根本利益，其意识形态的服务方向就是要最大限度地调动广大人民的积极性，不断满足人民的利益需要，在意识形态方面兼顾全体人民的价值倾向，不断体现意识形态的真实性。

三 无产阶级革命彻底性与人民利益一致性

马克思认为，意识形态虚假性的消除不能通过简单的"科学还原"、通过纯学术的方式达到。马克思通过对于历史的深刻研究，发现新型历史集团及其意识的建构是消除意识形态虚假性的有效途径。在阶级社会，真正的人类和社会良知不能只是迎合个体的内心，而只能从领导革命的先进阶级中寻找，因为在发动革命时"这个阶级与整个社会亲如兄弟，汇合起来，与整个社会混为一体并且被看作和被认为是社会的总代表；在这瞬间，这个阶级的要求和权利真正成了社会本身的权利和要求，它真正是社会的头脑和社会的心脏"②。但阶级的要求和权利与社会的要求相一致，在以往的革命中总是短暂的，原因就在于革命的领导阶级本身就是特殊的利益集团。因此，在主流的马克思主义传统中，确定这个点就是寻求一个特殊的群体或阶级，而这个群体或阶级的代表具有一种非意识形态思想的特殊秉性。这个阶级就是大工业无产阶级。"问题不在于某个无产者甚至整个无产阶级把什么看做自己的目的，问题在于究竟什么是无产阶级，无产阶级由于

---

① 《马克思恩格斯选集》第 1 卷，人民出版社 2012 年版，第 411 页。
② 同上书，第 13 页。

其本身的存在必然在历史上有些什么作为。"① 无产阶级高于其他社会阶级之处，是它以全人类的根本利益为最高尺度，这是无产阶级的阶级利益的根本体现，除此之外无产阶级没有任何特殊利益，因此，它能够而且必须在推动社会前进的过程中成为主导力量。因此，无产阶级的历史地位是由无产阶级的阶级觉悟决定的，而无产阶级的阶级觉悟又与其阶级意识紧密相关。

人民性是社会主义意识形态与其他意识形态的根本区别。我国人民民主专政的社会主义国家性质，决定了必须把人民性上升到国家利益的高度。社会主义意识形态总是通过围绕人民利益来实现利益阐释和利益引导，并在意识形态的指导下制定符合人民利益要求和需要的路线、方针、政策，不但能够引导人们认识到自身合理利益，而且还能够创造条件保证人们实现这种合理的利益。当前国际形势复杂多变，国内已进入改革的攻坚阶段和发展的关键时期，各种思想文化意识复杂多变，社会意识日益多样化，社会主义意识形态更应适应时代的变化，其出发点和目标就是实现广大人民当前和长远的利益诉求。社会主义意识形态的吸引力和生命力不取决于理论宣传的力度，而是源自人民由于利益的不断满足而产生的心理认同和现实拥护以及在此基础上形成的信仰、价值观等的科学性。

社会主义意识形态生命力还取决于它的真实性和现实性，社会主义意识形态并不是好高骛远的空洞理论，而是建立在现实基础上的有血有肉的思想体系。它符合社会大多数人群的心理和认知水平，它既有历史角度、又有时代的高度，贴近实际、贴近生活、贴近群众。社会主义的意识形态总是客观地反映现实社会生活。在意识形态价值理念指导下制定的路线、方针和政策，只有能够最大程度地满足人民群众的物质文化需求，才能得到群众的拥护和认同。因此，我们必须把人民利益放在国家利益的位置，体现其至高无上的地位，国家利益才能始终与人民利益保持一致。

---

① 《马克思恩格斯全集》第 2 卷，人民出版社 1957 年版，第 45 页。

第三节 国家利益与人类利益的统一性问题

在社会主义意识形态下,国家利益与人类利益是统一的。人类利益通过实现国家利益而实现,国家利益与人类利益的统一是社会实践发展和人的发展的结果。我们要坚定不移地捍卫中国的国家利益,同时,又要积极维护人类的利益,在对待人类利益的问题上,绝不做狭隘的民族主义者。既要用宽广的眼界和视野看待世界,又要有敏锐的洞察力体察世界多极化的本质,在促进世界的和平、稳定与发展中,坚定不移地维护中国的国家利益。在经济全球化、世界多极化的大背景下,世界的和平、稳定与发展是中国的国家利益得以实现的重要外部条件。中国的国家利益和人类的利益并不矛盾,国家利益是人类利益的重要组成部分。在国际环境复杂多变的历史背景下,中国以社会主义意识形态为指导,带领占世界人口20%的东方大国,通过改革开放,不断推进社会主义现代化建设,改变了贫穷落后的社会面貌,全面建设小康社会,建设和谐社会与和谐世界,中国在国际舞台上的地位和作用越来越重要,这是对世界和平与发展的最大贡献。"中国发展得越强大,世界和平越靠得住。"[①] 因此,中国的发展与壮大,既是中国的国家利益,也是人类利益之所在。

一 国家利益与人类利益的矛盾与统一

国家利益与人类利益是矛盾统一的关系。从实践出发,应当把国家利益和全人类共同利益结合起来,辩证对待。国家利益与国际利益矛盾与统一的基础是国家和政府。由于国际主体的日益多元化,政府、跨国企业、区域性组织、非政府组织等都发挥了积极的作用,但主权国家是国际关系的基础,国家和政府也就成为类利益的主体,人类利益会影响国家利益的实现,国家利益是全人类共同利益的基础。正如

[①] 《邓小平文选》第3卷,人民出版社1993年版,第104页。

英国著名理论家安东尼·吉登斯所说，"现代国际关系是民族国家存在的基础"；"在主权问题上，存在着相互承认为平等主体的强大压力，不管实际情形中权力差别如何之大。"① 主权国家作为世界利益的一部分，应该相互尊重，不仅要维护自己的国家利益，更要自觉维护人类利益。中国是世界上人口最多的国家，中国的发展进步更加关系到全人类的利益。因此，中国在考虑自己的国家利益时，更多地考虑了其他国家的利益，如中国始终奉行独立自主的和平外交政策，在坚持和平共处五项原则的前提下处理国家间关系，自觉地为维护世界和平与促进共同发展做出应有的贡献。

由于国际环境的复杂性以及意识形态的重大差别，国家与国家之间也存在很大的利益冲突。这就要求我们在关注国家利益的同时，也要关注人类的共同利益，在利益冲突的情况下，中国应当冷静对待，沉着处理。同时，还应以动态的眼光看待人类利益与国家利益的关系，本着求同存异、共同发展的原则，科学审慎地处理矛盾与冲突，不能僵化地、绝对地、片面地认识国家利益。目前，随着世界多极化和经济全球化趋势的不断深入，许多关系全人类共同利益的问题不断出现，中国也为此做出了积极努力，通过各种具体的措施，投入大量人力、物力、财力资源，来应对人类共同面临的挑战，在维护世界和平、打击恐怖主义、环境保护等方面都取得了良好的国际效果。

二 全球化与人类共同利益的凸显

马克思恩格斯在《德意志意识形态》中指出："地域性的个人为世界历史性的、经验上普遍的个人所代替。"② 虽然我们不能将"世界历史"理论与当今的"全球化"简单地等同起来，但马克思的"世界历史"思想为我们研究全球化问题提供了一种全新的思维方式，即

---

① 安东尼·吉登斯：《民族国家与暴力》，胡宗译、赵力涛译，生活·读书·新知三联书店1998年版，第314、331页。
② 《马克思恩格斯选集》第1卷，人民出版社2012年版，第166页。

"世界历史的眼光"。在全球化浪潮的推动下，人类的共同利益问题更加凸显。当今世界，和平与发展成为时代的主题，在全球化的推动下，国家利益与人类利益的关联度更加紧密，具有一致的发展方向，经常是你中有我，我中有你。相互依赖性不断增加，主动地参与经济全球化，是世界各国的共同意愿，各种各样的国际合作，也成为捍卫国家利益的根本选择。中国在改革开放之后更是不断适应全球化发展的趋势，坚持"走出去"与"引进来"相结合，深深地融入了世界市场和世界体系。因此，在全球化的大背景下，兼顾国家利益和全人类共同利益已成为世界各国社会发展的必然选择。当然，主权国家是人类共同利益的直接受益者和承担者，国家利益在对外战略和政策中依然具有决定性的作用。

先进的意识形态要把国家利益、人民利益与人类的普遍利益或共同利益结合起来，这是意识形态产生和发展的必然规律。先进的意识形态与先进阶级所代表的新的生产方式存在着紧密的内在联系，全球化所导致的世界联系的加强，使进步的意识形态越来越具有人类性和普遍性，其总趋势必然是全人类的解放，进而实现人类的普遍利益，意识形态的虚幻性也就消除了。"只要不再有必要把特殊利益说成是普遍利益，或者把'普遍的东西'说成是占统治地位的东西，那么，一定阶级的统治似乎只是某种思想的统治这整个假象当然就会自行消失。"①

马克思主义作为社会主义意识形态的基础和基本指导思想，是一个系统化的开放的理论体系，在指导实践的过程中，要结合具体实际不断地丰富和完善。当今世界，在经济理性的驱使下，人类面临着许多全球性的课题，而且表现得越来越突出，这也是每一个主权国家都必然要面临的问题，这些国家的意识形态或者接近或者相互对立，但都不可避免要回答和解决这些共同的问题。随着全球化进程的不断深入，社会主义意识形态作为一种科学的、开放的意识形态必须具备世

---

① 《马克思恩格斯选集》第1卷，人民出版社2012年版，第181页。

界眼光，保持开放性和包容性。既然利益真实是意识形态真实性的最终旨归，既然人类共同利益中必然包含着人民的普遍利益，那么，体现人类共同利益当然也是实现中国当代意识形态真实性的一个不可或缺的方面。

第六章

中国主流意识形态的发展与变迁历程

前文提到,"意识形态"这一概念最初由法国的特拉西提出,特拉西当时提出的"意识形态"内涵还相对单一,在经历了200多年的历史演变和社会变迁后,"意识形态"被赋予了更丰富和具体的内涵。马克思认为,社会存在决定社会意识,在现代国家,主流意识形态是统治阶级意志的体现。在我国,马克思主义意识形态自新文化运动开始传播,并因其理论上的先进性和实践上的可行性迅速在指导思想领域占据首要地位。新中国成立后,社会主义意识形态明确了其指导地位,正式成为我国主流的意识形态。中国共产党始终坚持马克思主义,在中国共产党的发展史上,意识形态的修正与确立虽然经历了复杂且曲折的过程,但最终获得的理论认识也越发成熟。经过几代领导集体的不懈探索和实践,逐渐形成了以毛泽东思想、邓小平理论、"三个代表"重要思想、科学发展观和习近平新时代中国特色社会主义思想为核心体系的中国主流意识形态。

第一节 中华人民共和国成立初期至改革开放前的主流意识形态

一 马克思主义意识形态领导地位的确立

"意识形态"概念作为马克思主义理论的重要组成部分,最早出现在如李大钊、瞿秋白这样中国先进知识分子的视野中，随着五四新文化运动的爆发在中国得以广泛传播。而马克思主义意识形态理论的发展以及其在中国意识形态领域领导地位的确立则是与中国共产党的第一代领导集体的努力密不可分的，其中毛泽东同志做出了杰出的贡献。

毛泽东同志利用其独创的新民主主义革命理论，带领中国人民历经艰难险阻，最终收获了革命胜利的果实，建立起了新中国。随后在三大改造时期，借鉴苏联社会主义的发展经验，同时注意结合本国国情，探索出了一条适合中国走的社会主义发展道路，并最终顺利完成了社会主义初期的三大改造工作。在 1954 年 9 月 15 日召开的中华人民共和国第一届全国人民代表大会第一次会议中，毛泽东同志在开幕词中郑重宣告："指导我们思想的理论基础是马克思列宁主义。"自此，宣告并确立了马克思主义意识形态在中国未来发展和建设进程中的指导地位，也为中国开启自那之后的主流意识形态相关研究奠定了扎实的理论基础。

毛泽东同志早期时将"意识形态"解读为人类的精神产物，认为意识形态是对现实社会的主观反映，同时，意识形态也是作为剥削阶级和革命阶级都可利用的阶级斗争的工具。毛泽东同志在 1937 年 8 月担任中国人民抗日军政大学的哲学课讲师时最早运用了"意识形态"这一概念。他在一次主题为辩证唯物论的讲稿《辩证法唯物论（讲授提纲）》中，四次提及"意识形态"这个概念。由于这篇文章并未在公开发行的毛泽东著作里收录，所以很多学者普遍认为毛泽东最早运用"意识形态"概念是在 1938 年《读李达著〈社会学大纲〉一书的批注》中，在那篇文章中毛泽东写道"社会意识形态是理论上再造出现实社会"[1]，但事实上他使用"意识形态"概念是在更早一些的 1937 年。而后，在 1939 年《读艾思奇编〈哲学选辑〉一书的批注》中，他写道"哲学是一定阶级的意识形态的集中表现"[2]。在 1940 年

---

[1] 《毛泽东哲学批注集》，中央文献出版社 1988 年版，第 210 页。
[2] 同上书，第 225—226 页。

的《新民主主义论》中虽然没有明确用到"意识形态"这个词,但是他用了与"意识形态"相近的概念,他说:"一定的文化(当作观念形态的文化)是一定社会的政治和经济的反映,又给予伟大影响和作用于一定社会的政治和经济;而经济是基础,政治则是经济的集中的表现。这是我们对于文化和政治、经济的关系及政治和经济的关系的基本观点。"① 他提及的"文化""观念形态"即等同于"意识形态"的含义。在这部重要的著作中,他对旧政治、旧经济和旧文化做出剖析,认为中国社会当时的国情是"殖民地、半殖民地、半封建"的,这是当时日本占领区和国民党统治区的旧的意识形态,毛泽东把这种旧的意识形态视为需要被革命的对象。

新中国成立后,毛泽东对"意识形态"概念的综合解读更为丰富,他从多个角度去运用意识形态的概念:首先,在1956年12月《给黄炎培的信》中,毛泽东认为"我们国家内部的阶级矛盾已经基本上解决了(即是说还没完全解决,表现在意识形态方面的,还将在一个长时期内存在。另外,还有少数特务分子也将在一个长时间内存在),所有人民应当团结起来"②,在这里他从社会主义的矛盾角度去理解"意识形态"。其次,在1956年12月他同工商界人士谈话中说道:"革命是为建设扫清道路。革命把生产关系和上层建筑加以改变,把经济制度加以改变,把政府、意识形态、法律、政治、文化、艺术这些上层建筑加以改变,但目的不在于建立一个新的政府、一个新的生产关系,而在于发展生产。"③ 在这里他从经济基础和上层建筑的维度,把"意识形态"归属为和法律、政治、文化、艺术一样的上层建筑;另外,在1957年2月的《正确处理人民内部矛盾》一文中,他明确提出了和资产阶级意识形态相对的是"以马克思列宁主义为指导的社会主义意识形态"④,并分析认为资本主义意识形态和社会主义意识

---

① 《毛泽东选集》第2卷,人民出版社1991年版,第663—664页。
② 《毛泽东文集》第7卷,人民出版社1999年版,第164页。
③ 同上书,第182页。
④ 同上书,第215页。

形态这两种不同的阶级意识形态还将长期存在并不断上演激烈的斗争这一重要观点。

传统的马克思主义意识形态，习惯为"意识形态"披上阶级性的外衣，中国在新中国成立初期亦如此。毛泽东同志认为意识形态通过政治、经济、哲学、文化等形式反映出某些特定阶级的利益，"在阶级社会中，每一个人都在一定的阶级地位中生活，各种思想无不打上阶级的烙印"[①]。也就是说，无论是资本主义社会还是社会主义社会，超出阶级的意识形态是不存在的，这一点也是完全继承了马克思和恩格斯对意识形态的观点。在《共产党宣言》中，马克思和恩格斯就有这样的表述："毫不奇怪，各个世纪的社会意识，尽管形形色色、千差万别，总是在某些共同的形式中运动的，这些形式，这些意识形式，只有当阶级对立完全消失的时候才会完全消失。"[②]

阶级性是意识形态所具有的一个最突出特点，在一个国家或社会中占统治地位的意识形态均代表着统治阶级的根本利益，是为统治阶级的利益服务而存在。马克思和恩格斯在其早期的著作《德意志意识形态》中批判资本主义社会的意识形态是"虚假的"，统治者利用虚假的意识形态蒙蔽民众的双眼，欺骗大众，以维护自身的统治。他们把意识形态里人们和统治阶级的关系比喻成照相机，现实生活在照相机中的呈现是颠倒的，他们认为，生产关系中出现的不平等在交换的过程中被掩盖。那么，与资产阶级意识形态不同，无产阶级是通过推翻资产阶级统治，建立无产阶级政权的，无产阶级追求普遍利益，以最终实现共产主义为宏伟理想，所以马克思主义意识形态才是适合指导无产阶级进行革命和发展的指导思想，所以马克思主义意识形态才能在中国拥有最广泛的群众基础和具备获得最大限度发展的条件。

二 以阶级斗争为纲思想的发展

有关阶级斗争的学说在马克思主义刚传入中国的时候就是学者们

---

① 《毛泽东选集》第1卷，人民出版社1991年版，第283页。
② 《马克思恩格斯选集》第1卷，人民出版社2012年版，第420—421页。

争论不休的话题。早在1941年,毛泽东在一次谈话中这样讲道:"记得我在一九二〇年,第一次看了考茨基著的《阶级斗争》,陈望道翻译的《共产党宣言》,和一个英国人作的《社会主义史》,我才知道人类自有史以来就有阶级斗争,阶级斗争是社会发展的原动力,初步地得到认识问题的方法论。可是这些书上,并没有中国的湖南、湖北,也没有中国的蒋介石和陈独秀。我只取了它四个字:'阶级斗争',老老实实地来开始研究实际的阶级斗争。"① 可以说,毛泽东把毕生的全部精力都用来研究"实际的阶级斗争",即如何解决马克思主义同中国革命的实际相结合的难题,他对阶级问题的分析可被看作是马克思主义中国化的第一步。他的阶级斗争理论既为中国革命和中国的社会主义建设事业做出了长足的贡献,但也与他晚年发动的错误的"文化大革命"运动息息相关。因此我们始终强调的是无论在何时何地评判毛泽东同志时都要做到全面客观,切不可全盘肯定或否定。

毛泽东认为,"无论哪一个国内,天造地设,都有三种人,上等,中等,下等",阶级存在于任何一个社会形态之中。根据贫富程度,毛泽东把中国社会划成五种:以地主阶级和买办阶级组成的大资产阶级、以民族资产阶级为代表的中产阶级、以自耕农和小商人组成的小资产阶级、以贫农和店员组成的半无产阶级和以工业无产阶级、都市苦力工人、农村无产阶级和游民无产者构成的无产阶级。在众多阶级中,他看到了中国无产阶级潜在的巨大革命性和顽强的斗争性,因此他注意充分发挥无产阶级群众的力量,最终走出了一条以农村包围城市、符合本国国情的革命道路,并且运用这一创举最终带领中国人民取得了胜利。

随着1954年年底生产资料所有制的社会主义改造基本结束,国内无产阶级和资产阶级间的矛盾得到很大程度上的调和。随后,1956年,当党的工作重心要继续落在探索社会主义建设之策之时,东欧波匈事件迅速发酵,在国际社会上引发了巨大恐慌,也波及了正处在中

---

① 《毛泽东文集》第2卷,人民出版社1993年版,第378—379页。

华人民共和国成立初期社会各方面还尚未稳定的中国国内的局势，中国国内相继出现工人罢工、学生闹事、农民出现退社等现象。到1957年，国内部分右翼分子的势力不断扩大，面对如此形势，毛泽东同志为了控制局势，开始彻底否定中共八大上提出的对于阶级矛盾和阶级斗争的正确认识，并正式发动了反右派斗争。他在1957年召开的八届三中全会上指出："无产阶级和资产阶级的矛盾，社会主义道路和资本主义道路的矛盾，毫无疑问，这是当前我国社会的主要矛盾。"① 正是因为毛泽东同志在党的八大之后对党和国家的政治形势做出了错误的判断，最终导致了近代以来对中国发展造成巨大阻碍的"文化大革命"的爆发，"文化大革命"期间国内形势一片混沌和混乱，国家各方面的发展和建设工作基本处于停滞和倒退状态。在《建国以来党的若干历史问题的决议》中这样写道："苏联领导人挑起中苏论战，并把两党之间的原则争论变为国家争端，对中国施加政治上、经济上和军事上的巨大压力，迫使我们不得不进行反对苏联大国沙文主义的正义斗争。在这种情况的影响下，我们在国内进行了反修防修运动，使阶级斗争扩大化的迷误日益深入到党内，以致党内同志间不同意见的正常争论也被当作是所谓修正主义路线的表现或所谓路线斗争的表现，使党内关系日益紧张化。"②

此后，毛泽东"以阶级斗争为纲"的思想继续升温发酵。1958年3月，毛泽东在成都会议中做出两个阶级和两个劳动阶级的判断，两个阶级即官僚资产阶级及封建地主阶级、民族资产阶级及知识分子；两个劳动阶级即工人阶级和农民阶级。在1959年庐山会议上，他进一步阐释了这个观点，认为"庐山出现的这一场斗争，是一场阶级斗争，是过去十年社会主义革命过程中资产阶级与无产阶级两大对抗阶级的生死斗争的继续。在中国，在我党，这一类斗争，看来还得斗下去，至少还要斗二十年，可能要斗半个世纪，总之要到阶级完全灭亡，

---

① 《中共中央文件选集（一九四九年十月～一九六六年五月）》第26册，人民出版社2013年版，第254页。

② 《改革开放三十年重要文献选编》（上），人民出版社2008年版，第200页。

斗争才会止息"①。

20世纪五六十年代的"中苏论战"促进了"左"倾错误的发展，也导致了"文化大革命"的发生。中共在1960年4月发表的《列宁主义万岁》等三篇文章中批评赫鲁晓夫的"现代修正主义"，苏联报刊对此做出回应，双方都在指责对方的错误性战略，从而引发了多回合的中苏大论战，苏方单方面将在华的苏联专家撤回苏联，试图向中国施加压力，中苏关系达到冰点。"中苏论战"给当时的中国国内渲染了"反修防修"的紧张氛围，党内"左"倾思想进一步发展。"中苏论战"的升级使毛泽东感受到中国有修正主义和要复辟资本主义的势头，无产阶级的队伍里面混进了反革命的修正主义分子，所以"毛泽东同志发动这样一次大革命，主要是从反修防修的要求出发的"②。

经过历史的验证，"文化大革命"是违背了马克思主义基本原理和脱离了中国具体实际的，这场由于领导人的误判而错误发起的思想领域的革命，严重阻碍了中国社会主义的发展进程。毛泽东发动"文化大革命"的本意是根除修正主义进而完善和发展中国的社会主义，但是到了最后也没有彻底弄清到底什么是"修正主义"。"文化大革命"十年，很多工厂停产，很多重要的资料被损毁，国内政治、经济、文化等领域均处于失控和崩溃的边缘，和世界上其他国家的差距也被重新拉大。

第二节 改革开放后的主流意识形态

一 中国特色社会主义理论体系的形成和发展

1977年，对于中国的社会主义意识形态发展来说是至关重要的一年。这一年，在邓小平同志的带领下，我们党确定了解放思想、实事求是的思想路线，同时在党内抓紧进行拨乱反正，纠正了党内长期以来存在的严重的"左"的错误，并且对毛泽东同志的历史功绩和地位

---

① 《建国以来重要文献选编》第12册，中央文献出版社1997年版，第524页。
② 《邓小平文选》第2卷，人民出版社1994年版，第149页。

做出了客观评价，这些举措都是在紧密结合当时中国实际的情况下而提出并实施的，符合中国社会发展的实际需要，在这一过程中也促使中国社会主义意识形态获得了新的发展。1992年，邓小平在南方谈话中指明："社会主义的本质，是解放生产力，发展生产力，消灭剥削，消除两极分化，最终达到共同富裕。"① 十一届三中全会后，他指出中国仍然处于社会主义初级阶段。在经济方面，必须要坚持以公有制为主体、多种所有制经济共同发展的经济制度，同时要打破传统观念，逐渐实现由计划经济向社会主义市场经济的转变；政治方面，则要加强社会主义民主建设，进行政治体制改革，坚持四项基本原则，发展社会主义民主；邓小平还创造性地提出了"一国两制"伟大构想，这一构想的提出不仅为实现我国统一大业向前迈进了一大步，同时也在国际上为其他国家解决本国、本民族等的历史遗留问题提供了新的思路。

1978年党的十一届三中全会后，逐渐形成了以邓小平理论为核心的中国特色社会主义理论体系，邓小平理论中许多关键的论断为党和国家进行社会主义现代化建设的过程中形成具有中国特色的社会主义意识形态理论提供了思想上的指引。解放思想和实事求是是邓小平理论的精髓，这也是贯穿中国特色社会主义思想体系不断发展深化和前行的灵魂所在。自此以后，每一次党的代表大会以及每一届党的领导集体都会对中国特色社会主义理论体系的内涵进行不断的优化和补充，2007年，中共十七大号召全国人民"高举中国特色社会主义伟大旗帜"，将中国特色社会主义提升到了一个全新的高度。

邓小平十分重视意识形态的作用，他曾多次指出，要把工作做好"必须先从思想上解决问题"②。"文化大革命"给中国的经济发展和社会主义建设带来严重阻碍，"文化大革命"结束后，邓小平同志重新主持党内工作，将国家建设的重点落在恢复国民经济建设的同时注意强调加强对意识形态领域的认识和研究工作，他指明："在意识形态领域中，

---

① 《邓小平文选》第3卷，人民出版社1993年版，第373页。
② 《邓小平文选》第1卷，人民出版社1994年版，第184页。

同各种妨害四个现代化的思想习惯进行长期的、有效的斗争。"① 另外，他也非常重视党风和社会风气的建设，他认为"如果没有好的道德观念和社会风气，即使现代化建设起来了也不好，富起来了也不好"②，在一个国家的发展进程中，精神文明和物质文明同等重要。

长期以来，我们对于意识形态的理解过于狭隘，只看到了它的阶级属性，却未曾理解到它的社会属性。很多国家教科书中对意识形态的定义，都是沿用了它的阶级性，认为意识形态仅仅是表达一定阶级的政治目的和经济利益，所以在这样的理解下，社会主义国家都是按照这种意识形态观去进行国家意识形态领域的建设和斗争。在我国，"文化大革命"更是把意识形态的阶级性推向了极端。"文化大革命"结束之后，在我国出现"左"和"右"两种社会思潮的较量，邓小平在面临"左""右"夹击的困境时，提出"中国要警惕右，但主要是防'左'"③。在当时，由于"文化大革命"给广大人民带来了非常惨痛的后果，所以导致人民群众越发怀疑甚至憎恶起了"意识形态"，纷纷开始主张推行"资产阶级自由化"来否定社会主义制度，邓小平把这种"右"的思想比喻成"精神污染"，坚决予以反击。最典型的"左"的思潮是"两个凡是"，邓小平敏锐地洞察到这种错误思潮的危害，批判和抵制了"两个凡是"，提出了"实事求是"。

回顾历史，1978 年的中国，人均 GDP 不足 200 美元，教育、文化、科技等事业的发展也由于受到"文化大革命"时期的严重摧残基本都处于停滞状态，远远落后于世界先进水平，国内总体经济形势濒临崩溃边缘。在如此困难的处境下，这一年的 10 月，邓小平在中国工会第九次全国代表大会中第一次提出"改革"和"开放"这两个词，并于同年 12 月召开的党的十一届三中全会中，明确了从以阶级斗争为纲到以经济建设为中心的国家工作重心的转变，这是邓小平理论的一次重要升华。

---

① 《邓小平文选》第 2 卷，人民出版社 1994 年版，第 209 页。
② 中央文献研究室：《邓小平年谱：下》，中央文献出版社 2004 年版，第 706 页。
③ 《邓小平文选》第 3 卷，人民出版社 1993 年版，第 375 页。

作为中国改革开放的总设计师,邓小平首先选择的是推动经济改革,在他看来,当时的中国社会经济落后,最先需要的是大力发展生产力,提高人民的物质生活水平。邓小平推行包产到户,在农村落实家庭联产承包责任制;下放地方权力扶持民营企业,招商引资,创办经济特区;批准发展股份制,建立股票市场;打破吃"大锅饭"的平均主义分配体制,调动人民生产积极性……1992年的南方谈话中邓小平提出社会主义也可以搞市场经济,创造性地把市场经济和社会主义制度结合起来,确立了社会主义市场经济体制,成功攻破了二者对立关系如何实现转化和统一这一人类历史难题。现如今,中国已跃然成为世界第二大经济体,有官方数据显示,2017年我国国内生产总值为82.71万亿元,人均GDP达到9482美元,改革开放40年,中国人民的物质生活水平已经取得了极大程度的改善和提高。

邓小平还进行一系列政治体制改革来为巩固我国社会主义制度铺路。1980年8月18日,在《党和国家领导制度的改革》讲话中,邓小平一针见血地指出当时中国社会在制度方面存在的问题,他说:"这些方面的制度好可以使坏人无法任意横行,制度不好可以使好人无法充分做好事,甚至会走向反面。"[①] 他分析了制度上存在的五方面问题:官僚主义横行、权力过分集中、家长制顽固不化、干部领导职务终身制和特权现象层见叠出,并指出产生这些问题的根源在于中国的政治体制中还存在顽固的封建主义元素。为了解决党内权力过分集中的问题,他强调政治体制改革的核心是党政分开,在制度上实现权力分开,具体采取的措施如:修改宪法分散权力,完善人民代表大会制度;权力下放,设立纪律检查委员会、顾问委员会等。归根结底,坚持四项基本原则是邓小平政治体制改革所坚持的根本原则,他注意借鉴西方国家的政治制度,并结合中国的实际情况,不断带领人民探索出了一条符合中国国情的民主政治发展之路。

20世纪90年代,东欧剧变、苏联解体,面对国际上的新形势,

---

① 《邓小平文选》第2卷,人民出版社1994年版,第333页。

以江泽民同志为核心的党的第三代领导集体继续高举邓小平理论的伟大旗帜，提出了"三个代表"重要思想。那一时期意识形态的建设问题同样被摆在重要位置，江泽民同志曾指出，"我们党历来重视意识形态工作。这方面工作做得好不好，直接关系社会主义事业的成败"①，强调"各级党委要重视意识形态工作，加强对意识形态工作的领导，牢牢掌握意识形态各部门的领导权"②。这意味着为了坚持和巩固马克思主义在我国意识形态领域的指导地位，加强和改进思想政治工作的任务十分紧迫，是党工作的重心。

在世界范围内，社会主义和资本主义这两种社会制度始终保持着对立和斗争的状态，社会主义取代资本主义将是一个长期而复杂的过程，西方国家是反对马克思主义的，他们决不允许马克思主义在他们的意识形态领域占有一席之地，所以会经常联合起来对国际上的马克思主义阵营不断施压，企图攻破社会主义阵营的堡垒。针对于此，江泽民提出了意识形态建设的"阵地意识"。1999年6月28日，江泽民在纪念建党78周年座谈会上的讲话中指出："思想政治工作的实践说明，我们的阵地如果无产阶级思想不去占领，非无产阶级思想就必然会去占领。我们必须充分注意和记取这种历史的经验教训。"③尽管江泽民强调意识形态建设的"阵地意识"，但是他不赞同把意识形态划分成社会主义和资本主义两种阵营的做法，他在1989年12月10日对中美关系看法的发言中说道："从意识形态上讲，中国搞社会主义，美国搞资本主义，但这不应该成为发展两国关系的障碍，不应该影响我们在和平共处五项原则的基础上进行来往和合作，不应该影响中美发展关系。"④这种无谓的关于意识形态的争论是毫无意义的，尽管意识形态随着全球化的深入呈现出多元化的特征并不断涌入中国的各个领域，弥漫在各行各业、各个角落之中，但中国特色社会主义的主流

---

① 《江泽民文选》第1卷，人民出版社2006年版，第160页。
② 同上。
③ 《江泽民文选》第2卷，人民出版社2006年版，第362页。
④ 《江泽民文选》第1卷，人民出版社2006年版，第85页。

意识形态不会被轻易动摇，我们始终抱有这样的信心和决心。

以江泽民同志为核心的党的第三代领导集体，在改革开放所取得的初期成果面前所面临的任务和挑战更加艰巨。为了应对国内外局势的新变化，"三个代表"重要思想应运而生。2012年11月召开的党的十六大上，"三个代表"重要思想被写入了党章，这一思想正式成为那一时期中国特色社会主义现代化建设的指导思想，也进一步丰富和发展了社会主义意识形态理论的相关内容。

江泽民同志深刻总结了我们党在不同时期、不同形势下社会主义意识形态建设之路的经验和教训，对意识形态建设的战略地位给出了新的历史定位，既继承了毛泽东"民族的科学的大众的文化"，又吸收了邓小平"面向现代化、面向世界、面向未来"的思想，创造性地提出了"三步走"的战略目标，大力发扬社会主义先进文化，重视思想政治工作等，采取了一系列重大的举措，为中国社会主义意识形态发展做出了卓越的贡献。

江泽民重视理论创新，他认为："创新是一个民族进步的灵魂，是一个国家兴旺发达的不竭动力，也是一个政党永葆生机的源泉。"[①]"坚持马克思主义，最重要的就是要坚持马克思主义的科学原理和科学精神、创新精神，善于根据客观情况的变化，不断从人民群众的实践中吸取营养，不断丰富和发展理论，使理论更好地指导我们的工作。"[②] 江泽民在党的十五大上提出了建设有中国特色社会主义的经济、政治、文化的总目标，尤其是以马克思列宁主义、毛泽东思想、邓小平理论为指导的文化建设，从这时期起开始代替了精神文明的说法，强调以"三个代表"重要思想去统领意识形态工作，要用先进的社会主义文化建设去搞好意识形态的建设。改革开放后，社会主义意识形态面临重大考验，思想理论界出现"淡化意识形态""消解意识形态"的言论和边缘化意识形态的现象，尤其是西方的一些主要发达国家等敌对势力，企图对中国实施"西化"和"分化"以分裂党和国

---

① 《江泽民文选》第3卷，人民出版社2006年版，第64页。
② 同上书，第66页。

家、党和人民，面对这样严峻的国际形势，江泽民指出："意识形态领域是和平演变和反和平演变斗争的重要领域。资产阶级自由化同四项基本原则的对立和斗争，实质是要不要坚持共产党领导、坚持社会主义道路的政治斗争，但这种政治斗争大量地经常地表现为意识形态领域的思想理论斗争。"①"各级党委要重视意识形态工作，加强对意识形态工作的领导，牢牢掌握意识形态各部门的领导权。"② 江泽民反复强调要加强对广大领导干部和人民群众关于马克思列宁主义、毛泽东思想和邓小平理论的教育，加强党对意识形态建设的领导，这也是应对"西化""分化"的有力举措。

江泽民在阐述如何掌握意识形态领导权的问题上曾指出："在我们这样一个人口多、底子薄，经济文化发展很不平衡，多民族的发展中大国，要把十二亿多人的思想统一起来，力量凝聚起来，向着社会主义现代化建设的共同目标前进，必须有中国共产党这个核心力量，必须有中国共产党的坚强领导。"③ 江泽民提出的"三个代表"重要思想，是保障党的领导权的根本性指南，全党同志必须坚持走群众路线，坚持全心全意为人民服务的根本方针，为需要帮助的群众排忧解难，同时，党中央方面要始终坚持加强党的自身建设，从严治党，从严管党，从思想、作风等方面发扬党的优良传统和作风，保持党员队伍的纯洁性和先进性，使党永葆生机和活力。

党的十六大以来，以胡锦涛同志为核心的党的第四代领导集体重视党的作风和执政能力建设，注重创新理论，继续加强意识形态的建设，以提高党对社会主义意识形态的领导力和感召力。我国社会主义现代化建设在这一时期取得了很大成就，但是在经济和社会的发展过程中仍存在一些突出的矛盾问题，因此"实现什么样的发展，怎样发展"成为这一届领导集体所面临的棘手问题。在新形势下，胡锦涛同志更加关注民生问题，提出了以人为本的科学发展观、构建社会主义

---

① 《江泽民文选》第1卷，人民出版社2006年版，第160页。
② 同上。
③ 《江泽民论有中国特色社会主义（专题摘编）》，中央文献出版社2002年版，第371页。

和谐社会、建设社会主义新农村等一系列新的战略构想，与马克思列宁主义、毛泽东思想、邓小平理论和"三个代表"重要思想一脉相承。

在党的十六届三中全会上，胡锦涛同志提出了"科学发展观"，他在十七大报告中，将邓小平理论、"三个代表"重要思想和科学发展观纳入到中国特色社会主义理论体系之中，并回答了什么是中国特色社会主义道路。2011年，他提出了"中国特色社会主义制度"的概念，党的十六届六中全会上，进一步提出了社会主义核心价值体系的构建问题。胡锦涛坚持发展马克思列宁主义、毛泽东思想、邓小平理论和"三个代表"重要思想，并提出了科学发展观，这些思想共同构成全国人民团结奋斗的思想基础。

胡锦涛高度重视意识形态工作，他在2003年召开的全国宣传思想工作会议上指出："党管宣传、党管意识形态，是我们党在长期实践中形成的重要原则和制度，是坚持党的领导的一个重要方面，必须始终牢牢坚持，任何时候都不能动摇。"[①] 进入21世纪以来，不同的思想文化在国际舆论中斗争强烈，西方思想文化始终冲击着我国的主流意识形态，胡锦涛指明："意识形态领域历来是敌对势力同我们激烈争夺的重要阵地，如果这个阵地出了问题，就可能导致社会动乱甚至丧失政权。"[②] 基于对意识形态重要性的认识，党中央把"牢牢把握舆论导向，正确引导舆论"视为党加强自身能力的工作之一，既要"两手抓"又要"两手都要硬"，形成了党统一领导、党政各部门和各个人民团体齐抓共管、各负其责的工作体制。胡锦涛还强调："各级党委要按照中央要求，加强和改善对宣传思想工作的领导，全面做好宣传思想工作。"[③] 崇高的理想和坚定的信念是推动社会主义建设事业的

---

① 《坚持用"三个代表"重要思想统领宣传思想工作 为全面建设小康社会提供科学理论指导和强大舆论力量》，《人民日报》2003年12月8日第1版。

② 中央文献研究室编著：《十六大以来重要文献选编》，中央文献出版社2006年版，第318页。

③ 《扎扎实实做好新形势下的宣传思想工作 为全面建设小康社会提供思想文化保证》，《人民日报》2008年1月23日第1版。

力量源泉，所以在意识形态建设中，胡锦涛认为必须同步加强党内外理想信念方面的教育工作力度。

一个国家社会风气的好坏直接影响着这个国家社会发展的文明程度，也体现着整体社会成员的价值水平和素质构成。2006年3月，胡锦涛在政协民盟民进联组会上提出并倡议在广大干部群众，尤其是青少年中树立起以"八荣八耻"为主要内容的社会主义荣辱观，即以热爱祖国为荣、以危害祖国为耻；以服务人民为荣、以背离人民为耻；以崇尚科学为荣、以愚昧无知为耻；以辛勤劳动为荣、以好逸恶劳为耻；以团结互助为荣、以损人利己为耻；以诚实守信为荣、以见利忘义为耻；以遵纪守法为荣、以违法乱纪为耻；以艰苦奋斗为荣、以骄奢淫逸为耻。社会主义荣辱观为促进良好的社会风气指明了方向，它告诉广大人民群众是与非、善与恶、美与丑的范畴，为人们如何处理个人、社会、国家之间的关系提供行为准则。在党的十六届六中全会上，社会主义荣辱观被确定为社会主义核心价值体系的重要组成部分。

二 社会主义核心价值观的形成

党的十八大上，提出了一项重要的战略任务，即培育和践行社会主义核心价值观。自社会主义核心价值观的24个字被明确提出之后，在全国上下各领域各阶层内都掀起了一股空前高涨的学习浪潮。社会主义核心价值观所涵盖的国家、社会、个人三个层面的内容，是中国共产党人在长期努力、不断摸索的实践过程中所形成的集体智慧的结晶，反映中国特色社会主义的具体要求。要想充分理解社会主义核心价值观的概念，我们首先需要分别了解什么是"价值""价值观""社会主义核心价值体系"等概念，并且厘清这几个概念之间的相互关系，只有这样才能更准确地把握社会主义核心价值观的基本内核和理论渊源，也能更好地去理解和运用社会主义核心价值观来为中国特色社会主义建设服务。

"价值"原属于古典经济学的范畴，在19世纪中期被引入到哲学。在当代社会中,"价值"被应用到哲学、人类学、社会学、经济学等领域,哲学中的"价值"是"代表着客体主体化过程的尺度和程度"①,价值依赖于客体的属性和主体的需要。马克思主义认为,价值观是人们内心对客观事物的认知或判断,反映出人们的精神状态和主体需要。价值观包括价值理想、价值原则和价值规范三个内容。价值理想是人追求和向往自己愿望的事物并把它变为可能的价值目标;价值原则是人按照自己的尺度和需要去认识世界和改造世界的基本原则;价值规范是在人的行为活动中约定俗成的程序。

价值观分为一般价值观和核心价值观。从价值观的地位上来看,一般价值观在价值体系中不起主导作用,处于次要位置,但是在人们的生活中都起着重要作用,如规范社会生活秩序的道德规范等。一般价值观同核心价值观是辩证统一,在一定条件下可以实现相互转化的关系。一般价值观向核心价值观的转化主要有四点因素:第一,这种价值观作为核心,要有可以凝聚不同价值观的统摄性;第二,这种价值观要具有社会成员普遍接受并自愿遵守的认同性;第三,这种价值观要具有可以引导社会成员追求梦想和价值的理想性;第四,这种价值观作为统治阶级意志的显现具有规范社会成员行为的映射性。

党的十六届六中全会首次明确提出"社会主义核心价值体系"这个科学的概念,它包含了马克思主义指导思想、中国特色社会主义共同理想、以爱国主义为核心的民族精神和以改革创新为核心的时代精神,以及以"八荣八耻"为主要内容的社会主义荣辱观四个方面的内容,是社会主义核心思想和价值观念的总和。在党的十七大报告中,"社会主义核心价值体系"得到进一步的阐述:"社会主义核心价值体系是社会主义意识形态的本质体现。要巩固马克思主义指导地位,坚持不懈地用马克思主义中国化最新成果武装全党、教育人民,用中国特色社会主义共同理想凝聚力量,用以爱国主义为核心的民族精神和

---

① 李德顺:《价值论——一种主体性的研究》,中国人民大学出版社2013年版,第54页。

以改革创新为核心的时代精神鼓舞斗志，用社会主义荣辱观引领风尚，巩固全党全国各族人民团结奋斗的共同思想基础。"① 党的十八大报告中再一次明确了社会主义核心价值体系的重要地位，报告中这样写道："社会主义核心价值体系是兴国之魂，决定着中国特色社会主义发展方向。要深入开展社会主义核心价值体系学习教育，用社会主义核心价值体系引领社会思潮、凝聚社会共识。"② 社会主义核心价值体系成为21世纪以来当代中国意识形态的基础，是马克思主义中国化的重大成果之一。

社会主义核心价值观是在社会主义核心价值体系的理论基础上逐步形成的，它体现了社会主义核心价值体系的基本要求和特点，立足于中国特色社会主义，吸收了人类文明的优秀成果。在党的十八大报告中，社会主义核心价值观被正式提出。社会主义核心价值观的理论来源主要有马克思主义理论、中华民族优秀传统文化，以及人类文明的优秀成果，"富强、民主、文明、和谐，自由、平等、公正、法治，爱国、敬业、诚信、友善"这24个字组成的12个关键词高度概括了社会主义核心价值观的基本内容，成为中国共产党的基本原则，这是中国特色社会主义理论的伟大创新。

从国家层面来看，"富强、民主、文明、和谐"既是一项为把我国建设成为社会主义现代化强国的伟大任务，同时又是中华民族实现伟大复兴、人民实现美好生活愿景的国之基础。"富强"是国富民强，是国家在经济建设中追求现代化和共同富裕的价值目标；"民主"是人民实现当家作主，充分调动广大人民群众的积极性，凸显我国社会主义制度的优越性；"文明"是人民的精神家园，是人类社会进步的标志，是我国在文化建设方面追求的终极目标；"和谐"则是社会安定有序，这与人民的生活质量息息相关，是中华优秀传统文化的精髓所在。历史的经验和教训在不断地告诉我们，落后就要挨打，只有国家富强，百姓才能安居乐业，国家的硬实力和软实力必须同期同步提

---

① 《胡锦涛文选》第2卷，人民出版社2016年版，第639页。
② 《胡锦涛文选》第3卷，人民出版社2016年版，第638页。

高,才能为实现国家真正的复兴提供根本保障。

从社会层面来看,"自由、平等、公正、法治"是保证公民的基本权利,维护社会秩序稳定的社会诉求。"自由"是人的意志、存在和存在的自由,是人类的共同追求;"平等"是公民在法律、制度、规则等面前人人平等,是衡量一个国家平等和文明程度的重要指标;"公正"是公平正义,是社会主义的本质所在;"法治"是依法治国,是保护公民实现自由、平等及公正的强制力保障。

从个人层面来看,"爱国、敬业、诚信、友善"是践行社会主义核心价值体系的主体。"爱国"是热爱自己的国家,这既是对祖国的情感又是作为一个国家公民应尽到的责任和义务;"敬业"是在工作中应该有的认真态度,是个人职业道德的体现;"诚信"是诚实守信,是做人最基本的道德之一;"友善"是待人的态度,是在人们需要帮助时相互尊重、互帮互助的精神。

社会主义核心价值观具有三个方面的时代特征:第一,先进性。社会主义核心价值观是根据我国现阶段发展的状况而作出的科学判断和总结,继承和发展了马克思主义理论。第二,引领性。社会主义核心价值观作为一种先进的思想理论,指导人们从事社会实践和提升自我,对社会和人类的进步起到了促进作用。第三,发展性。社会主义核心价值观作为一种新事物,处在不断的发展中,它顺应世界发展的潮流,在时代中变化发展,使马克思主义理论不断得到丰富和完善。

第三节 新时代的主流意识形态

一 习近平新时代中国特色社会主义思想形成

自党的十八大以来,以习近平同志为核心的党中央根据国内外局势的新变化,对新时代背景下的意识形态建设提出了新思路、新判断,从而形成了习近平新时代中国特色社会主义思想,作为中国特色社会主义理论发展的最新成果,它为我国意识形态建设指明了新方向。

习近平多次发表重要讲话强调意识形态工作的方向性和极端重要性。习近平在 2013 年 8 月召开的全国宣传思想工作会议上强调："意识形态工作是党的一项极端重要的工作。"① 马克思主义认为，经济基础决定上层建筑，上层建筑对经济基础具有巨大的反作用，这表明我们不但要重视经济基础的决定性作用，也要重视上层建筑对经济基础的反作用。中国正处于社会转型的新时期，随着中国综合国力和国际地位的不断上升，中国所面临的来自国内外前所未有的挑战也越来越多，因此只有牢牢把握住马克思主义的话语权，才能坚守住中国特色社会主义意识形态的主流阵地。当前国内意识形态领域面临多样化的社会思潮、市场逐利性、网络新媒体和国外敌对势力等诸多威胁，党和人民共同面对着这些极富时代特征的全新挑战，那么，做好意识形态领域的相关工作便更显重要了。

习近平在全国宣传思想工作会议上以"两个巩固"来明确意识形态工作的任务："宣传思想工作就是要巩固马克思主义在意识形态领域的指导地位，巩固全党全国人民团结奋斗的共同思想基础。"② "两个巩固"坚定马克思主义信仰，为新时期党的意识形态工作指明了前进方向。

马克思主义信仰是共产党人之本，这个"本"是立党立国的根本，"就是坚定这份信仰、坚定这份信念、坚定这份忠诚"③。近些年来，社会上经常会出现一些质疑马克思主义的声音，认为"马克思主义已经过时，中国现在搞的不是马克思主义；有的说马克思主义只是一种意识形态说教，没有学术上的学理性和系统性。实际工作中，在有的领域中马克思主义被边缘化、空泛化、标签化，在一些学科中'失语'、教材中'失踪'、论坛上'失声'"④。事实上，马克思主义在中国取得了空前的发展，中国共产党人通过把马克思主义基本原理

---

① 《习近平谈治国理政》，外文出版社 2014 年版，第 153 页。
② 同上。
③ 《习近平谈治国理政》第 2 卷，外文出版社 2017 年版，第 326 页。
④ 同上书，第 329 页。

同中国具体实际相结合的方法一步步推动了马克思主义中国化事业取得巨大成就。

习近平继承并发展了马克思主义意识形态理论,主要表现在他的治国理政新理念新思想新战略中。党的十八大以来,习近平创造性地构想了一个中华民族实现伟大复兴的"中国梦",这也是习近平关于意识形态领域问题最生动、最接地气的表述。

2012年11月29日,党的十八大刚刚闭幕不久,习近平率中央政治局常委和中央书记处的同志到国家博物馆参观《复兴之路》的展览时,深情说道:"现在,大家都在讨论中国梦,我以为,实现中华民族伟大复兴,就是中华民族近代以来最伟大的梦想。"① 此后,在第十二届全国人民代表大会第一次会议上,习近平阐述了"中国梦"的内涵:"实现全面建成小康社会、建成富强民主文明和谐的社会主义现代化国家的奋斗目标,实现中华民族伟大复兴的中国梦,就是要实现国家富强、民族振兴、人民幸福,既深深体现了今天中国人的理想,也深深反映了我们先人们不懈追求进步的光荣传统。"② 习近平先是以中国共产党总书记的身份提出"中国梦"的本质,接着又以国家主席的身份阐述了"中国梦"的内涵,"中国梦"的内涵与中国特色社会主义的奋斗目标相契合,但表述更生动形象。"中国梦"既是中国人民幸福之梦,也是中华民族复兴之梦,更是中国未来和平崛起之梦。

"中国梦"的提出,在国内外各界都引发了强烈的反响,一提到"中国梦",人们很容易把"中国梦"与"美国梦""欧洲梦"相比较。"美国梦"和"欧洲梦"广为人知,所谓的"美国梦"是指,在美国,个体只要努力奋斗,便能获得一笔财富,从此过上更好的生活,而非来自其他人的帮助;"欧洲梦"则是追求一种富有高品质、舒适的生活。它们的目标是追求发达的物质生产水平,建立有保障的社会福利,保证人们有条件去探求丰富的精神生活。"中国梦"与"美国

---

① 《习近平谈治国理政》,外文出版社2014年版,第36页。
② 同上书,第39页。

梦"和"欧洲梦"不同,它是立足于中国的现实的发展规律和历史背景条件,关注的是实现国家富强、民族复兴、人民幸福、社会和谐。"中国梦"的价值基础是集体主义,是一个全民族的伟大梦想。国际社会对此有一些误解和猜忌,担心中国的发展对世界是一种"威胁",称"中国梦"是"扩张梦""霸权梦"。习近平总书记多次强调"中国梦"是和平、发展、合作、共赢的梦,是与世界各国人民的梦想息息相通的,并非他们所误解的那样。

"中国梦"立足国情,顺应历史发展潮流,为人们展现了一张致力于实现国家富强、民族振兴、人民幸福的宏伟蓝图。"中国梦"不仅凝结了中国现阶段每一个人的梦想,是党和国家凝聚力的体现,同时为世界各国发展提供了新的思路。

首先,"中国梦"彰显了大众的共同理想。中国共产党坚定不移地走中国特色社会主义道路,把人民的向往、国家的富强和人民的希望融为一体,朝着伟大目标奋勇前行。其次,"中国梦"完善了中国共产党的执政理念。"中国梦"把个人、民族同国家的命运联系起来,丰富了中国特色社会主义的理论内涵,使党的执政目标和方法升华到了一个新的境界。"中国梦"是历史赋予共产党的使命,也考验了党对人民负责任的态度和执政能力。最后,"中国梦"不仅造福中国人民,也造福世界人民。随着经济全球化深入,中国的发展同世界的联系越来越密切,"中国梦"的实现需要各国人民的支持与合作,同时也对各国人民有益。习近平说:"中国这头狮子已经醒了,但这是一只和平的、可亲的、文明的狮子。"① 中国不称霸,将坚定不移地走和平发展之路,并且始终期待同其他国家一道,实现共存,共同为人类发展的最崇高事业不断奋斗。

马克思主义最显著的特点之一就是坚持与时俱进。习近平同志结合中国在新时代背景下发生的变化,深化延伸了马克思主义意识形态在新时期的新发展理念。基于对国内外形势和党的执政能力的科学认

---

① 中共中央宣传部:《习近平总书记系列重要讲话读本》,学习出版社 2016 年版,第 16 页。

识，习近平把意识形态工作放在了"极端重要"的位置。在统筹推进"五位一体"总体布局、协调推进"四个全面"战略布局和实现"两个一百年"奋斗目标的进程中，习近平总书记对全国宣传思想、文艺、网络安全、哲学社会科学、高校思想政治等相关意识形态领域的工作都做出了创新性的部署。

在思想宣传方面，改革开放之后，在促进文化繁荣的同时，中国政府也注重对大众媒体报道的监督，以引领主流舆论，巩固政权主体的话语权。中国现已成为世界网络大国，拥有超过 8 亿网民，并且这个数字还在不断地提高，可见目前网络在我国的普及和覆盖性之广。习近平把网络强国战略视为事关国家命运和发展的重大策略问题，在 2016 年 4 月 19 日召开的网络安全和信息化工作座谈会上，习近平总书记提到要"依法加强网络空间治理，加强网络内容建设"，十分重视网络事务的发展和管理工作。

习近平高度重视我国意识形态工作的领导权、话语权和主动权的建设问题，他不仅强调要绝对掌握这些权力，更看重如何在掌握这些权力之后实现创新创造并长期稳定持有。习近平动员全党各个部门一起动手，树立"大宣传"观念，加强宣传思想工作。习近平指出："宣传思想工作就是要巩固马克思主义在意识形态领域的指导地位，巩固全党全国人民团结奋斗的共同思想基础。"① 意识形态工作是否得到人民群众的认同，直接关系到我国主流意识形态的地位及安全。在中国，马克思主义意识形态是以广大人民群众为中心的，维护的是最广大人民的根本利益。意识形态工作极其复杂，只有顺应时代的发展，顺应最广大人民的意愿，突破传统思维定式，不断创新教育工作方式方法，中国特色社会主义意识形态的价值和功能才会得到最大限度的发挥。

二　习近平新时代中国特色社会主义思想的地位

习近平新时代中国特色社会主义思想是将马克思主义基本原理同

---

① 《习近平谈治国理政》，外文出版社 2014 年版，第 153 页。

新时代中国特色社会主义的实际有机结合的产物，是新时代中国特色社会主义实现发展的根本指南。党的十九大以来，习近平新时代中国特色社会主义思想作为党长期坚持的指导思想被写入党章。

新修改的党章指出："十八大以来，以习近平同志为主要代表的中国共产党人，顺应时代发展，从理论和实践结合上系统回答了新时代坚持和发展什么样的中国特色社会主义、怎样坚持和发展中国特色社会主义这个重大时代课题，创立了习近平新时代中国特色社会主义思想。习近平新时代中国特色社会主义思想是对马克思列宁主义、毛泽东思想、邓小平理论、'三个代表'重要思想、科学发展观的继承和发展，是马克思主义中国化最新成果，是党和人民实践经验和集体智慧的结晶，是中国特色社会主义理论体系的重要组成部分，是全党全国人民为实现中华民族伟大复兴而奋斗的行动指南，必须长期坚持并不断发展。在习近平新时代中国特色社会主义思想指导下，中国共产党领导全国各族人民，统揽伟大斗争、伟大工程、伟大事业、伟大梦想，推动中国特色社会主义进入了新时代。"

通过这段话，我们不难看出习近平新时代中国特色社会主义思想的历史地位和理论价值所在。这一思想是在新时代对马克思列宁主义、毛泽东思想、邓小平理论、"三个代表"重要思想、科学发展观的继承和发展，具有继承性、时代性和创新性等特点。

习近平新时代中国特色社会主义思想是对马克思主义哲学立场的继承和发扬。马克思主义把历史活动看作是群众的活动，它把无产阶级的自身解放和全人类解放当作奋斗的终极理想。同无产阶级的政治立场一样，以习近平同志为核心的党中央始终坚持以人民群众的需求为出发点，把人民的利益放在最重要的位置，把"人民对美好生活的向往"当作中国共产党的奋斗目标，把促进人的全面发展作为一切工作的出发点和落脚点。广大人民群众是新时代的见证者和参与者，决定了党和国家未来发展的方向和前进动力。人民至上是共产党执政的核心理念，这种理念使习近平新时代中国特色社会主义思想具备广泛且稳定的群众基础，这也成为马克思主义中国化理论的最新成果。

习近平新时代中国特色社会主义思想是对马克思主义文明立场的继承和发扬。马克思曾经说过，真正的哲学是"文明的活的灵魂"。马克思主义哲学不同于以往的东西方文明，它客观探索人类社会文明的变化规律，揭示了人类文明形态的终极目标——共产主义文明。习近平新时代中国特色社会主义思想结合了马克思主义、中国优秀传统文化、西方先进思想等人类文明的先进成果，同时借鉴了我国和国外治国理政方面的实践经验，对完善新时代中国特色社会主义制度有重大指导意义。习近平关心人类自身发展问题，倡导构建人类命运共同体，在世界霸权主义和强权政治盛行的背景下，为全球治理提供了中国智慧和中国方案。

习近平新时代中国特色社会主义思想是对马克思主义时代立场的继承和发扬。该思想是围绕"新时代坚持和发展什么样的中国特色社会主义、怎样坚持和发展中国特色社会主义"开展的重大时代课题。马克思把真正的哲学看作是"时代精神的精华"，意思是说哲学作为社会的自我意识，是对所处时代进行终极追问的理论把握。当下，中国正经受着经济全球化和复杂国际秩序的持续影响，习近平针对新形势下党内存在的"四大危险"等突出问题，以非凡的远见卓识不断调整战略部署，将理论与现实完美融合，突破重重困难。

理论来源于实践，它的真理性也需要接受实践的检验，如马克思在《关于费尔巴哈的提纲》中所言，"人应该在实践中证明自己思维的真理性"[①]。回首过去几年，以习近平同志为核心的党中央统筹推进"五位一体"总体布局，协调推进"四个全面"战略布局，经济方面取得了稳步发展，全面深化改革取得了突破性进展，"中国梦""人类命运共同体""新时代""一带一路"等的提出也均为推动"中国模式"在国际上的地位做出了巨大贡献，这些辉煌成就充分证明，习近平新时代中国特色社会主义思想具有科学性、引领性和强大生命力，

---

① 《马克思恩格斯选集》第1卷，人民出版社2012年版，第134页。

标志着中国特色社会主义的发展已然迈向了新的阶段。

习近平新时代中国特色社会主义思想开辟了马克思主义政党建设的新道路。中国共产党自新中国成立以来作为中国的执政党已近70年，在这个漫长的过程中，党积累了丰富的执政经验，形成了较为系统的执政体系。党的十八大以来，党中央加大力度统筹推进"五位一体"总体布局和协调推进"四个全面"的战略布局，这样的战略部署效果明显，使党和国家在各方面都取得了很大进步。随着新时代的到来，针对国情、党情和民情的新变化，以习近平同志为核心的党中央在继承了原有的党的先进执政理念的基础上，又提出了全面从严治党的战略，从党的执政根基、执政地位、执政体制、执政路径和执政战略五个维度深化了对党执政的认识，正确解答了新时代下我们党该如何参与和引领中国特色社会主义新发展这一时代课题。

习近平新时代中国特色社会主义思想是继毛泽东思想和邓小平理论之后党的又一次思想上的历史性飞跃，是引导中华民族实现民族伟大复兴梦想的理论灯塔。习近平新时代中国特色社会主义思想拥有丰富的理论内涵且占有重要的历史地位，这不仅仅是以习近平同志为核心的党的领导集体的功绩，更是全党和全国人民通过多年实践的积累和总结诞生的理论成果，需要长期秉持和不断深化发展。

第七章

与"实"俱进的当代中国意识形态及其真实性解读

江泽民同志在党的十六大报告中指出:"坚持党的思想路线,解放思想、实事求是、与时俱进,是我们党坚持先进性和增强创造力的决定性因素。与时俱进,就是党的全部理论和工作要体现时代性,把握规律性,富于创造性。"① 这一重要论断,不仅丰富了党的思想路线的内涵,而且呈现出党的思想路线鲜明的时代性。把中国特色社会主义事业全面推向前进,必须把握时代变化,紧跟时代步伐,始终站在时代前列。

"时"代表着时间或时代,意思是指意识形态应随时间的流转、时代的进步而不断进行调整。而无论是时间的流转还是时代的进步,都不可能离开特定的空间场域,不可能离开特定社会的现实状况而空谈其时代特色。因此,与时俱进不能离开特定的社会实践状况,与时俱进也是实践问题。实践是认识的基础,是检验真理的唯一标准,也是实现与时俱进和实事求是相统一的桥梁和纽带。因此,与时俱进必然不能只是单纯时间场域上的位移,而更应该是一个空间场域的主题,即要与一定的社会发展实践联系起来。因此,立足于当代中国社会的实践,是彰显意识形态真实性旨趣的前提和基础。社会意识形态作为上层建筑的一部分,会伴随着经济基础的变化而变化,中国改革开放

---

① 《江泽民文选》第3卷,人民出版社2006年版,第537页。

使社会实践发生了变迁，意识形态范式也必然要随之变革。

与"实"俱进的"实"即实践。与"实"俱进，是指中国当代意识形态应当随社会实践的发展而不断修正自身，随社会实践的变迁而不断变革。人的思想认识是否具有客观真理性，不是理论问题，而是实践问题。"实践、认识、再实践、再认识"，循环往复，以至无穷，这是人类认识的规律。马克思主义就是在无产阶级斗争的实践中产生，并随着实践发展而发展的。在今天，我们仍然要与"实"俱进，十分重要的一点是，无论办什么事情，都要立足于当代中国社会实践。在当代中国，意识形态建设要与时俱进，其中必定包含着与"实"俱进的含义。今后，意识形态仍然要始终真实反映社会存在、最大程度代表人民利益，才能保持其真实性。而实践是意识形态变革的立足点，中国当代意识形态应随实践发展而彰显其真实性旨趣。

第一节　改革开放实践与意识形态范式变革

社会意识形态的变化是以变化发展着的客观现实为基础的，通过对事物发展的特征、规律和基本趋势的正确把握，意识形态随经济基础的变化而不断做出调整。社会意识形态的进步要坚持不懈地开拓探索，才能在正确反映社会经济政治变化的基础上自觉地逐步实现自身的发展进步。改革开放以来，意识形态范式随社会实践的变迁而不断变革，意识形态由于建诸实践之上而推动了中国的经济与社会发展，创造了"中国奇迹"，凸显其利益真实。

一　政治中心转向经济中心

中华人民共和国成立之初，在"左"的思潮的影响下，讲成本核算、讲质量、讲提高效益、推进科技进步、发展生产力，都被批判为走资本主义道路。生活水平的不断提高应该是人民的基本利益追求，但在这一思想的影响下，增加居民收入，改善人民生活条件，却成为资本主义的享乐主义，这种做法其实是让人民放弃追求幸福生活的权利,错误地理解了生活水平提高与艰苦奋斗的关系,从而认为不艰苦奋斗就是搞修正主义。以政治为中心、搞阶级斗争是中国共产党作为革命党和奋斗党,完成新民主主义革命,夺取政权,建立新中国的基本经验。中华人民共和国成立后,中国共产党已经由革命党转变为领导全国人民为巩固政权而执政的党,党和国家的工作中心,理应跟随社会形势的发展而发生转变,但仍然坚持革命理念,把无产阶级专政条件下的继续革命和阶级斗争作为新时期的工作中心,宁要社会主义的草,不要资本主义的苗,没有正确认识到发展生产力,实现人民共同富裕幸福是社会主义的本质属性。继续维持了贫穷和落后的社会主义的基本范式,而将富裕和生产力发达看成是资产阶级的专利和修正主义的内容。

1978 年对于中国人来说是一个伟大转折,在封闭和保守中徘徊了几十年的中国人开始反思,贫穷是不是社会主义,发展太慢是不是社会主义?先进的思想家和理论家,提出了要解放思想、实事求是,提出了实践是检验真理的唯一标准。中国共产党开始冲破了马克思主义的本本,冲破了"两个凡是"的束缚,彻底否定了"文化大革命",认为贫穷不是社会主义,发展才是硬道理,从而将党和国家的工作中心由以阶级斗争为纲转向以经济建设为中心。中国共产党的执政理念也发生了转变,已经从革命党思维转向执政党思维,不再搞大规模的政治运动,而是集中力量发展经济和真正推进国家现代化。

其实以经济建设为中心的工作理念,中国共产党人在改革开放之初就已经清楚地意识到了。国际形势和国内形势的发展,使党清醒地认识到,我们与世界先进国家的主要差距是经济发展差距。和平与发展是时代的主题,无产阶级专政下继续革命的思想已经不合时宜,由以阶级斗争为纲转向以经济建设为中心,是中国建设和发展实践的客观要求。中国共产党人认识到,贫穷就没有社会主义制度的优越性,贫穷就显示不出社会主义的比较优势。国家繁荣富强、人民富裕幸福才是社会主义发展的目标和趋势。中国目前正处于并将长期处于社会主义初级阶段。我们必须立足于这一基本国情,通过以经济建设为中心,大力发展社会生产力，才能在新中国成立一百年时把我国建设成为富强、民主、文明、和谐、美丽的社会主义现代化强国。如果不能实现由以政治为中心转向以经济为中心，不从革命党思维转向执政党思维，中国现代化的真正起步是根本不可能的。应当说，党的这种认识，正是基于对中国革命和建设实践的正确认识。唯物史观告诉我们，任何精神现象的原因应当从其背后的生产方式去寻找，精神文明应当以物质文明为基础。因此，随着我国经济发展模式由计划到市场的转变，与计划经济共生的制度理念也应当退出主导地位，通过与市场经济的制度理念的创造性整合，实现与市场经济相适应的意识形态领域的根本变迁。

然而，形成这样一种正确认识的过程并不是一帆风顺的。改革开放前近30年的社会主义建设，我们走过了许多弯路，在"左"的思想的影响下，犯了急躁冒进的错误，出现了"共产风"和"浮夸风"，违背经济规律，确立过很多不可能实现的近乎幻想的经济发展目标，如提出"短时间超英赶美""大跃进"、农业发展放"卫星"等口号，结果是不切实际，严重浪费，大起大落，欲速不达，不仅给国民经济造成重创，人民生活也始终在温饱线上挣扎，与发达国家的差距不但没有缩小，还有继续扩大的趋势，许多发展中国家由于发展思路的正确，不断地超过了我们。邓小平同志通过深刻总结社会主义成功和失败的经验教训，深入地分析国际和国内形势，果断地提出和平与发展是当今时代的两大主题。并在20世纪80年代提出了稳步推进的、切合实际的三步走发展战略，即到1990年时国民生产总值比1980年翻一番，到2000年时比1990年再翻一番，初步进入小康社会，到21世纪中叶，基本实现现代化，人民生活比较富裕。经过40年的努力，我们已经顺利完成了前两步战略目标，正在向第三步目标推进。已经取得的可喜成绩证明了三步走的战略目标是切实可行的。40年的改革开放，中国的经济和社会发展上了几个大台阶，成为中国人民有史以来得到实惠最多的时期。举国体制下创造的经济发展奇迹充分证明，只有国家富强，人民才能谋求和平，只有和平发展，人民才能富裕幸福，而经济落后只有挨打。因此，经济发展、国力强大是国家安全的保障，是人民生活幸福的根基。我们要一心一意谋发展，确定务实的发展目标和战略，把国家实力搞上去，把人民生活搞上去。

一个国家经济社会的发展，源于它的人民和国家投资、创业、创新、管理和劳动等方面的动力。这些动力既来自于精神的作用，也来自于物质利益的源泉。中华人民共和国成立初，由于我们没有社会主义建设的实际经验，再加上物质资源的匮乏，教条化地理解了马克思对未来共产主义社会的宏伟设计，认为在共产主义的第一阶段，即社会主义社会阶段，强化革命精神在意识形态领域的教育和鼓励作用，淡化合理的正当物质利益对公民劳动等行为的刺激；把集体主义精神作为社会主义道德的核心本质和要求，认为个人主义观念就是自私自利观念；要责无旁贷地维护国家和集体利益，不惜牺牲个体和家庭利益；提倡无私奉献精神，不计较个人得失。这一思想，有效地引导了公民自觉地维护国家和集体利益，但在一定程度上，也违背了按劳分配原则，没有真正体现出"多劳多得、少劳少得、不劳不得"的原则，不仅没有满足劳动者个人的物质利益需求、挫伤了一部分人的劳动积极性，同时也造成劳动者社会公共责任意识、效率意识和质量意识的缺失，在一定程度上束缚了企业发展的潜力，很难处理好技术进步、成本降低和利润增加的关系。企业发展既缺乏活力又缺少动力，整个国民经济运行缺少有效的调节系统，致使效率低下，质量很差，浪费很大。邓小平同志强调，"革命只讲牺牲精神，不讲物质利益那就是唯心论"。以经济建设为中心，承认和尊重个人对正当物质利益的追求，无论对社会的发展还是人的全面自由发展都是有利的。

改革开放40年来，以经济建设为中心的发展理念，使各种创造财富的源泉充分涌现，也由此形成了多样化的利益格局，承认和尊重个体由于天赋和能力不同而产生的利益差别，也承认不同的所有制企业之间由于技术水平所产生的收益差别，农民改变了"日出而作，日落而归"的集体劳作方式，打破了平均主义大锅饭的分配格局，在企业中，经营管理人员、科技人员和职工也有收入的差别。此外，劳动、资本和技术等生产要素也按贡献参与分配，这种利益格局的深刻变动，允许收入差距的存在，极大地调动了劳动者、科技人员、经营管理者的积极性，这是中国经济社会发展的最基本动力。发展中国的生产力，提高人民的生活水平，满足大众利益需求，符合社会发展实践要求，这是中国当代社会发展的现实目标。

二 革命至上转向改革开放

思维方式决定行为模式，正是国家意识形态范式的转变决定了国家发展理念的转变。中国特色社会主义理论正是新意识形态范式结出的理论果实；中国所有的制度创新和高效的政策选择，无一不表现出新意识形态范式的实践智慧。

（一）从"革命"到"建设"

全面建设社会主义时期结束以后，中国共产党并没有迅速从"革命意识"中走出来，无产阶级专政下继续革命仍然是主导的社会意识形态，"左"的思想路线和工作方式引领着社会一切领域，国家的主导思想仍然是靠泛政治化的政治运动来推进社会变革，并在"文化大革命"中达到了最严重的境地，社会生活的方方面面都充斥着"革命"的意味，"革命"也就成了当时社会主义意识形态的核心词语，"革命"是一切工作的中心。发展经济，带头致富，被认为是"资本主义的尾巴"，在这一思想的引导下，许多人因担心"被革命"，对经济建设望而生畏，特别是广大民众更不愿涉足这一领域，经济建设被放在了无足轻重的地位。这种极左的意识形态，受到了中国传统的保守思想文化意识的"包装"，一直延续很长时间，革命的理论范式一直在禁锢着人们的头脑，即使在"文化大革命"结束后也没有立即消除。1978年是中国共产党和中国人思想大解放的开端，邓小平站在世界和历史的高度，面对"意识形态泛化"所造成的严重后果，果断提出，解放思想、实事求是，批判"两个凡是"的错误思想，推动关于真理标准问题的大讨论，依据历史唯物主义的世界观和方法论，科学地审视意识形态在社会主义经济建设中的重要作用。他认为，"社会主义现代化建设是我们当前最大的政治"①，"现代化建设的任务是多方面的，各个方面需要综合平衡，不能单打一。但是说到最后，还是要把经济建设当作中心。离开了经济建设这个中心，就有丧失物质基础的危险"②。传统的意识形态观念片面强调"革命"取向，通过意识形态的创新，使社会主义主流意识形态由"革命"回归到"建设"的轨道上来，也正是在这一思路的引领下，才有了市场经济改革和对外开放的方针政策，这正是中国由"革命"意识形态转化为"建设"意识形态所发挥的功能。

（二）从"计划"到"市场"

改革开放后，中国实现了两大历史性转变，一是从"以阶级斗争为纲"转向"以经济建设为中心"，另一个就是从"计划经济"转向了"社会主义市场经济"，这是社会主义意识形态最具根本性意义的转变，这一转变成了决定中国命运的关键抉择。改革开放初期选择什么样的发展模式，仍然是摸着石头过河。1979年邓小平提出社会主义可以搞市场经济，但因传统观念的束缚，许多人提出了质疑，在社会主义制度下搞市场经济没有成功的案例，在马克思主义的话语中也没有相关论述，同时苏联高度集中的计划经济体制也取得了一定的成功，又因为我们指导思想上的长期教条化和经验化，计划经济姓"社"、市场经济姓"资"的传统思维模式难以突破。选择计划经济还是市场经济不仅仅是一个资源配置方式问题，更是一个意识形态问题，中国共产党在立足实践的基础上不断解放思想，从1979年邓小平提出社会主义可以搞市场经济到1992年南方谈话，经过了13年时间，通过对市场经济不断加深认识，终于确立了社会主义市场经济改革的目标。1982年，党的十二大提出"计划调节为主、市场调节为辅"；1984年，中共中央十二届三中全会提出"有计划的商品经济"；1987年，党的十三大提出"国家调节市场、市场引导企业"；1992年，邓小平在南方谈话中明确指出："计划多一点还是市场多一点，不是社会主义与资本主义的本质区别。计划经济不等

---

① 《邓小平文选》第2卷，人民出版社1994年版，第163页。
② 同上书，第250页。

于社会主义，资本主义也有计划；市场经济不等于资本主义，社会主义也有市场。计划和市场都是经济手段。"① 由此，在主流意识形态领域实现了从"计划"到"市场"的变迁。

（三）从"增长"到"发展"

改革开放的前 30 年，中国最大的变化就是实现了经济的快速增长，这是以经济建设为中心发展理念的最好诠释。这其中既有来之不易的成就，也存在着一系列问题，比如，东西部发展不平衡、由分配不均导致的两极分化、社会保障体系尚不完善，等等。经济增长过程中所带来的各种各样的发展问题，需要我们党不断与时俱进，调整发展思路，实现意识形态的不断创新和变迁，不仅要思考发展的规模和速度问题，更要思考发展的质量和效益问题，还要思考发展的全面性、协调性问题，使改革、发展和稳定有机结合起来。为此，党中央不断调整发展策略。党的十六大提出全面贯彻"三个代表"重要思想，把发展先进生产力作为重点和核心；党的十六届三中全会提出以人为本和科学发展观，党的十九大提出习近平新时代中国特色社会主义思想，进一步丰富发展内涵、创新发展观念、开拓发展思路，我们党的发展策略逐步由理论设计进入实践操作。这些与时俱进的发展理念，顺应历史潮流，符合民心民意。党的一系列理论创新正是由于立足于中国社会发展的实际情况、针对出现的突出问题、反映了最广大人民的根本利益，因而得到了社会的广泛认同。由此，社会主义意识形态的关注重点由"增长"走向了"发展"。

三 教条主义转向解放思想、实事求是

改革开放前，由于"革命意识"的强化，我国的意识形态功能被单一化地限定在维护经济基础上，而经济基础又局限于占统治地位的生产关系，意识形态似乎只与生产关系相互关联，从而忽略了意识形态在促进生产力发展方面的作用。由于意识形态的作用与发展生产力

---

① 《邓小平文选》第 3 卷，人民出版社 1993 年版，第 373 页。

二者之间相脱节，导致意识形态所维护的经济基础并不是先进的经济基础。邓小平同志在深刻反思"文化大革命"给中国带来的灾难，并及时纠正"两个凡是"的错误方针基础上，重新确立了"实事求是"的思想路线，克服了对马克思主义教条式的理解，恢复了意识形态的社会功能，从而使意识形态不仅具有政治功能，还具有经济功能。因此，意识形态功能的发挥，不仅要维护现存经济基础的生存和发展，更重要的是发挥其经济功能，不仅仅是看它为经济基础服务的程度和效果，更重要的是看它在促进生产力发展方面所发挥的实际作用。

改革开放是新的历史时期的一项伟大革命。改革开放的顺利推行，有赖于国家将工作重心转移到经济建设上来，而推行改革开放的前提则是推行意识形态的重大转型，针对当代中国社会发展的需要，构建符合中国社会实际情况的意识形态。

邓小平在意识形态转型过程中扮演着重要角色，作为改革开放的总设计师，他是意识形态转型的最重要的决策者、推动者和实施者。针对"文化大革命"期间中国意识形态领域的混乱状况以及"文化大革命"结束后的严峻形势，邓小平一针见血地指出："凡是毛泽东同志圈阅的文件都不能动，凡是毛泽东同志做过的、说过的都不能动。这是不是叫高举毛泽东思想的旗帜呢？不是！这样搞下去，要损害毛泽东思想。"[①] 他曾尖锐地指出"'两个凡是'不行"[②]，认为"两个凡是"不符合马克思主义，不是马列主义、毛泽东思想。1977年《光明日报》发表了《实践是检验真理的唯一标准》，引发了真理标准问题的大讨论，邓小平旗帜鲜明地支持大讨论。

邓小平通过解放思想、实事求是，科学地把握了社会主义意识形态的社会功能，既坚持了马克思主义，又发展了马克思主义。首先，意识形态的真正目的和功能是维护社会生活和社会发展需要，邓小平把意识形态重新定位到促进社会发展上来。按照马克思的观点，意识形态"没有历史，没有发展"，没有自己的"独立性"，意识形态是现

---

① 《邓小平文选》第2卷，人民出版社1994年版，第126页。
② 同上书，第38页。

实社会生活在观念上的反映。意识形态派生于社会生活和社会发展，而不是一种先验的理论，不具有"本源性"。因此，我们不能"空谈马克思主义"，不能搞"政治的空谈"，不能让意识形态自身的目的高于社会生活和社会发展目的。其次，意识形态要为社会生活和社会发展服务，为统治阶级或社会管理者的社会调控需要服务，而经济建设是社会主义的根本任务。正是在这一意义上，邓小平提出党的意识形态工作必须服务于经济建设，服务于发展生产力的需要。

解放思想、实事求是打碎了"两个凡是"的教条主义精神枷锁，使全党全民焕发出蓬勃的创新活力，成为开创马克思主义新境界、开辟社会主义新道路的思想前提。从真理标准大讨论，到社会主义市场经济理论的提出，再到公有制实现形式的理论创造，无不体现着思想解放的精神主题；从党的思想路线的恢复，到初级阶段理论的提出，再到中国特色社会主义的道路选择，无不贯穿实事求是的内在逻辑；从以经济建设为中心，到生产力标准、三个有利于、社会主义本质论和根本任务论、现代化战略，无不体现经济中心的精神理念。社会主义初级阶段基本路线的提出，改革开放基本国策的确立，和平发展道路的选择，以及轰轰烈烈的经济体制和政治体制改革，无一不是改革思维和开放理念的实践成就。正是这种范式转变，党和人民才以一往无前的进取精神和波澜壮阔的创新实践，创造出了令世界惊叹的中国奇迹。

纵观改革开放以来我国意识形态的发展历程，可以发现，党中央在坚持基本政治制度和根本指导思想的前提下，坚定而又灵活地推进意识形态转型，充分发挥意识形态的调控维护、整合批判和导向凝聚功能，实现了经济的快速发展和社会的全面进步。改革开放取得了举世瞩目的成就，充分体现了原则性与灵活性的统一、战略性与策略性的统一。党的十七大报告指出："改革开放以来我们取得一切成绩和进步的根本原因，归结起来就是：开辟了中国特色社会主义道路，形成了中国特色社会主义理论体系。"① 中国特色社会主义理论体系改变了过去"以阶级斗争为纲"的教条主义的错误指导思想，在结合中国具体国情基础上坚持并发展马克思主义，走出了一条中国特色的社会主义道路。意识形态的成功转型为中国既倡导思想解放又维护思想稳定，既推行改革开放又坚持社会主义道路提供了坚实的思想基础。

解放思想、实事求是是形成社会主义新道路的思想前提，不仅打破了旧的精神枷锁，而且推动了中国当代意识形态范式的变革。思想解放成为当代的精神主题，实事求是成为贯穿中国社会发展的内在逻辑。

第二节　实践是意识形态范式变革的立足点

一　意识形态范式变革的原因：实践的发展

历史唯物主义认为，每一历史时期的观念和思想可以由这一时期的社会实践的状况来说明，其中"社会实践的状况"包括经济的生活条件以及由这些条件决定的社会关系和政治关系。社会存在决定社会意识形态，社会意识形态反作用于社会存在，现实的社会存在发生了变化意识形态也必然会发生变革。在考察中国当代意识形态范式变革的过程中，必须紧密联系社会存在发展变化的现状，在社会实践变迁基础上来认识意识形态的变革，才具有现实意义，否则离开社会实践的变化，只从意识形态自身来谈意识形态的变革，就是凭空而论，故步自封。

中华人民共和国成立以来，中国的意识形态经历了由教条主义向解放思想、实事求是的转变，发生这种转变的根本原因，在于从主观的、远离社会现实的教条主义回归到了对中国国情的正确认知，并在此基础上，正确地把握了中国人民的利益需求——即认识到了在社会主义初级阶段，满足人民群众日益增长的物质文化需求是社会发展的

---

① 《胡锦涛文选》第2卷，人民出版社2016年版，第620页。

根本任务，现实的社会物质生活条件是我们进行社会实践的前提。因此，真实的意识形态应当来自于对社会现实的真实把握，实践的发展是意识形态范式变革的最根本动因。

辩证唯物主义历史观认为，社会存在是社会物质生活条件的总和。物质资料的生产方式在社会发展中起决定作用，主要包括生产力和生产关系。改革开放以来，以经济建设为中心的发展思路使我国的生产力水平不断提高，与此相适应，社会主义的生产关系也得到了不断调整和完善，生产力和生产关系的结构发生了前所未有的变化，也由此推动意识形态的不断变革。主流意识形态体现了我们党意识形态理论在革命、建设和改革开放伟大实践中的不断发展和创新，这种意识形态理论的不断创新是对社会存在结构性变迁的积极反映，是对社会实践变迁的直接反映。从整个社会结构的变迁来看，生产力的发展是社会变迁的根本动力，生产力的发展必然引起经济结构的变化，经济结构的变化又引起政治结构的变化，最终导致社会关系的结构性变化。在政治上从对抗走向对话，经济上从对立走向合作，文化上从对峙走向融合，思想上从两极走向中间。如我们党对包括私营企业主在内的新社会阶层的态度就发生了很大的变化，即由最初的资本家的界定到中国特色社会主义建设者的界定，由原来不允许私营企业主参与政治到消除政治歧视，为私营企业主敞开政治参与的大门，同时通过修改宪法，以国家根本法的形式在法律上确定了国家依法保护一切公民的合法收入，保护一切合法的私有财产，从法律上确立了一切公民的合法收入和合法私有财产的地位。从而消除了不同社会阶层共同利益整合的意识形态障碍，不断促进利益多元格局下的社会和谐，这正是针对社会实践变迁的意识形态调整。

二 意识形态范式变革的依据：实践的要求

按照马克思的社会发展理论，社会形态是由历史上一定的生产力、生产关系、上层建筑等全部社会要素组成的统一的完整的社会体系，因此，衡量社会发展的尺度，就包括生产力尺度和社会文明的尺度。

在马克思1846年12月28日写给巴·瓦·安年柯夫的信中，他是这样说的："社会——不管其形式如何——是什么呢？是人们交互活动的产物。人们能否自由选择某一社会形式呢？决不能。在人们的生产力发展的一定状况下，就会有一定的交换［commerce］和消费形式。在生产、交换和消费发展的一定阶段上，就会有相应的社会制度形式、相应的家庭、等级或阶级组织，一句话，就会有相应的市民社会。"①在研究资产阶级社会的生产关系时，马克思又写道："各个人借以进行生产的社会关系，即社会生产关系，是随着物质生产资料、生产力的变化和发展而变化和改变的。生产关系总合起来就构成所谓社会关系，构成所谓社会，并且是构成一个处于一定历史发展阶段上的社会，具有独特的特征的社会。"②这两个规定体现了社会最主要的内容和本质的东西，即社会是一定生产力发展状况下的人们的相互关系。社会是人的社会，社会生活在本质上是实践的，而人及其实践活动又是在意识的支配下进行的，由此可见，在人类社会和实践发展中意识形态具有重要的意义。因此，社会发展一方面意味着实现生产力的发展，另一方面也意味着实现人的自由全面发展，二者都有赖于意识形态范式随社会实践的要求不断变革。

意识形态所反映的内容，应当与时代主题相一致，意识形态范式变革是社会发展的必然要求，因此这种变革应当立足于社会发展实践。同时，随着社会实践的不断发展变化，意识形态也应随之调整。正如比较经济制度学家伯恩斯坦所说，"任何一种经济体制都有一整套与之相适应的意识形态作为其文化支撑"③，相应地，任何经济体制的变革也必然伴随着意识形态的适应性调整或整体性转型。在中国由计划经济体制向市场经济体制全面转轨的过程中，意识形态范式的变革就是必然的要求。

---

① 《马克思恩格斯选集》第4卷，人民出版社2012年版，第408页。
② 《马克思恩格斯选集》第1卷，人民出版社2012年版，第340页。
③ 莫里斯·伯恩斯坦：《比较经济体制》，王铁生译，中国财政经济出版社1988年版，第10页。

三 意识形态范式变革的评价标准：实践检验

评价意识形态范式变革是否成功的标准应当是社会实践。作为一种理论化的思想观念体系，意识形态的核心内容是表现一定阶级的利益、意志和要求，意识形态应当自觉地反映社会经济基础形态、政治制度以及文化传统。作为观念的上层建筑，意识形态在社会历史发展进程中因其本质属性而具有独特的功能。实践是评价意识形态范式变革是否成功的标准。

中国在20世纪60年代爆发了"文化大革命"，这是由于对社会主要矛盾的错误认识而导致的一场浩劫。当时，人民民主专政的国家政权已经建立，社会主义改造基本完成，社会的主要矛盾已经发生了变化。虽然社会上的确还存在着一些阴暗面，但对这些问题应当做出恰当的估计并运用宪法、法律和党章加以解决，而不应当将阶级斗争扩大化，采取"文化大革命"这样极端的做法。"文化大革命"名义上依靠群众，实际上是脱离群众，严重损害了人民群众的利益；同时，没有结合中国革命的具体实践，错误判断了社会主要矛盾。在社会主义条件下进行"一个阶级推翻另一个阶级"的政治斗争，既没有经济基础，也没有政治基础。"文化大革命"的教训告诉我们：脱离社会实践的意识形态必然是阻碍社会发展的绊脚石。

邓小平基于对"文化大革命"教训的深刻反思、对中国现实国情的正确把握，提出了"解放思想，实事求是"，彻底打碎"两个凡是"的教条主义枷锁，使中国的国家意识形态范式建诸实践基础之上。从实践真理的讨论，到社会主义市场经济理论的提出，再到公有制实现形式的理论创造，发展道路上每一个理论的提出，都体现着思想解放的精神主题；从初级阶段理论，到中国特色社会主义道路的选择，实践中的每一个决策，都贯穿着实事求是的内在逻辑。在这样的体制下，中国经济实现了腾飞，创造了举世瞩目的成就，新的意识形态范式不仅真实反映了中国的现实国情、主要矛盾和时代主题，而且真实反映了中国人民的最广泛、最普遍的价值追求，代表了现实的社会利益。

"它不是在每个时代中寻找某种范畴而是始终站在现实历史的基础上，不是从观念出发来解释实践，而是从物质实践出发来解释观念的形成。"① 可以说，"中国奇迹"正是实现了事实真实和利益真实的意识形态范式在实践领域中的成就，中国当代意识形态范式变革是对马克思意识形态实践基础的一种理性回归。

四 中国当代意识形态的实践根基及其现实意义

长期以来，意识形态问题由于它的高度政治敏锐性而成为学术话语的冷僻区域。近些年来，随着改革开放实践的不断深入，民主政治建设的不断完善，并在大量移译而来的西方意识形态理论促动下，人们越发感到许多意识形态问题不能不引入学术领域进行深入讨论。比如，40年改革开放的伟大实践使我们注意到，实践上每前进一步都依赖于意识形态的变革，从在无产阶级专政下继续革命的观念到以经济建设为中心的观念转变；从社会主义计划经济观念到社会主义市场经济观念的转变；从以GDP为核心指标的粗放增长观念到以人为本的科学发展观的转变。这些意识形态的变革都极大地促进了改革开放实践的大发展。正是由于这个关系，邓小平同志很早就敏锐地指出，解放思想，实事求是，是改革开放实践的首要环节；不能解放思想，变革僵化的意识形态，就很难在实践上进行改革开放。从这个意义上来说，怎样才能更好地解放思想，实事求是，怎样才能适时地变革意识形态以更好地促进实践的发展，以及意识形态与社会实践究竟是一种什么样的关系等问题，就必然成为马克思主义哲学研究中必须加以回答的重大理论课题。

按照马克思的看法，意识形态是现实社会生活在人们的思想观念中的反射和反响。也就是说，人作为有意识、有理性的存在者，对自己的现实生活必然在自己的意识中有所折射和反响，形成某种思想观念。按照胡塞尔的意向性理论的看法，人的意识活动必然有所指向，

---

① 《马克思恩格斯选集》第1卷，人民出版社2012年版，第172页。

指向某个或某些对象,而这些对象不能是别的,它们只能是人们的现实生活过程,即使意识活动指向一些虚假对象,那也是因为现实生活本身中就包含着那些虚假现象。实际上,马克思和胡塞尔在这个问题上意见是一致的,即人们在现实生活过程中必然存在一些关于自己生活的思想观念。只是这些思想观念还不能直接等同于意识形态。一般说来,作为意识形态,它是被社会成员普遍认可或占据主导(统治)地位的思想观念。从这个意义上来说,任何一个国家、民族或地区都会存在着一些被普遍认可的、占据主导地位的思想观念作为自己的意识形态,并且自然成为自己社会生活的有机组成部分。

马克思在研究意识形态问题时,首先探讨一般的具有中性意义的意识形态的形式。在通常意义上,马克思将意识形态指称为任何一个社会所具有的政治、法律、伦理道德、哲学、宗教等社会意识形式。这些社会意识形式与人们的社会生活之间保持着密切联系,是以或直接或间接的形式反映现实生活过程。作为对特定社会生活过程特别是物质生产活动的一种系统反映及其形成的思想体系,意识形态不仅反映着人与自然的关系,而且也是对人与人之间的社会关系的一种反映。意识形态作为这种反映形式,是一个由政治法律思想、道德、哲学、宗教等多种意识形式构成的统一体,因此,它是一个总体性的概念。

在《德意志意识形态》中,不仅深刻剖析了当时德国社会的"意识形态",而且大量的论述是围绕"一般意识形态"展开的。作为普遍的研究对象,"一般意识形态"是指具有中性意义的意识形态,没有指明它是哪个国家的、哪个阶级的、哪个时期的意识形态。在论述市民社会时,马克思指出:"但是市民社会这一名称始终标志着直接从生产和交往中发展起来的社会组织,这种社会组织在一切时代都构成国家的基础以及任何其他的观念的上层建筑的基础。"① 在批判施蒂纳的政治经济学观念时,马克思使用了"整个意识形态的上层建筑"这样的概念。从此种意义上来说,意识形态被赋予了"观念的上层建

---

① 《马克思恩格斯选集》第1卷,人民出版社2012年版,第211页。

筑"的内涵。在《路易·波拿巴政变记》一书中，马克思进一步指出："在不同的财产形式上，在社会生存条件上，耸立着由各种不同的、表现独特的情感、幻想、思想方式和人生观构成的整个上层建筑。整个阶级在其物质条件和相应的社会关系的基础上创造和构成这一切。"① 马克思在这里描述的整个上层建筑，正如《德意志意识形态》中所说的"观念的上层建筑"一样，是一个总体性的概念，它包括许多具体的意识形式，如政治思想、法律思想、道德、哲学、艺术、宗教等。这一总体性的概念是与物质资料的生产相适应的，以生产力和生产关系为内容的社会生活过程，这种总体性的社会意识形态正是现实社会生活过程的产物。从此种意义上说，意识形态是人们的社会生活过程的总体性观念。

马克思不仅从一般意义上研究了意识形态及其与现实生活过程的关系，而且还进一步把意识形态作为批判对象，形成一种严肃的社会批判理论。

马克思在《莱茵报》时期，由于参加了普鲁士政府书报检查令的批判和林木盗窃法等问题的辩论，所以马克思深刻地认识到统治阶级的思想观念与物质利益的关系，这种思想观念具有隐蔽性和虚伪性。作为社会的主流意识，统治阶级思想观念是与国家机器联系在一起的，具有维护社会、维护统治阶级利益的功能。自此之后的一段时期里，马克思将揭示意识形态的实质和社会作用作为自己社会批判理论的一项重要内容。

首先，马克思对黑格尔思辨哲学进行了批判，认为这种思辨哲学掩盖了国家的本质，使国家神秘化，因而这种思辨哲学充满了虚假性和神秘性。黑格尔"通过对君主立宪国家形式的颂扬，表现了他向王室和贵族暗送秋波的庸人心理"②。第二，马克思通过批判鲍威尔为代表的青年黑格尔派指出宗教是一种颠倒的世界观，宗教反映出社会的

---

① 《马克思恩格斯选集》第1卷，人民出版社2012年版，第695页。
② 孙伯鍨、侯惠勤：《马克思主义哲学的历史与现状》第1卷，南京大学出版社1988年版，第65页。

现实矛盾，但是却为这种现实矛盾盖上一层神秘的面纱。统治阶级进行意识形态活动的一个基本手法就是将世俗问题变形后归结为宗教问题。指出以"批判的批判"自居的青年黑格尔派事实上"他们只是用词句来反对这些词句"①，表面上他们是对黑格尔哲学进行批判，而事实上仍然是在精神领域的自我缠绕，这种在意识领域对宗教进行的不切实际的抽象批判，对人类进步与解放并无实际意义。第三，马克思通过对国民经济学家的批判，指出他们把资本主义经济看作是理所当然的自然现象，进行所谓"实证"的分析，事实上掩盖了资本主义经济关系的异化本质，掩盖了异化劳动。因此，作为一种经济学领域的意识形态（因为当时经济学还作为伦理学的一个分支来看待），国民经济学是对资本主义经济关系的维护。

通过分析马克思对意识形态的各种批判，我们可以发现，意识形态在马克思那里主要是指对当时社会采取非批判和维护态度的思想观念体系，总体上属于统治阶级的意识范畴，正是在这个意义上，马克思把意识形态称为"虚假的观念体系"并在此基础上建立意识形态的批判理论。在澄清什么是意识形态特别是马克思的意识形态的基础上，接下来我们需要探讨这种意识形态是怎样产生出来的。

在马克思看来，社会物质生产实践是意识形态的形成和存在的基础。意识形态不是从来就有的东西，而且对人和人类历史而言，首先不是意识到什么，而是首先得能够生存下来。在谈到"一切人类生存的第一个前提，也就是一切历史的第一个前提"的时候，马克思指出："这个前提是：人们为了能够'创造历史'，必须能够生活。但是为了生活，首先就需要吃喝住穿以及其他一些东西。因此第一个历史活动就是生产满足这些需要的资料，即生产物质生活本身。"② 可见，人类的物质生产活动是整个人类历史发展的出发点，这也是马克思唯物史观的立足点。

但是社会物质生产实践之所以能产生出意识形态，是因为人是有

---

① 《马克思恩格斯选集》第1卷，人民出版社2012年版，第145页。
② 同上书，第158页。

理性、有意识的存在物。人的有意识的实践活动是社会历史发展和社会意识诸形式产生、发展的动力，任何一种观念的东西，都是人们对自己的现实生活过程的反映，所以只有把它放在社会实践中加以考察，才能弄清楚它的来龙去脉和真实面目。马克思从实践出发来理解和把握意识形态，这是他在意识形态方面的哲学变革。从实践的视角出发，马克思强调物质生活实践是意识形态的存在论基础，实践对意识形态的决定性质。马克思指出，唯物史观"从直接生活的物质生产出发阐述现实的生产过程，把同这种生产方式相联系的、它所产生的交往形式即各个不同阶段上的市民社会理解为整个历史的基础，从市民社会作为国家的活动描述市民社会，同时从市民社会出发阐明意识的所有各种不同的理论产物和形式，如宗教、哲学、道德等等，而且追溯它们产生的过程"①。由此可见，马克思将社会结构分为物质和意识形态两大部分，而且马克思还特别强调区分两种意义上的社会变革："一种是生产的经济条件方面所发生的物质的、可以用自然科学的精确性指明的变革，一种是人们借以意识到这个冲突并力求把它克服的那些法律的、政治的、宗教的、艺术的或哲学的，简言之，意识形态的形式。"② 在这里，后一种变革是由前一种变革推动的，具有受动性。意识形态是人们"实际活动"的"反射或回声"，"因此，道德、宗教、形而上学和其他意识形态，以及与它们相适应的意识形式便不再保留独立性的外观了。它们没有历史，没有发展，而发展着自己的物质生产和物质交往的人们，在改变自己的这个现实的同时也改变着自己的思维和思维的产物。不是意识决定生活，而是生活决定意识"。③ 意识形态的物质基础是社会物质生活条件。意识形态的历史发展只是社会物质生活条件历史发展的观念表现。"意识［das Bewu tsein］在任何时候都只能是被意识到了的存在［das bewu te Sein］，而人们的存在就是他们的现实生活过程。如果在全部意识形态中，人们和他们的关系

---

① 《马克思恩格斯选集》第 1 卷，人民出版社 2012 年版，第 171 页。
② 《马克思恩格斯选集》第 2 卷，人民出版社 2012 年版，第 3 页。
③ 《马克思恩格斯选集》第 1 卷，人民出版社 2012 年版，第 152 页。

就像在照相机中一样是倒立成像的，那么这种现象也是从人们生活的历史过程中产生的，正如物体在视网膜上的倒影是直接从人们生活的生理过程中产生的一样。"① 马克思历史唯物主义的基本观点即社会物质生活决定社会精神生活、社会存在决定社会意识，这也是马克思意识形态理论与其他意识形态理论的根本区别。

按照这一原理，马克思将科学的实践观作为意识形态批判理论的出发点和基本原则。在马克思看来，关于意识形态的批判从根本上说是一种实践的批判，站在实践的维度，揭示意识形态维护现存社会及其存在的矛盾实质，正是这种批判的目的所在；并且通过实践，促使现存世界革命化。所以，实践观点就是马克思意识形态批判理论的核心观点。马克思对于实践的把握，不是简单的感性经验把握，也不是神秘的纯概念把握，而是将实践理解为一种创造性和革命性的感性活动来加以把握的。同时，社会生活本质上是实践的。意识形态具有实践的根源，是人们在实践基础上建立起来的思想观念体系，意识形态被印上深深的实践烙印。马克思指出："理论的对立本身的解决，只有通过实践方式，只有借助于人的实践力量，才是可能的。"② 因此，马克思认为，只有建立在实践基础上的批判才是真正的革命批判，批判的武器不能代替武器的批判。

马克思认为，意识形态总是把观念、精神作为历史的基础，而事实恰恰相反，应当从人们的物质生产活动及其历史发展中寻找意识形态的根源。"生产力、资金和社会交往形式的总和，是哲学家们想象为'实体'和'人的本质'的东西的现实基础，是他们加以神化并与之斗争的东西的现实基础。"③ 所以，对意识形态的批判，必须从历史上一定社会的物质生活条件出发才是科学的。

在马克思恩格斯看来，作为一种理论形式，意识形态不仅是统治阶级和社会集团根本利益的反映，而且也是统治阶级和社会集团利益

---

① 《马克思恩格斯选集》第1卷，人民出版社2012年版，第152页。
② 《马克思恩格斯全集》第3卷，人民出版社2002年版，第306页。
③ 《马克思恩格斯选集》第1卷，人民出版社2012年版，第173页。

得以满足和实现的实践要求和实践行动。意识形态具有强烈的实践指向性，在阶级社会中，根本不存在毫无政治目标和社会理想的意识形态，也不存在缺乏实践内容和行动要求的意识形态。马克思关于共产主义的论述也充分说明，只有通过不断地无产阶级革命运动、社会主义革命以及社会主义建设，无产阶级才能实现自己的意识形态的预定目标。

整个社会历史的基础就在于人们在生产中结成的各种物质关系，这种物质关系决定了整个社会的基本结构和基本矛盾的形成。马克思主义的历史唯物主义基本理论告诉我们，人们在生产中所产生的交往形式，即生产关系，是人类一切社会关系的基础，它决定了人与人之间的一切社会关系，决定了整个社会历史的发展，决定了历史发展的各个不同阶段的性质。想要真实反映社会有机体的普遍本质，揭示出生产力和生产关系、经济基础和上层建筑之间的矛盾运动，就必须将这样一种物质关系、经济关系作为整个历史的基础，这样才能把握人类社会发展的客观规律。对于意识形态的研究自然也不例外。只有站在实践的基础上，立足于物质生产活动，才能正确理解意识形态的内涵，领会马克思关于意识形态的理论本质。既然意识形态产生于社会实践，那么进一步需要讨论意识形态与社会实践应保持一种什么样的关系呢？是一经产生就永久保持不变，还是应随着实践的发展而发展呢？

马克思认为，一定的社会实践产生一定的意识形态，虽然意识形态一旦形成就具有很强的稳定性，但社会实践是不断发展的，这也就决定了意识形态的性质和形式都要随之变化发展。也就是说，意识形态不是"从天上降到地上"的，而是"从地上升到天上"的。离开了物质实践过程，意识形态就成了无源之水。一句话，意识形态具有受动性的特点，即它只能是物质生活实践的产物，受物质实践的制约和限制，随着物质实践的发展而发展。

社会基本矛盾运动原理就是要求社会生产关系要符合生产力的发展状况；上层建筑要符合经济基础的发展状况。马克思曾在《政治经济学批判》序言中对这一原理做了这样的概述:"人们在自己生活的社会生产中发生一定的、必然的、不以他们的意志为转移的关系,即同他们的物质生产力的一定发展阶段相适合的生产关系。这些生产关系的总和构成社会的经济结构,即有法律的和政治的上层建筑竖立其上并有一定的社会意识形式与之相适应的现实基础。物质生活的生产方式制约着整个社会生活、政治生活和精神生活的过程。不是人们的意识决定人们的存在,相反,是人们的社会存在决定人们的意识。社会的物质生产力发展到一定阶段,便同它们一直在其中运动的现存生产关系或财产关系(这只是生产关系的法律用语)发生矛盾。于是这些关系便由生产力的发展形式变成生产力的桎梏。那时社会革命的时代就到来了。随着经济基础的变更,全部庞大的上层建筑也或慢或快地发生变革。"① 这一原理告诉我们,生产力的发展引起物质生活实践的变化,从而导致生产关系和上层建筑与生产力之间的矛盾,这正是社会革命或社会变革的原因。当生产关系或上层建筑与生产力的发展不相适应时,就要求对这种生产关系和上层建筑进行变革。意识形态作为上层建筑的重要组成部分,也必然随着社会实践的发展而发展。对于不符合经济基础的意识形态必须要改变,而改变的意识形态通常是符合经济基础状况的,而符合经济基础的发展状况的意识形态就会反过来对生产力发展起到促进和服务的作用。

社会主义社会的重要特征就是根据社会实践发展的总体要求,不断革新意识形态,使之有效地服务于和推动社会实践发展。凯恩斯也曾说过,"真正对一个社会产生好与坏影响的,不是既得利益,迟早还是思想"②。回首中国 40 余年的改革历程,社会意识形态的创新和发展始终伴随和主导着改革开放进程,为推进改革开放发挥了至关重要的作用。伴随着中国改革开放社会实践的不断深入,中国的意识形态观念也在不断发生诸多重要转变。

---

① 《马克思恩格斯选集》第 2 卷,人民出版社 2012 年版,第 2—3 页。
② 约翰·梅纳德·凯恩斯:《就业、利息和货币通论》,陆梦龙译,华夏出版社 2005 年版,第 294 页。

早在改革开放之初，在邓小平同志的领导下，首先发生的是"从无产阶级专政下继续革命"的总体观念到"以经济建设为中心"的总体观念的重要转变。我们曾经有过错误的观念，即以为片面地通过不断的生产关系的革命，就能推动历史发展，实现共产主义。结果在全民狂热的革命情绪中，国民经济生活却走到了崩溃的边缘。在真理标准问题大讨论的基础上，伴随着经济体制改革的不断深化，邓小平对社会主义意识形态的本质属性进行了重新判断和定位，他指出："社会主义现代化建设是我们当前最大的政治"①，"现代化建设的任务是多方面的，各个方面需要综合平衡，不能单打一。但是说到最后，还是要把经济建设当作中心。离开了经济建设这个中心，就有丧失物质基础的危险"②。通过对传统的意识形态观念片面强调"革命"取向进行大胆创新，使社会主义主导意识形态回归到社会主义建设的轨道上来。通过这种方式，"革命"意识形态逐渐转变为对市场经济以及对外开放方针具有论证功能的、与改革开放新时期相适应的意识形态。

其次，中国的改革开放实践还经历了从计划经济体制的意识形态观念向社会主义市场经济体制的意识形态观念的转变。在我们国家，一种经济体制同时就是一种意识形态的观念，一种全部经济生活都由国家统一计划来生产的计划经济体制，同时必然附带着一切经济政治生活都要服从国家安排的意识形态观念，认为只有这样才是社会主义，除此而外，要么是封建残余，要么是资本主义。这种僵化的观念同时还使人们养成了"等、靠、要"等懒惰思想，不利于促进社会生产的发展。在改革开放需要进一步深化之际，姓"资"姓"社"的僵化观念便成了进一步发展的最大障碍。由于受传统思维模式的影响，计划经济成为人们根深蒂固的意识观念，使改革开放举步维艰。针对这一情况，邓小平在南方谈话中明确指出："计划多一点还是市场多一点，不是社会主义与资本主义的本质区别。计划经济不等于社会主义，资本主义也有计划；市场经济不等于资本主义，社会主义也有市场。计

---

① 《邓小平文选》第 2 卷，人民出版社 1994 年版，第 163 页。
② 同上书，第 250 页。

划和市场都是经济手段。"① 通过将经济发展模式与社会性质相剥离，人们意识观念上的困惑被消除了。党的十四大明确将建立社会主义市场经济体制作为我国经济体制改革的发展目标。由此，主流意识形态领域实现了从"计划"到"市场"的变迁。

随着改革开放的不断深入，在追求高效率、快发展的观念催促下，人们只注意发展速度、注意眼前利益，而忽视发展质量和长远利益，并由此带来了很多负面影响。社会发展客观上要求意识形态需要进一步变革和创新。2002年，党的十六大明确提出全面贯彻"三个代表"重要思想；2004年，党的十六届三中全会提出"坚持以人为本，树立全面、协调、可持续的发展观，促进经济社会和人的全面发展"的科学发展观；党的十七大将科学发展观写入党章；党的十八届五中全会提出"创新、协调、绿色、开放、共享的发展理念"；党的十九大提出习近平新时代中国特色社会主义思想，这是中国特色社会主义意识形态理论的重大发展。习近平新时代中国特色社会主义思想的基本方略之一就是坚持新发展理念，发展是解决我国一切问题的基础和关键，发展必须是科学发展，必须坚定不移贯彻创新、协调、绿色、开放、共享的发展理念②，这是对片面强调和追求单纯的经济增长的超越。无论是"三个代表"重要思想、"科学发展观"还是"建设社会主义和谐社会"以及习近平新时代中国特色社会主义思想，都是顺应历史发展潮流，符合社会实践的重大战略，标志着社会主义意识形态关注的重点从单纯的"增长"走向了科学"发展"。

总之，意识形态并不是"虚构的花朵"，它深深扎根在实践的土壤中。认清意识形态的实践根基，是我们对意识形态展开一切研究的基础。在全球化的今天，意识形态领域面临着更大的挑战。坚持马克思主义意识形态的科学指导，返本开新，用发展着的马克思主义指导当代中国社会实践，在今天具有特别重大的意义。

---

① 《邓小平文选》第3卷，人民出版社1993年版，第373页。
② 《决胜全面建成小康社会夺取新时代中国特色社会主义伟大胜利——在中国共产党第十九次全国代表大会上的报告》，人民出版社2017年版，第21页。

第三节 中国当代意识形态应随实践发展
而彰显其利益真实

社会意识形态反映社会存在，意识形态并不是一成不变的，随着经济基础的发展变化，意识形态也必然会发生变化。发展变化着的客观现实是社会意识形态变化的基础，客观实践的发展变化决定了意识形态变迁的特征，从而正确地反映社会经济政治变化的现状和规律。

一 利益观在当代中国的理念转变

首先，由关注阶级利益转为关注共同利益和公共利益。改革开放后，经济迅速发展，利益关系格局发生了分化和调整，人们由关注政治利益转为关注经济利益，由关注阶级利益转为关注社会各阶层的共同利益和公共利益和人民的根本利益。在战争与革命时期，反帝、反封建、反对官僚资本主义是革命的根本任务，代表了无产阶级的根本利益，这是革命时期的阶级利益观。在"文化大革命"时期，其阶级利益集中体现在"以阶级斗争为纲"上。改革开放的利益观则要求将工作重心转移到经济建设上来，多种所有制经济共同发展，多种分配方式并存，就业方式、生活方式日益多样化，各种社会阶层不断分化整合，形成了多样化的利益格局，"妥善处理各方面的利益关系"成为党在新时期的重要任务之一，保护为社会主义事业做出贡献的各阶层的合法权益。改革开放以后，中国共产党始终把人民的根本利益放在核心位置。党的一系列重大理论决定都体现了这一点：共同富裕思想、"三个代表"重要思想、科学发展观、习近平新时代中国特色社会主义思想，都强调中国最广大人民的根本利益，都把人民利益放在了首要位置。

其次，由一般地强调现象和形式上的利益到在本质上注重利益。在革命时期，出于一个阶级推翻另一个阶级的革命需要，阶级利益是被放在首位的。改革开放后我们党已经从革命党转变为执政党，在领导改革开放和社会主义现代化建设的伟大实践中不断从本质层面上树立新的利益观。如

"最终实现共同富裕""代表最广大人民的根本利益""以人为本""以人民为中心的发展理念"等都是从社会主义本质的角度关注人民的根本利益。

再次，由注重部分利益到关注全方位的整体利益。改革开放以前，我们侧重于关注整个无产阶级的阶级利益，但缺少对具体利益的界定，对利益范围的界定比较模糊，因此，虽然我们也谈论利益问题，但往往难以陈述，也难以评价。改革开放以后，党多次在重要会议上，通过各种文件，从全方位的视角，把人民根本利益放在首位，不但扩大了人民利益的外延，还把各种利益的具体表达细化，从人民群众的物质生活需要角度提出了经济利益；从人民当家作主，行使民主权利角度提出了政治利益；从满足人民群众的基本文化生活需要、提升人民群众的文化参与意识的角度提出了文化利益，等等。

最后，由单方面的利益诉求到利益兼顾。改革开放前，由于意识形态政治功能的强化，主流社会价值的引导就是规范和约束人们重视集体利益、忽略甚至回避个人利益，注重长远利益而不看当前利益，注重精神利益而讳谈物质利益。应当说，这种利益观在商品经济不发达和社会结构单一的时代，具有一定的合理性，但也因此，由于压抑了人们合理的物质要求和个人利益，而造成劳动积极性的受挫，创造性的缺失，自主性的无力。

改革开放以来，由于社会结构的复杂化和多元化，在经济社会发展中也产生了一系列新的矛盾，出现了多元利益主体、多元利益来源和多元的利益表达方式，社会利益关系日益复杂化，要求我党的执政理念和政策不断进行调整，只有统筹兼顾才能满足人们的合理利益诉求，才能调动人们的积极性、主动性和创造性。

首先，中国共产党人深刻地认识到最广大人民群众的根本利益是巩固党执政地位的本质要求。我们党必须维护好、实现好和发展好人民的根本利益，这是我党立党为公、执政为民理念的最基本要求。强调人与自然、人与社会的和谐统一。党的十六届四中全会还明确提出我们党的执政方式，就是要科学执政、民主执政、依法执政。既要尊重和不断满足人民的利益诉求，又要依法、科学、合理地规范人民的利益诉求。

其次，中国共产党所制定的一系列政策体现了利益观的变化。在基本经济制度方面，由原来单一的公有制转变为以公有制为主体、多种所有制经济共同发展的所有制形式；由单一的按劳分配制度，发展为坚持实行按劳分配为主体、多种分配方式并存的分配制度；由普遍贫穷的现实不断转向共同富裕的目标；强调要切实保护人民的各种合法经济利益，创造条件让更多的群众拥有财产性收入。强调各种收入，无论是劳动的，还是非劳动的，只要是合法的收入都应当得到保护等。体现出我党对合法个人利益、物质利益的尊重。在政治方面，我们党不断完善中国特色的社会主义政治制度，充分保证人民当家作主，依法保障广大人民群众的民主自由权利；在文化方面，我们党继续坚持"双为"和"双百"方针，不断提出促进社会主义文化大发展大繁荣，弘扬主旋律、尊重多样化，强调建设先进文化与和谐文化；在社会建设方面，我们党不断推进以改善民生为重点的社会建设，强调要注重公平正义，关注和改善民生，构建社会主义和谐社会。

二 中国当代社会实践要求实现利益真实

当社会由以政治为中心转向以经济为中心以后，每一个社会人，都不可避免被融入到社会的整体利益结构与链条之中，在这个大的社会利益共同体中，每个个体既是利益的供给者，同时又是利益的享有者。社会结构分化的物质基础就是利益结构，而且社会结构能否平衡与稳定也受到利益结构的影响。从利益的真实性表达来看，在经济社会，利益趋同和利益融合是人们的共同目标，但利益冲突也是不可避免的。因此，整个社会呈现出多元利益冲突与整合的复杂境况。在经济社会，利益的实现，一方面可以是矛盾的利益双方，通过矛盾激化，一方克服了另一方或迫使一方做出让步从而获得真实的利益需求；另一方面，也可以是利益双方相互妥协而达成一致，使多元利益变成共同利益。相反，作为利益共同体，在利益实现的过程中也会因利益获取的不同而出现矛盾和冲突，从而产生利益分化。因此，在社会转型的过程中，不仅会出现利益分化，利益冲突与矛盾，同时也会出现利益整合、利益协同，利益在一定程度上决定了体制转变的动机。追求利益最大化也是经济体制改革中的一个焦点，而且是市场化改革必然会出现的问题。在由计划经济转向市场经济的过程中，追求自身利益的最大化成为不同利益群体共同追求的目标。这一分析表明，各种制度的重新选择不单单是领导层的主观决策，更是各种社会利益群体的公共选择，在公共选择的过程中，有效调整了社会不公平的分配，进而使不同群体之间的激励得到公平的反映。

实现利益真实是中国当代社会建设的价值基点。改革开放之初，中国从"以阶级斗争为纲"到"以经济建设为中心"的转变，不仅标志着社会根本任务的变化，还实现了社会价值判断标准的变迁，即由"以政治为本"到"以物为本"，我国进入了以"物质经济增长为本"的发展阶段，"以物为本"成了引领改革的价值观，这对于尽快实现经济发展，增加物质供给，改善人民生活意义重大。但"以物为本"也在一定程度上陷入了片面追求经济增长的境地，忽略了把人作为价值评价的主体，忽略了单纯追求经济增长对人的发展的负面影响，致使一些人价值迷失，理想信念缺失，政治信念失落，把人看成是经济发展的手段，把发展目的看成是 GDP 的增加，造成了人与自然、人与社会的疏离。随着改革发展进入关键时期，社会发展的目标定位又由转变经济增长方式转到转变经济发展方式，从而社会发展的核心由"以物为本"转到"以人为本"。实现最广大人民的利益真实，关注人在经济和社会发展中的核心地位，使人与自然、人与社会、人与人协调统一起来。把人的发展作为社会发展的标志，把满足人的全面发展作为根本出发点和落脚点，充分体现了社会建设"以人为本"的价值基点。

实现利益真实是中国当代社会建设的价值准则。在当代中国，实现"公平正义"就是要协调与均衡社会成员间的各种利益关系，满足社会各阶层的利益需求，使各种利益差别逐渐缩小，这集中体现着社会的公平与正义，蕴含着社会建设的价值准则。在个人与社会的关系之中，公平原则意味着个人通过劳动对社会的贡献程度应与社会对个人合理利益的满足状况有着合理的平衡；在个人与个人的关系中，公平原则意味着平等的地位和社会财富分配。"正义是对人类德性反思的结果，是具有理想性的价值取向。它既作为道德认知和价值评价的正义理念存在，又作为制度规约的正义制度存在。"① 改革开放之初，我们打破了平均主义大锅饭的局面，提出了"效率优先，兼顾公平"。这一理念虽然带动了社会经济的迅速发展，但也造成贫富差距不断扩大，在许多领域显失社会公正，公平正义问题是引发社会不稳定的重要因素。因此，近些年来，党和政府不断提出公平正义目标，认为实现公平正义"比太阳还要有光辉"。党的十七大把"加快推进以改善民生为重点的社会建设"放在核心的工作位置，同时提出"学有所教、劳有所得、病有所医、老有所养、住有所居"的社会建设目标，真正实现最广大人民的根本利益。

"当代中国的社会转型，在最本质的意义上表现为经济范畴的制度变迁。然而，制度的调整带来了利益结构的变化，在利益关系变动中产生的矛盾和冲突，构成了体制转型中的社会和谐问题。协调利益关系是现代政府的重要职能。"② 中国共产党是代表最广大人民根本利益的政党，党的宗旨决定了中国共产党必须把最广大人民的根本利益放在一切工作的首要位置。人民群众的利益得到维护与合理实现是社会主义社会的题中应有之意。当代中国，实现广大人民的利益真实，是构建社会主义和谐社会的必然要求。

三 利益真实与意识形态的人民性

一种意识形态的生产和发展，取决于它所维护的经济基础的性质和发展方向，意识形态的影响力要看它能否符合最广大人民群众的根本利益诉求，能否具备吸引力和凝聚力，来源于广大人民群众的认同和拥护程度，取决于意识形态在服务于人民群众的利益关系中的真实

---

① 张思军：《利益和谐：中国社会建设的当代要求》，《云南社会科学》2011 年第 5 期。
② 蒋京议：《利益均衡：构建和谐社会的本质要求》，《理论参考》2005 年第 3 期。

表达。马克思曾说:"它正确地猜测到了人们为之奋斗的一切,都同他们的利益有关。"① 随着人类社会的不断发展,社会实践的发展本性决定了人们社会利益需求的客观性,各种利益需求不断发展变化,需求层次不断提升,需求领域不断扩展,需求空间不断扩大,物质利益、精神利益、长远利益、眼前利益都被纳入其中。意识形态不仅要反映社会存在发生发展的规律,更应发挥其社会功能,在服务于经济基础的过程中,不断满足人民群众日益增长的利益需求。满足程度的高低好坏,直接决定了人民群众对意识形态的评价,意识形态要实现与社会心理的协调,必然要求这种意识形态在人们心中有很高的认同度。改革开放以来,社会转型所引发的社会结构的变迁导致社会由一元到多元的转变,人们的利益表达方式、生活方式和思维方式都发生了前所未有的变化,民众对意识形态的认同标准也出现了多元化的趋势。从而使意识形态与大众社会心理之间的矛盾也不断发生,这就需要党不断体察民众的意识形态满意度,当满意度降低时,意识形态的变革与创新就成了必然的事情。因此,把人民利益作为一切工作的出发点和归宿,是党不断调整政策、顺应历史发展规律的选择。

通过分析市民社会与国家意志的关系,马克思和恩格斯指出市民社会的发展变化是国家意志发展变化的基础,市民社会作为直接从生产和交往中发展起来的社会组织,是民众的基本生活空间,也是构成国家的基本单位,一切观念形态的上层建筑都离不开这一社会组织。民众的需要和认同,是意识形态产生、存在和发展的重要依据。目前的中国社会,虽不同于马克思恩格斯所说的市民社会,但其社会交往方式更像是一个大的市民社会。在这个市民社会中,随着社会交往领域的不断扩大、财富的不断积累、社会样式的多元化,个人在社会交往中的表现越来越灵活,那些成为共同体的基础的经济条件、政治关系,以及理想化的意识形态等,都出现了弱化趋势。"这主要是因为

---

① 《马克思恩格斯全集》第1卷,人民出版社1995年版,第187页。

现代市民社会中个体价值被视为至上的价值，社会理想被视为乌托邦；还因为现代市民社会中对金钱的崇拜成为人们现实的追求和信仰，货币成为一切价值的公分母，文化价值的物化与量化导致了人们精神世界的空虚化。当代中国主流意识形态的建设与发展应当充分考虑到市民社会化这个因素，否则，意识形态的发展就会游离于时代与民众之外，从而丧失意识形态的群众基础和社会整合功能。"①

社会主义意识形态的人民性还体现在，它通过人文精神和人文关怀来实现富强、民主、文明、和谐的社会目标，是一种真正向真、向善、向美的力量，始终反映和维护最广大人民的根本利益。尤其是当前经济全球化、世界多极化的背景下，各种社会意识纷繁复杂，日益多样化，社会主义意识形态也要适应时代要求，坚持主流意识形态的导向，不断满足广大人民的现实社会需要，以人文精神来促进人的全面发展，推动实现当前利益和长远利益、社会利益和个人利益、社会价值和个人价值的统一。

中国共产党 90 多年来意识形态建设的根本价值取向和目标就是实现最广大人民的根本利益。

以毛泽东同志为核心的党的第一代中央领导集体，根据半殖民地半封建社会的基本国情，坚持把马克思主义的普遍原理和中国革命的具体实际相结合，在艰苦卓绝的斗争实践中，形成了毛泽东思想，在毛泽东思想的指引下，完成了新民主主义革命，实现了中国人民梦寐以求的国家独立和人民解放，满足了中国人民最基本的利益诉求。人民翻身得解放，当家做主人，成为当时广大人民最根本、最迫切的利益要求。在几十年的革命战争环境中，中国共产党制定了正确的路线、方针和政策，提出了彻底的反帝反封建的政治主张，充分利用有限空间，团结了一切可以团结的力量，最大限度地实现人民群众的利益要求。从打土豪分田地到实行土地改革，使耕者有其田，所有政策和策略导向都是把广大人民群众利益放在第一位，这是中国革命能够成功

---

① 姜迎春：《论改革开放以来我国意识形态变革的基本特点》，《学海》2009 年第 4 期。

的最基本经验。

以邓小平同志为核心的党的第二代中央领导集体,充分认识复杂多变的国际和国内形势,深刻总结中国以及其他社会主义国家兴衰和成败的经验,围绕"什么是社会主义、怎样建设社会主义"这一重大问题进行深刻反思和探索,做出了改革开放的重大决策,在改革开放和社会主义现代化的伟大实践中,形成了邓小平理论。在邓小平理论的指引下,中国的改革开放事业不断深入发展,提出"三步走"的发展战略,国家不断富强,人民不断富裕幸福,摆脱了几千年来的贫穷落后面貌,由贫穷到温饱、由温饱到小康、由小康到生活比较富裕,实现了中国人民最基本的利益诉求。改革开放的每一个步骤和措施都与人民利益紧密联系在一起。

以江泽民同志为核心的党中央领导集体,面对新世纪世情、党情和国情的深刻变化,提出了"三个代表"重要思想,坚持立党为公、执政为民,"权为民所用、利为民所谋、情为民所系",始终把最广大人民群众的根本利益作为一切工作的出发点和落脚点。

以胡锦涛同志为核心的党中央领导集体,在全面建设小康社会的伟大时期,从我国仍然处于社会主义初级阶段这一基本国情出发,提出了以人为本,全面、协调、可持续的科学发展观,更加顺乎民意,提出了以改善民生为重点的社会建设目标,符合人民群众对于过上更加幸福美好生活的期待。在推进中国特色社会主义伟大事业的进程中,更加注重人文关怀,把解决公平正义、社会和谐稳定作为重要的社会工作目标,逐步实现"发展为了人民、发展依靠人民,发展成果由人民共享"。胡锦涛同志在建党90周年的讲话中还提道,"只有我们把群众放在心上,群众才会把我们放在心上;只有我们把群众当亲人,群众才会把我们当亲人"①。科学发展观还反复强调"群众利益无小事",真正实现了人民的当前利益与长远利益的直接统一。

---

① 《胡锦涛文选》第3卷,人民出版社2016年版,第532页。

党的十九大提出习近平新时代中国特色社会主义思想，这是中国特色社会主义意识形态理论的重大发展。习近平同志在党的十九大报告中指出："中国特色社会主义进入新时代，我国社会主要矛盾已经转化为人民日益增长的美好生活需要和不平衡不充分的发展之间的矛盾"[1]。这一矛盾的解决必须靠发展，习近平新时代中国特色社会主义思想的基本方略之一就是坚持新发展理念，发展是解决我国一切问题的基础和关键，发展必须是科学发展，必须坚定不移贯彻创新、协调、绿色、开放、共享的发展理念[2]，这是对片面强调和追求单纯的经济增长的超越。

中国共产党90多年来的意识形态建设经验启示我们，党的路线、方针和政策的制定必须符合广大人民群众的根本利益，党的一切工作必须以广大人民群众的根本利益为出发点和归宿，这是中国革命、建设和改革能够取得成功的一条基本经验。现阶段，随着改革开放的不断深入，各种民生问题不断涌现，需要党的意识形态建设更应适应时代的变化，不断反映社会成员这种现实利益诉求，改革开放事业才能顺利开展。

四 科学发展观的利益人类性问题

科学发展观充分体现了人民的当前利益与长远利益的统一，不仅为当代人的利益，更想到了后代人的利益。因此，具有全人类的意义。其核心是以人为本，也突破了当代人的范围，从现实来看是人的全面发展，从发展来看，是全人类的利益。

科学发展观是主张和平发展的发展观，而"和平与发展"作为时代的主题，也是全人类共同的呼声。从内容上说，科学发展不仅仅指经济发展，还包括政治、文化、社会事业的全面发展；从发展的目标上看，并非单纯追求GDP的增长，而是要满足人民群众的物质文化需

---

[1]《决胜全面建成小康社会夺取新时代中国特色社会主义伟大胜利——在中国共产党第十九次全国代表大会上的报告》，人民出版社2017年版，第11页。

[2] 同上书，第21页。

要,其最终目的是要实现人的全面发展;要建立资源节约型的发展方式,不能以牺牲生态环境为代价。科学发展观要求我们实现全面协调可持续发展,这对于保护人类共同的生活资料和生存环境,无疑是有益的。

科学发展观的核心是以人为本,以人为本是社会主义核心价值体系的本质要求,贯穿于中国特色社会主义发展道路的全过程。正确认识中国发展道路和核心价值体系中所蕴含的独特的政治优势,并积极发挥这种优势,是我们在发展理念、发展思想中必须重视的一个问题。对这种优势的洞见,不仅涉及改革开放前40年的成功经验,而且涉及中国今后的发展命运。中国的发展路线从革命理念的"以阶级斗争为纲"转向建设和改革理念的"以经济建设为中心"再到"经济、政治、文化三位一体"进而"经济、政治、文化、社会的四位一体",发展的价值目标不断深化,就是"富强""民主""文明""和谐",以人为本是中国当代意识形态建设的立足点。

邓小平对社会主义的理解可以概括为:社会主义是充满生机和活力的,不断发展社会生产力,不断实现世界和平的社会主义。总结中国社会主义建设的成功经验,主要包括四个方面:改革开放、独立自主、和谐发展、和平友好。对比世界各国的发展道路,在发展路径上有很大的不同,西方新兴国家的最初崛起主要是采取战争、掠夺和暴力的形式,而中国走的是和平发展道路,通过社会主义制度的自我完善和发展,既坚持对外开放又坚持独立自主,走出了一条和平发展、和谐发展的新道路,这条道路的核心就是"以人为本"。引用乔舒亚·库珀·雷默在"北京共识"中的提法:"强调发展的人民性,而不是特权阶层性,是中国模式的核心","华盛顿共识的目的是帮助银行家和金融家,而北京共识的目的是帮助普通人,强调以人为本"。[①]以人为本,以多数人的利益为本位,是实现意识形态"利益真实"的根本途径。

---

① 参见乔舒亚·库珀·雷默《中国形象:外国学者眼里的中国》,沈晓雷等译,社会科学文献出版社2008年版。

从历史的角度来考察,"以人为本"思想是我们党在长期的革命斗争实践中不断形成和取得的。毛泽东曾指出"共产党的路线就是人民的路线","一切问题的关键在政治,一切政治的关键在民众,不解决要不要民众的问题,什么都无从谈起"。① 邓小平对什么是最大的政治也进行过解释,他认为,人民群众是历史发展的主导和决定力量,实现社会主义现代化是最大的政治,因为它符合全国人民的根本利益。改革开放后,我们党发挥政治优势,提出解放思想、解放生产力的改革目的,满足最广大人民群众的根本利益是我们党一切工作的出发点和归宿。我们党还提出,要把改革开放的成果惠及全体人民,这就是中国改革开放的基本经验。

坚持以人为本,是科学发展观的核心,也是实现中国当代意识形态真实性的最本原方式。以人为本是相对于以神为本和以物为本的价值理念,在中国特色的发展道路上始终强调改善人民生活,促进人的全面发展是社会发展的核心问题。在经济社会发展理念上,不断强调民生的重要意义。把解决好政治、经济、文化、社会等直接关系人民群众根本利益和现实利益的问题,作为社会建设的重点。以人为本思想既吸收了中外历史上的民本思想和人本思潮的有益成分,又剔除了抽象的人性论,同时实现了对民本思想中工具性、手段性和功利性的超越。作为具有核心价值内涵的以人为本思想,坚持了历史唯物主义的基本观点,把人的主体性地位提升到一个新的历史高度,是中国特色社会主义核心价值体系的本质要求。从科学发展观的利益人类性角度来考察,人是发展的根本目的,也是发展的根本动力,一切为了人,一切依靠人,经济和社会发展归根结底是为了实现最广大人民群众的根本利益,保证人的全面发展,实现人与自然、社会的协调发展。

在当代中国,改革开放以来,意识形态范式随社会实践的变迁而不断变革,意识形态由于建诸实践之上而推动了中国的经济与社会发

---

① 《毛泽东文集》第3卷,人民出版社1996年版,第202页。

展，创造了"中国奇迹"，凸显其利益真实。今后，意识形态仍然要始终真实反映社会存在、最大程度代表人民利益，才能保持其真实性。而实践是意识形态变革的立足点，中国当代意识形态应随实践发展而彰显其真实性旨趣。

第八章

加强主流意识形态建设的基本策略

在新时代的背景下,我国在意识形态领域的建设方面势必要面临更多更为复杂多变的新情况和新问题。那么,在新时期到底该运用怎样具体的方法和策略来有效加强我国的主流意识形态建设问题则是本章节主要探讨的内容。

第一节 强化意识形态工作的领导权和主导权

加强意识形态建设,首要的就是保障上层建筑的绝对领导权和主导权问题。随着整个世界国与国之间的越发开放和相互联通,以及伴随科学技术水平的日新月异,整个上层建筑领导权和主导权所面临的冲击和挑战也在不断扩大。从本质上说,强化上层建筑的领导权和主导权即等同于加强意识形态的建设,在新时代的背景下,需要构建立体化的意识形态工作网络、增强经济驱动力、政治引导力、文化软实力、社会整合力、创新意识形态教育模式、拓展意识形态传播方式、加强意识形态工作队伍建设等。

一 构建立体化意识形态工作网络

如何建立立体化的意识形态工作网络,已经成为新时代意识形态建设工作的重要环节之一。我们必须继续坚持改革创新和与时俱进的时代精神,对我国社会主义意识形态的建设工作做出多角度多思路的创新探索，致力于使意识形态不断适应和满足新时代的新要求。建立立体化的意识形态工作网络要求以各级主管部门为中心，"通过党委的领导核心作用，基层党组织的监督保证、战斗堡垒作用和各级党员领导干部正确执行党的路线、方针、政策来实现的，也是靠全体共产党员的团结一致及其在学校各项工作中的模范表率作用来实现的"①，各个部门间协同合作，各司其职，使意识形态建设工作有序进行。其中，对于青少年、青年群体的意识形态建设，要注意发挥各中小学校、高校等教育阵地的思想宣传和教育作用，尤其要加强对教师群体的意识形态培养和提升工作，只有保障了广大教师队伍政治理论素养的过硬性才能保证由他们对青少年进行意识形态教育工作时的准确和顺利。习近平指出："宣传思想部门承担着十分重要的职责，必须守土有责、守土负责、守土尽责"②，要保证主流意识宣传的有效性，注意其传播方式和手段的健康性，这其中就涉及网络以及一些新兴媒体在参与主流意识宣传的过程中传递和传播信息的准确性和有效性问题。

意识形态工作始终要坚持走群众路线。意识形态不仅仅需要得到最广泛人民群众的认同，同时也要注意了解和重视人民群众的看法和心声。大众传媒是党与群众相联系的一种通道。大众传媒即是以群众路线为中心的一种意识形态传播方式，在进行大众传播的过程中特别注意对人民群众的思想状况和社会舆论的走向等问题的及时捕捉，通过对人民群众总体意见和想法的归纳和总结，力求将最真实的问题呈现出来并推动解决。胡锦涛曾指出："贴近实际、贴近生活、贴近群众，充分发挥人民主体作用，把人民是否满意作为根本标准，尊重差异、包容多样，努力满足人民多层次、多方面、多样化的精神文化需要，让人民共享文化发展成果，促进人的全面发展。"③

媒体传播工作上的实事求是是辩证唯物主义与历史唯物主义本质

---

① 侯星芳、姜建成等：《"三个代表"重要思想"三进"工作合力研究》，吉林人民出版社2005年版，第90页。
② 《习近平谈治国理政》，外文出版社2014年版，第156页。
③ 《胡锦涛文选》第3卷，人民出版社2016年版，第59—60页。

的体现。实事求是始终是指导我们党各项工作的根本方针路线，马克思和恩格斯在《新莱茵报》开办前就曾说过："报刊中尽管存在着种种由于怀有敌意或缺乏理智而产生的毒素，但报刊的本质总是真实的和纯洁的，这种毒素会在报刊的永不停息的滚滚激流中变成真理和强身健体的药剂。"① 意识形态工作在传播上必须要保证其真实性，要坚持以正面宣传为主。正面宣传就是新闻和网络媒体对社会生活中体现时代特色、代表社会主流、具有积极意义的人和事进行有倾向性的报道。就当前来说，媒体和网络需要加大对主流意识形态优越性的宣传力度，积极传播中国特色社会主义理论、弘扬社会主义核心价值观、推崇社会主义民主和法治建设等，立足推动世界和平与发展的主题。其中，宣传和传播工作要注重策略和技巧，既要保证宣传方向的正确性，又要保证新闻报道的见效率。

随着科技水平的迅速发展，不断有新兴宣传媒体类型出现在人民群众的视野和生产生活中，面对这些新兴媒体的不断涌现，我们党要时刻保持警惕清醒的头脑，进而保障主流意识形态的稳定和稳固。地方部门要始终与党中央保持一致，紧跟党中央的步伐，紧随时代的脉搏，紧靠人民群众的内心。胡锦涛指出："党管宣传、党管意识形态，是我们党在长期实践过程中形成的重要原则和制度，是坚持党的领导的一个重要方面，必须始终牢牢坚持，任何时候都不能动摇。"② 宣传思想工作要循序渐进，保质保量，宣传与监督并存，多种方式立体化进行。

二 增强经济驱动力、政治引导力、文化软实力、社会整合力

如今，随着经济全球化进程的快速推进与科技的迅猛发展，全世界已经进入了一个全面的整合阶段，不同思想文化之间的碰撞摩擦日益增多，在各国激烈的竞争中，除了以往的硬实力的比拼，软实力的较量也不可缺少，同时呈现出更为隐蔽但杀伤力更强的特点，无论一

---

① 《马克思恩格斯全集》第 1 卷，人民出版社 1995 年版，第 153 页。
② 《在全国宣传思想工作会议上的讲话》，《人民日报》2003 年 12 月 8 日第 1 版。

个国家的硬实力还是软实力，其思想领导的核心都在于主流意识形态的绝对领导和稳固程度。我国的主流意识形态作为国家发展的风向标，必然服务于经济、政治、文化、社会、生态等诸多方面，同时又将引导着经济、政治、文化、社会、生态这"五位一体"的总布局向着更为良性有序的方向发展，形成强大内驱力和凝聚力。我国主流意识形态的社会整合功能主要体现在满足广大人民群众的根本利益上，它引领国家政治、经济、文化软实力等社会方方面面的进步，指引中国社会未来的健康持续发展。

上层建筑的本质事实上就是主流意识形态，所以主流意识形态与经济基础间也存在紧密关系。主流意识形态指导人民群众的价值观，国家经济体制如何发展要遵循主流意识形态的指引，对一国经济的发展有着直接的推动作用。国家经济取得快速发展，人民物质生活水平不断提高，都是社会稳定发展的重要保障，也是主流意识形态牢固的体现，所以增强经济驱动力与增强主流意识形态的引导作用密不可分，二者相互促进、相互影响。

我国主流意识形态对政治的整合作用主要表现在主流意识形态直接影响着人民群众在日常生活中对国家政治政策的认知程度，而人民群众对主流意识形态的认同感，又来自国家政策方针的有效性和利民性。所以，主流意识形态对人民群众在政治实践中的认可有着巨大的引导力。人民对主流意识形态认可，就会坚定不移地拥护国家的大政方针，而国家政治上的大政方针的制定也离不开主流意识形态的根本指导。

同时，主流意识形态必须要满足人民群众的精神文化需求，促进社会文化的发展繁荣。文化是国家软实力的重要特征，当今各国间文化的交流与合作越来越频繁，加强我国主流意识形态的文化整合功能，以马克思主义来引导整合文化领域多元化势在必行。习近平总书记曾明确指出："要精心做好对外宣传工作，创新对外宣传方式，着力打造融通中外的新概念新范畴新表述,讲好中国故事,传播好中国声音。"① 创造出良好的文化发展氛围,维护好文化领导权是保障主流意识形态不受破坏和冲击的根本,前提是我们要增强自身文化软实力,提升文化产业的国际竞争力,提升文化的创新能力,增强本民族的文化自信。创新需要立足于中华民族优秀的传统文化基础之上进行,"深入挖掘中华优秀传统文化中蕴含的思想观念、人文精神、道德规范的思想精华"②,最终形成具有中国特色的社会主义先进文化。这一过程中需要注意的是不能因为一味地追求创新,而忽视了中华民族优秀的传统文化这一民族文化的灵魂,我们要继承其精髓的部分,在这一基础上推陈出新、革故鼎新、取精去糟,赋予其时代新貌。文化的发展要时刻坚持马克思主义理想信念,以中国特色的社会主义理论体系作为路标,致力于早日实现中国特色社会主义的全面发展。

我国主流意识形态的整合功能主要体现在经济、政治和文化三个方面,当然在其他领域也都有该功能的体现,但本部分主要围绕这三方面内容展开,主流意识形态能有效地推动经济、文化和政治的发展,为经济制度、政治制度和文化制度提供了有力的理论指导和支持,有利于为人民群众创造出一个良好的生活环境,更为中国特色社会主义建设提供了坚实的保障。

三 创新意识形态教育模式、拓展意识形态传播方式

面对当今世界飞速的发展以及不断涌入我国的各种各样新的意识形态观念、多元的文化观点以及社会思潮,我们必须加强意识形态领域的教育工作,其中必须继续坚持马克思主义的指导地位。"我国高等教育肩负着培养德智体美全面发展的社会主义事业建设者和接班人的重大任务,必须坚持正确政治方向。"③ 我们必须明确意识形态教育

---

① 《习近平谈治国理政》,外文出版社2014年版,第156页。
② 《决胜全面建成小康社会夺取新时代中国特色社会主义伟大胜利——在中国共产党第十九次全国代表大会上的报告》,人民出版社2017年版,第42页。
③ 《习近平谈治国理政》第2卷,外文出版社2017年版,第377页。

工作的重要性，从马克思列宁主义、毛泽东思想、邓小平理论到习近平新时代中国特色社会主义思想所构成的中国特色社会主义理论体系，是我国意识形态教育的核心内容。现如今我国的意识形态现状是以马克思主义为主导但与各种非马克思主义思想共存的状态，所以加强马克思主义理论教育尤其是加强对青年一代的马克思主义理论教育显得尤为重要，这对进一步完善我国意识形态教育工作具有重要的战略意义和时代价值。

在这样全新的时代，我国的意识形态教育工作不能再继续以原有的思维模式作指导，必须进行不断的调整和改革。"我们正在进行具有许多新的历史特点的伟大斗争，面临的挑战和困难前所未有，必须坚持巩固壮大主流思想舆论，弘扬主旋律，传播正能量，激发全社会团结奋进的强大力量。"① 现阶段，意识形态教育若想更有效地发挥作用，就要立足于新时代，运用已经验证有效的规律加以现实情况的结合大胆探寻新方法。思想政治教育是意识形态教育的有效实施路径，思想政治教育为意识形态教育服务，缺少了思想政治教育，意识形态教育便无从谈起，而没有意识形态作为内容的思想政治教育也不能称之为思想政治教育，这两者具有密不可分的关系，互为我国教育工作中的两大创举。思想政治教育是意识形态教育的具体方法，用教授和传播的方式，以主流意识形态为内容，力争获得广大青年群体的普遍接受。"是因为青年的价值取向决定了未来整个社会的价值取向，而青年又处在价值观形成和确立的时期，抓好这一时期的价值观养成十分重要。这就像穿衣服扣扣子一样，如果第一粒扣子扣错了，剩余的扣子都会扣错。人生的扣子从一开始就要扣好。"② 通过这样的方式，既可以巩固主流意识形态的地位和增强青年群体对主流意识形态的认同感，又可以加强青年群体的爱国意识，让青年群体把主流意识形态当作思想上的指导员和行为上的标杆，促使整个社会向着更加和谐、健康、繁荣、有序的方向发展。

---

① 《习近平谈治国理政》，外文出版社2014年版，第155页。
② 同上书，第172页。

思想政治教育的过程最主要的就是通过教育的方式让受教育者把主流意识形态逐渐内化成个人的理想信念和价值追求,"要坚持教育优先发展,全面贯彻党的教育方针,坚持教育为社会主义现代化建设服务、为人民服务,把立德树人作为教育的根本任务,培养德智体美全面发展的社会主义建设者和接班人。全面实施素质教育,深化教育领域综合改革,着力提高教育质量,培养学生社会责任感、创新精神、实践能力"①。这要求教育者不要只进行单一的输送,还要注重输送与启迪相结合,"润物细无声"般地使主流意识形态浸润到人民群众日常生活的各个方面、各个角落,使包括不管是普通民众还是正处在学习和成长中的青年们在内的人民都能从日常生活中接受主流意识形态教育,并且迅速有效地实现从被动内化到主动入脑入心再到勇于实践的转变,这样的意识形态教育工作效果会实现翻倍。在思想教育内容上,我们要在坚持原有内容的基础上,加强民主法治、公平正义、心理适应能力的引导和生态意识等多方面教育内容的补充和完善。

科技的迅速发展,催生出越来越多的新技术、新手段,我们在进行意识形态教育的过程中也应积极运用现代科技,结合新的信息传播技术,打造全新的平台,这样有利于及时掌握各种新的信息,有效地起到社会整合作用,加大主流意识形态在各式各样信息传播中的地位。习近平总书记强调:"宣传思想工作创新,重点要抓好理念创新、手段创新、基层工作创新,努力以思想认识新飞跃打开工作新局面,积极探索有利于破解工作难题的新举措新办法,把创新的重心放在基层一线"②,我国在以前的工作中就已经强调"要重视和充分运用信息网络技术,使思想政治工作提高时效性,扩大覆盖面,增强影响力"③,因此还在一段时期内建立起了一大批以"红色"宣传为主要内容的专门性网站。但是这些进行主流意识形态宣传的网站大多形式单一,内

---

① 《胡锦涛文选》第3卷,人民出版社2016年版,第641页。
② 《习近平谈治国理政》,外文出版社2014年版,第155页。
③ 《江泽民论有中国特色社会主义(专题摘编)》,中央文献出版社2002年版,第412—413页。

容枯燥乏味，导致点击率不高，不受网民欢迎，实际效用不明显。因此，我们首先要在方式上进行转变，要注意寻找与人民群众在思想意识上的契合点和共鸣，要充分利用网上各种论坛、各色聊天软件等载体走进人民群众中去，倾听并接受人民群众的诉求和合理化建议，并相应做出改进。同时注意紧跟时代步伐，继续加大对党报、党刊、电台、电视台的建设力度，优化信息传播的整体系统的不断完善。不断加快数字化转型，持续扩大网络信息化的有效覆盖面积。注意提升传媒的国际传播能力，力争使国内的媒体水平在世界上也占有先进地位，不断提高中文新闻信息的首发率、原创率、落地率等，尽早建立起安全可靠、统一联动的国家应急广播体系。"宣传思想工作是做人的工作的，人在哪儿重点就应该在哪儿。"① 还要不断完善国家数字图书馆的建设，以及继续整合有线电视网络，最终组建成国家级的广播电视网络公司等。努力加快广电类、电信类和互联类的融合进度，建起国家新媒体综合性的传播平台，不断创新业务形态，持续发挥信息网络设施的文化传播功能，使之实现互通互联、有序运行。"我国网民有近7亿人，很多人大部分信息都从网上获取，必须正视这个事实，把网上舆论工作作为重中之重来抓。"② 要做到及时更新信息，同时精选出有针对性的材料和事例进行推广传播，但也要敢于发现和及时解决网民通过网络获取信息过程中所存在的弊端和问题，密切关注网民的思想动态，切不可麻痹大意地看待网络信息传播中存在的问题。

四 加强意识形态工作队伍建设

意识形态工作的有效进行离不开一支优秀的队伍，教师是意识形态工作队伍的主流成员，"教师重要，就在于教师的工作是塑造灵魂、塑造生命、塑造人的工作。……国家繁荣、民族振兴、教育发展，需要我们大力培养造就一支师德高尚、业务精湛、结构合理、充满活力

---

① 《习近平关于全面建成小康社会论述摘编》，中央文献出版社2016年版，第105页。
② 《习近平总书记系列重要讲话读本》，学习出版社、人民出版社2016年版，第204页。

的高素质专业化教师队伍，需要涌现一大批好老师"①。培养优秀的教师队伍，健全完善工作队伍管理机制是关键。一支优秀的队伍的基础是人才，所以意识形态队伍管理机制的完善，首先要注重广纳贤才，建立更加便于选拔和培养优秀人才的机制。在以往选人用人的基础上，坚持将举贤选能、择优而用的标准发挥到极致，也要进一步完善队伍内的考核机制和激励机制。同时建立科学的管理机制，充分激发人员的工作积极性，促使全体成员在工作中更加具有主动性和创造力。"要注重加强中国特色社会主义理论体系的学习，加深对中国特色社会主义的政治认同、理论认同、情感认同，不断增强道路自信、理论自信、制度自信和文化自信，积极引导学生热爱祖国、热爱人民、热爱中国共产党。好老师应该做中国特色社会主义共同理想和中华民族伟大复兴中国梦的积极传播者，帮助学生筑梦、追梦、圆梦，让一代又一代年轻人都成为实现我们民族梦想的正能量。"② 加强对研究马克思主义理论的优秀人才的扶持，不光要在政策和经济上扶持目前已有的国内马克思主义理论研究领域的专家学者，还要重视对那些正处在努力研习和成长中的青年马克思主义者们的扶持和政策倾斜工作。对意识形态教育工作者们的培养要与时俱进，并且根据客观形势的变化和要求及时做出调整和更新。只有重视人才、提升意识形态工作队伍的素质，才能够从根本上提高国家意识形态建设的整体水平。

  不仅是教师队伍，在目前严峻的形势下，提升全体党员队伍的理论水平和政治素养也是意识形态队伍建设工作的重点之一。党员队伍要保质保量地广泛吸纳人才，建立起一支思想觉悟高、政治立场坚定、综合素质高的人才队伍。党员干部是整个队伍的领头人，起着非常关键的作用，所以党员干部要做到履职尽责，立场坚定，党性觉悟高。建立健全党员干部监督机制，加强党内监督力度，鼓励群众进行党外监督。想建立一支立场坚定的做意识形态工作的党员骨干队伍，加强

---

① 《做党和人民满意的好老师：同北京师范大学师生代表座谈时的讲话》，人民出版社2014年版，第4页。

② 同上书，第5—6页。

培养青年党员干部十分重要。青年干部是我们党的新鲜血液、后备力量，大多数青年干部精力充沛、文化水平高，有闯劲、拼劲和干劲。但因为他们从事工作时间短，可能会出现对理论知识掌握得不够牢固，党性的锻炼不够充分，工作中容易冲动等问题，所以，要加强对这部分青年干部的科学培养培训工作。按照中央《关于推进学习型党组织建设的意见》，要注意建立科学的培训机制，对各个岗位的意识形态工作者定期进行培训和考核，重点选拔出优秀人才，真正做到"政治强、业务精、作风正"。让青年党员干部加强对政治、经济、文化、法律和自身修养等方面知识的学习，在马克思主义的理论知识学习方面，要注重对马克思主义经典著作的研究，不仅要学习党的路线方针，还要研究党的历史，"理论上清醒，政治上才能坚定。坚定的理想信念，必须建立在对马克思主义的深刻理解之上，建立在对历史规律的深刻把握之上"①。不断储备现代化建设中所能用到的各类知识，还要注重实践，学习理论知识的最终目的就是应用于实践之中，所以要鼓励和支持他们投身于实践中，用理论联系实际，让他们能够做到学以致用。马克思曾经说过，"哲学家们只是用不同的方式解释世界，更问题在于改变世界"②，所以我们要做到不只是解释世界，而是改变世界。把学到的理论知识化作解决实际问题的能力，经历不同的工作环境，解决各类问题，最后做到能够熟练掌握和运用意识形态工作的特点和规律来更好地开展各项事业和工作，"提高做群众工作能力，既服务群众又带领群众，坚定不移贯彻落实党的理论和路线方针政策，把党的主张变为群众的自觉行动，引领群众听党话，跟党走"③，使意识形态工作开展得更加有序、高效。

对于广大青年群体来说，在成长的过程中，生活和学习时间所处最久的环境就是学校，在学校这个特殊环境里，意识形态工作的特殊性显著。这些特殊性的存在要求我们在学校中要更加科学化地组织相

---

① 《习近平谈治国理政》第2卷，外文出版社2017年版，第35页。
② 《马克思恩格斯选集》第1卷，人民出版社2012年版，第140页。
③ 《关于新形势下党内政治生活的若干准则》，《人民日报》2016年11月3日第6版。

关机构的内部设置与人员配备，要使机构的设置、专职人员的数量科学地与学校的层次、体量相配比和对应。其中，要严紧地掌握好入门关，在选拔任用环节中，要设定科学、合理的标准去选配从事宣传思想工作的人员。加强对专职从事宣传思想工作人员的培养、培训，在进行培训内容与形式设计时，要做到分层次、分主题、分类别，培训结束之后还要注意后续跟踪和总结反馈环节。此外，要注意加强针对辅导员和学生党员骨干队伍的建设，培养青年辅导员时，不仅要不断地对其进行理论层面的训练，更要注重培养他们具备胜任工作所必需的思想和实践能力。要吸收一批可以在高校工作中保持理想信念坚定，思想品德良好，热爱思想政治教育工作且最好具备一定学生工作经验、有激情、有热情的教职工加入到这一队伍中来，做到中青结合，形成优势互补。另外，还要注意发挥学生党员在大学生思想政治工作中的重要作用，通过组建互助小组、开展党团日活动等一些形式，为学生党员做学生的宣传引导工作创造条件和搭建平台，有效发挥出朋辈引导的示范作用。在做好网络舆论引导方面，培养精英的舆论引导员队伍尤为重要，各高校都要建立、完善网络评论员队伍，就像报纸会有报纸评论员队伍那样，成立宣讲团非常必要，可以利用高校党委宣传的主责部门，吸纳学校党政负责的工作者、党政系统的中层干部和在哲学社会科学领域的专家学者、优秀青年专任教师与大学生辅导员等组建适当规模的网络评论员队伍，这样的队伍对加强政治理论学习、培训和实践演练以及引导网络舆论等都将发挥出重要的积极作用。

第二节　提升中国主流意识形态的整合功能

当前中国的意识形态领域充斥着各种思想潮流，大体包含主流意识形态、非主流意识形态和反主流意识形态等几种类型，他们呈现相互渗透、不断交锋的态势，在这样的交锋中必须要提升主流意识形态的整合功能。

一 增强政治敏锐性和鉴别能力

青年群体由于受自身年龄、阅历等条件的限制，在个体思想层面上具有一定特殊性，易被非主流或反主流的意识形态思想所影响和左右，易成为它们的"无脑"信仰者，一些错误的思想意识易在青年人的脑海里留下不良的隐患。各种意识形态之间的碰撞，使中国的意识形态领域变得交错复杂。现在我国意识形态领域面临着重大的考验，这个时候急需增强人民群众的政治敏锐性和鉴别能力，保证在辨别意识形态的各种边界问题时能够始终保持清醒，不被迷惑和利用。在一些关乎国家发展战略、道路方向选择问题上必须保证旗帜鲜明，立场坚定，尤其是青年群体，增强政治敏锐性和鉴别能力更加刻不容缓。

增强政治敏锐性和鉴别能力，首先需要提高自身的思想政治水平，"要练就'金刚不坏之身'，必须用科学理论武装头脑，不断培植我们的精神家园"[①]。这要求人们要时刻关注国家战略方针、时事政事，不断研习马克思主义经典学说和著作，紧跟中国特色社会主义发展的步伐，只有拥有过硬的理论知识，才能更加深刻地理解我们坚决捍卫国家主流意识形态的真谛。马克思主义"提供的不是现成的教条，而是进一步研究的出发点和供这种研究使用的方法"[②]，各级部门要积极开展学习主流意识形态理论和落实国家方针政策的相关培训，要让青年群体有更多的机会去深入领会和学习国家的政策方针，从而自觉认同主流意识形态，坚定思想立场，进而主动把主流意识形态理论应用到具体实践之中去。"事实一再表明，理想信念动摇是最危险的动摇，理想信念滑坡是最危险的滑坡"[③]，只有坚定了思想立场，才能在本质上提升自身的敏锐性和鉴别能力，"坚决防止和反对个人主义、分散主义、自由主义、本位主义、好人主义，坚决防止和反对宗派主义、

[①] 《习近平关于党的群众路线教育活动论述摘编》，党建读物出版社、中央文献出版社2014年版，第37页。
[②] 《马克思恩格斯选集》第4卷，人民出版社2012年版，第664页。
[③] 《习近平谈治国理政》，外文出版社2014年版，第415页。

圈子文化、码头文化，坚决反对搞两面派、做两面人"[①]。事物的发展是在矛盾与斗争中进行的，以马克思主义理论为指导，注意研究错误的思想潮流也是十分必要的，只有通过鉴别分析得出正确的结论，才是增强政治敏锐性和鉴别能力的重要途径。主流意识形态工作就是需要提高人民群众个人的思想意识，最终促使人们形成以马克思主义意识形态为指导的正确的世界观、人生观和价值观。

二　保持主流意识形态的适度张力

保持主流意识形态的适度张力是主流意识形态能够持续、健康发展的前提，主流意识形态的张力体现在主流意识形态的统治力和影响力上，主流意识形态对人民群众和其他意识形态的作用力应该处于一个适度平衡的状态上，这就要求统治阶级不要过度强化和泛化主流意识形态。一旦主流意识形态被过度宣传、过度利用，势必会导致人民群众的精神世界被过分统治，任何其他的思想都要被强行归顺到主流意识形态之下，否则就是不正确的思想观念，就要被彻底扼杀和打压。如果任何文化交流都要被意识形态化，那么人民群众的思想就会越发麻痹，一部分尚未麻痹的人民群众则会对主流意识形态出现反感情绪，不能真正、自觉地去认同，这会使意识形态领域呈现单一、不健康的状态，同时扼杀了意识形态领域的丰富生机。在我国20世纪50年代后期至70年代末，就曾出现过这样的情况，我们要吸取以前的经验教训，避免主流意识形态的功能被过分夸大和过度利用，避免历史的错误再度重演。主流意识形态的宣传是统治阶级维护政权的一种辅助方式，而不能完全作为统治人心的手段。

主流意识形态的统治力和影响力一方面要保持不过度，另一方面还要避免被弱化和淡化。主流意识形态作为国家经济、政治、文化等方面的核心驱动，具有十分重要的作用，并要对国家各项工作的开展始终起引导作用。主流意识形态占据主导地位，是全国各族人民团结

[①]《决胜全面建成小康社会夺取新时代中国特色社会主义伟大胜利——在中国共产党第十九次全国代表大会上的报告》，人民出版社2017年版，第63页。

一心的保障和纽带，这要求主流意识形态要做到与时俱进，不断开拓创新，永葆其先进性，通过多种方式使人民可以主动地接受、认可主流意识形态。保持主流意识形态的适度张力，使主流意识形态保持恰到好处的统治力与影响力，可以使主流意识形态拥有无限活力。

三 建立民众利益共享机制

马克思主义意识形态建设是以人民群众的根本利益为中心的，"马克思列宁主义的基本原则，就是要使群众认识自己的利益，并且团结起来，为自己的利益而奋斗"①。人民群众的利益是国家发展的动力。习近平指出，"人民对美好生活的向往，就是我们的奋斗目标"②。鉴于我国现阶段的国情，社会各方面的利益配置存在较大差距，尤其是那些经济收入水平较低的人民群体会产生对社会的负面情绪，进而产生对主流意识形态不赞同甚至反对反感的心理，所以需要加快建立有效的民众共享机制来最大限度保障广大群众的利益。

思想上的问题的解决不单单限于思想层面，同样需要民生方面的努力。"从根本上说，没有扎扎实实的发展成果，没有人民生活不断改善，空谈理想信念，空谈党的领导，空谈社会主义制度优越性，最终意识形态建设工作也难以取得好的成效。"③民生问题的改善，也不单纯是物质条件的向好，同样需要发挥意识形态功能作用。要将解决思想问题和解决民生问题有机结合，以民生问题的解决促进最广泛人民群众对主流意识形态的认同。

坚持解决思想问题与解决民生问题相结合的原则，就要在做思想工作时，不流于形式，既做耐心细致的宣传、引导工作，又做深入全面的调研工作，在做思想工作的同时了解人民群众生活、学习和工作的真实状态，了解他们对于社会、对于所供职岗位、对于单位未来发

---

① 《毛泽东选集》第4卷，人民出版社1991年版，第318页。
② 《习近平谈治国理政》，外文出版社2014年版，第4页。
③ 《胸怀大局把握大势着眼大事努力把宣传思想工作做得更好——在全国宣传思想工作会议上的讲话》，《光明日报》2013年8月21日第1版。

展的意见和建议，"根据我们自己的经验，讲社会主义，首先就要使生产力发展，这是主要的。只有这样，才能表明社会主义的优越性。社会主义经济政策对不对，归根到底要看生产力是否发展，人民收入是否增加。这是压倒一切的标准。空讲社会主义不行，人民不相信"①。

坚持解决思想问题与解决民生问题相结合的原则，就要在解决民生问题时，不要只顾低头干活而不开口说话，如果有条件，要把解决民生问题的计划、过程、预期目标提前通告，广泛征求人民群众的意见和建议，使人民群众产生更强烈的存在感和受尊重感。要在解决民生问题的过程中，深入地做思想工作，动之以情，晓之以理，使人民群众被真正惠及的同时也增加了对主流意识形态的认同和认可。实际上，解决思想问题和解决民生问题是相辅相成、相互渗透、相互促进的，有时也可以被看作是一个问题的两个方面。

在进行中国特色社会主义建设的进程中，每一个人的利益都需要得到维护，"要始终把实现好、维护好、发展好最广大人民的根本利益作为党和国家一切工作的出发点和落脚点"②，需要使全体人民共享发展成果。由于每个人在社会中扮演着不同的角色，社会地位、社会分工不同其利益分配也就存在差异，究其原因是受社会多重因素决定的。把握好主流意识形态对人民群众思想认识层面的引领作用，加强人民群众的利益观念和价值观念，使其通过合理的途径获得本身应得的利益是现阶段意识形态领域的重要任务。现行利益分配制度下，人民群众之间的经济收入水平存在巨大差异，利益分配不尽合理，还需要党和国家建立公平正义的利益分配机制，并制定出一套统筹利益机制的有效制度，在促进国家经济快速发展的同时，兼顾好维护好全体人民的利益。只有把每个人的利益都看作是第一位的，才能平衡好全体人民群众的利益，才能更好地实现全心全意为人民服务，国家才能长治久安。

---

① 《邓小平文选》第2卷，人民出版社1994年版，第314页。
② 《十七大以来重要文献选编》（上），中央文献出版社2009年版，第12页。

四 增强主流意识形态的说服力、亲和力

主流意识形态的说服力与亲和力存在的前提是人民群众对它的认同感。我国主流意识形态是马克思主义意识形态，是代表广大人民群众根本利益的思想观念体系。马克思主义意识形态具有科学发展的属性，注意揭示人类社会发展的客观规律，所以说科学性是衡量主流意识形态说服力的重要标准之一。马克思在《黑格尔法哲学批判》导言中指出："理论在一个国家实现的程度，总是取决于理论满足这个国家的需要的程度。"① 因此，马克思主义意识形态理论的实践程度决定着它是否具有真正的说服力。马克思主义意识形态是以人民利益为中心，服务于人民的理论。改革开放40年我国的综合国力不断提升，人民生活水平不断提高，就很好地说明了我国主流意识形态的实践化程度很高，很多价值承诺已经得到实现。但是，理论的执行过程中，我们的党员干部、理论工作者中仍然存在一些表里不一、言行不一致的个别现象，严重影响着主流意识形态的说服力程度。"思想本身根本不能实现什么东西。思想要得到实现，就要有使用实践力量的人。"② 所以作为一名党员干部应时刻谨记为人民服务的承诺，要亲力亲为、事必躬亲地为人民群众办好事办实事，重拾人民群众对我们党的信心，提高在人民群众中的认可度，只有这样才能继续增强我国主流意识形态的说服力。

要增强主流意识形态的亲和力，就要坚持以人为本，给人民群众带去更多的人文关怀，做到深入民心、温暖民心。马克思主义不仅在世界观和方法论上体现"人文关怀"这一价值取向，其实质也是从现实中的人出发，以人的自由全面发展为最终追求的目标。所以说意识形态的发展离不开人的实践，马克思和恩格斯在《德意志意识形态》中说："我们的出发点是从事实际活动的人，而且从他们的现实生活

---

① 《马克思恩格斯选集》第1卷，人民出版社2012年版，第11页。
② 《马克思恩格斯文集》第1卷，人民出版社2009年版，第320页。

过程中还可以描绘出这一生活过程在意识形态上的反射和反响的发展。"① 意识形态总是指向社会的现实性问题，与社会现实息息相关，主流意识形态亲和力的提升需要对社会现实保持很高的关切度。主流意识形态的建设不能脱离时代而存在，要紧跟世界的潮流，应对因时代性特点所带来的各种挑战，及时应对和解决时代的焦点以及一些热点问题。以人民群众切身面临的问题为中心，践行马克思主义理论的实践性，把实际问题的理论思考作为出发点，只有这样，才能使马克思主义意识形态具有时代感、亲切感，远离距离感、空洞感，这样也就拥有了亲和力，有了亲和力之后自然就加强了认同感。主流意识形态的亲和力还体现在主流意识形态建设过程中的宣传方式和宣传途径上。马克思恩格斯告诫后人说："我们的理论是发展着的理论，而不是必须背得烂熟并机械地加以重复的教条。"② 国家的发展道路理论和战略方针不能机械和教条式地照抄照搬他国经验和前人经验，要切实将现有理论与实际相结合，形成通俗化的理论内容，这样才能更易于人民群众广泛接受。列宁曾经说过："最高限度的马克思主义等于最高限度的通俗化。"③ 我们应该努力将抽象化、逻辑化深邃的理论，用通俗易懂的语言和形式表现出来，把理论生活化、具象化。理论宣传通俗化的同时，宣传的手段也要体现出亲和力，要放弃传统的生硬的宣传方式，要找到一个适合与大众平等交流的方式，适应大众的心理接受习惯，比如可以把意识形态的形象化表达放在影视作品上或者呈现在一些公益广告中等，通过类似的方式和思路将主流意识形态慢慢植入人民群众的生活中去，"必须推进马克思主义中国化时代化大众化，建设具有强大凝聚力和引领力的社会主义意识形态，使全体人民在理想信念、价值理念、道德观念上紧紧团结在一起"④。通过主流意识形态说服力、亲和力的提升，使人们自觉地形成对主流意识形态的

---

① 《马克思恩格斯文集》第1卷，人民出版社2009年版，第152页。
② 《马克思恩格斯选集》第4卷，人民出版社2012年版，第588页。
③ 《列宁全集》第36卷，人民出版社1959年版，第468页。
④ 《决胜全面建成小康社会夺取新时代中国特色社会主义伟大胜利——在中国共产党第十九次全国代表大会上的报告》，人民出版社2017年版，第1页。

认同感，使人们自觉成为国家主流意识形态的建设者和捍卫者，这样也有利于同质化其他类别的意识形态，是应对非主流意识形态和反主流意识形态的有效措施。

五 构建一元主导多样发展的意识形态模式

自1978年改革开放以来，我国意识形态形成了一定的发展模式，由原来高度的绝对型一元化转向一元主导多元发展的模式，改革开放40年来的意识形态发展变化为当前我国发展一元主导多元发展的模式提供了宝贵经验。目前看来，我国意识形态建设的主流是好的，但多样化社会思潮并存，我国主流意识形态发挥引领作用仍然面临艰巨任务。

意识形态建设中处理好各种意识形态之间的关系尤为重要，不能完全摒弃其他各类思潮和思想，也不能不计后果、不假思考地完全包容。因为如果没有多样化意识形态的存在，那么主流意识形态也将失去发展的动力；反之，如果没有一种主流意识形态去发挥引导作用，那么整个国家和社会将何等混乱。所以，主流意识形态要引导非主流意识形态的发展，非主流意识形态要反刺激主流意识形态的建设，二者对立存在、相互刺激。列宁指出："马克思主义这一革命无产阶级的意识形态赢得了世界历史性的意义，是因为它并没有抛弃资产阶级时代最宝贵的成就，相反却吸收和改造了两千多年来人类思想和文化发展中一切有价值的东西。"[1] 所以要体现出主流意识形态的包容性，势必需要整合多元化意识形态的有益成分来为主流意识形态的发展建设服务，只有这样才能使马克思主义意识形态更具丰富性和合理性。要建立多样化意识形态沟通平台，善于接纳各种社会思潮的有益部分，掌握其他意识形态之间的动态。构建一元主导多元发展的意识形态模式，需要对各种意识形态进行深入的了解和探究，掌握各种意识形态的特点，并对其做出整合分析，针对不同性质、特点的意识形态采取

---

[1] 《列宁选集》第4卷，人民出版社2012年版，第299页。

不同的处理方法，对于有利于主流意识形态发展的内容，吸收它们存在的合理性因素，在坚持主流意识形态主导地位不变的情况下与多元意识形态共谋发展。

一种积极健康的主流意识形态需要具备包容多样性多元性的能力，但同时必须以保持主流意识形态的主导地位为根本前提。因为，"事物的性质主要地是由取得支配地位的矛盾的主要方面所规定的"①，只有坚持马克思主义意识形态的主导地位不变，才能准确确定国家发展道路的正确方向。维护好、发展好主流意识形态的主导地位，有利于国家的整体进步，有利于人民生活水平的稳步提高，有利于营造和谐有序的社会环境，最根本的是能保障自身继续实现健康发展。

习近平总书记在《庆祝中国共产党成立 95 周年大会上的讲话》中强调："历史和人民选择中国共产党领导中华民族伟大复兴的事业是正确的，必须长期坚持、永不动摇；中国共产党领导中国人民开辟的中国特色社会主义道路是正确的，必须长期坚持、永不动摇；中国共产党和中国人民扎根中国大地、吸纳人类文明优秀成果、独立自主实现国家发展的战略是正确的，必须长期坚持、永不动摇。"② 一切工作都要紧紧围绕马克思主义意识形态的主导地位来开展。一元主导，多元包容，就是要用一元去引导多样的发展与走向，用多样的蓬勃生机来推动一元的不断完善，促使一元得到更好更全面的发展。

第三节　建立主流意识形态的保障机制

制度和机制是最具根本性、长效性的建设内容。在意识形态工作中，我们需要有强烈的责任意识、需要有高超的工作艺术、需要有有效的工作举措，更需要有完善的制度和机制保障。2014 年 5 月 4 日，习近平总书记在北京大学师生座谈会上指出，青年人的价值取向决定了未来整个社会的价值取向，而青年又处于价值观形成和确立的关键

---

① 《毛泽东选集》第 1 卷，人民出版社 1991 年版，第 323 页。
② 《在庆祝中国共产党成立 95 周年大会上的讲话》，人民出版社 2016 年版，第 5 页。

时期，所以抓好这一时期价值观的养成十分重要。所以建立一套完整的针对青年主流意识形态建设的保障机制刻不容缓。

一　构建主流意识形态话语权的领导机制

主流意识形态话语权的建设不是强制的和机械的，需要人民自觉认识和主动构建。维护国家的主流意识形态，要对我国主流意识形态有自信，要对自己的国家有自信，使人们自觉产生广泛的认同感，把它看成是实现中华民族伟大复兴的信仰。意识形态建设的保障不是一时的，而是一项需要做出长远打算和计划的思想建设工程。主流意识形态话语权建设最重要的就是先让青年人对主流意识形态产生认同感，使青年人自发地认同认可我国主流意识形态为当代人带来的积极影响。要让青年人意识到主流意识形态对国家的重要作用，即我国主流意识形态是在我们国家不断发展的道路上形成的重要理论，为中华民族伟大复兴的中国梦的实现创造强有力的条件。

主流意识形态不能被非主流文化所左右，"思想文化阵地，马克思主义、无产阶级的思想不去占领，各种非马克思主义、非无产阶级的思想甚至反马克思主义的思想就会去占领"①，必须形成强有力的话语权。我国主流意识形态区别于其他意识形态最根本的地方就在于它维护最广大人民群众的根本利益。马克思认为，"它正确地猜测到了人们为之奋斗的一切，都同他们的利益有关"②，人民群众对主流意识形态的认可度取决于是不是符合人民群众的根本利益需要，主流意识形态形成的话语权必须把人民群众放在第一位，时刻关注了解民生，解决人民群众生活中遇到的根本困难，维护好人民的利益，这才是国家意识形态的根基，如果根基倒了那么一切都将成为空谈。毛泽东认为"一切空话都是无用的，必须给人民看得见的物质福利"③。每个人心中都有一杆秤，人民群众心中的秤是衡量党的理论是否正确的根本

---

① 《江泽民文选》第3卷，人民出版社2006年版，第97页。
② 《马克思恩格斯全集》第1卷，人民出版社1995年版，第187页。
③ 《江泽民文选》第2卷，人民出版社1993年版，第467页。

标准，只有解决群众困难，排除群众面临的一个个现实问题，为百姓办实事，才是好的政策方针。真正好的政策方针不是高高在上、不可触及的，而是要切实维护人民利益，使人民群众具有获得感和参与感的方针政策。并且通过实践发现问题、解决问题，使人们对主流意识形态真正产生信服感与认可度。人民群众真心认同党的领导是因为党能给人民群众办好事办实事，所以以人民群众利益为中心的意识形态建设，一定会受到百姓的拥护，人民群众也自然会自觉地维护。

中国梦不是领导者与政治家们的梦，而是每一个中国人的梦，实现中华民族伟大复兴需要每一个中国人为之奋斗。国家的主流意识形态就是导航仪，时刻指引我们走近目标，实现最终梦想。

二 制定政策法规约束机制

主流意识形态是我们实现中华民族伟大复兴中国梦的思想基础，应该体现在国家的政策法规之中。习近平指出："要注意把我们所提倡的与人们日常生活紧密联系起来，在落细、落小、落实上下功夫。"① 要把主流意识形态融入我们的生活，就要用法律法规来约束我们的价值取向。利用法律法规作为马克思主义意识形态的保障是一种明智的选择，这样使马克思主义意识形态贯穿于各种制度当中，如社会制度、法律制度、道德规范制度等。马克思主义意识形态反映了中国特色社会主义的本质，在日常生活中得以实践，有助于人民群众在遵守制度的同时，产生对马克思主义意识形态的认同感。人民群众对主流意识形态的认可是为主流意识形态的建设工作保驾护航。在新时代的背景下，新的社会思想潮流不断涌入，我们需要加强主流意识形态的监督管理机制以及相关法律法规的完善。建立新的主流意识形态监管机制，有助于维护党和国家的形象，防范我国主流社会思潮受到不良社会思潮的侵袭。习近平明确指出："要依法加强网络社会管理，加强网络新技术新应用的管理，确保互联网可管可控，使我们的网络

---

① 《习近平谈治国理政》，外文出版社2014年版，第165页。

空间清朗起来。做这项工作不容易，但再难也要做。"① 从法律层面强制性杜绝外来的不良思想和文化对我国主流意识形态的干扰，是保障我国主流意识形态稳固发展最直接最有效的办法。一方面，我国主流意识形态能够为我国民主法制建设提供理论基础和思想支撑；另一方面，我国法律制度不断建设完善的同时也为主流意识形态发展提供更为有力的保障。法律制度与意识形态建设相辅相成，为我国主流意识形态顺利发展提供条件，积极完善我国有关意识形态的法律制度，使意识形态的内容以法律的形式渗透到社会生活中去。现阶段部分青年人对主流意识形态的认知还处于被动阶段和基础层面，极易出现认识上的偏差。因此，必须依靠法律法规来保障我国主流意识形态的稳定发展。加大普法力度，增强青年群体的法律意识，经过反复的实践，强化青年群体对我们国家主流意识形态的认同。

虽然目前我们处于和平年代，但是意识形态领域战场上的硝烟却从未熄灭过，国家意识形态领域的争夺是非常激烈的，一个国家的主流意识形态受到严重侵袭，那么这个国家势必要经历一场变革甚至是浩劫，所以要善于运用法律的威慑力来捍卫国家的尊严。

三 健全投入与激励机制

主流意识形态建设需要各个领域协同工作，同时需要一定的经费保障。如思想的宣传工作，科研工作，教育文化建设，媒体宣传等都需要经济的支撑。习近平指出："宣传思想部门承担着十分重要的职责，必须守土有责、守土负责、守土尽责。"② 因此，要扩大对宣传思想部门的经济投入，扩建有效宣传设施，扩大传播途径，使宣传思想工作切实深入到百姓生活当中去。同时注意加大对马克思主义相关研究工作的经济投入，增加专项研究项目，提高项目经费标准，以激励解决更多亟待解决的现实问题。还要增加学校思想教育工作上的经费

---

① 《胸怀大局把握大势着眼大事努力把宣传思想工作做得更好——在全国宣传思想工作会议上的讲话》，《光明日报》2013 年 8 月 21 日第 1 版。

② 《习近平谈治国理政》，外文出版社 2014 年版，第 156 页。

投入，在高校增加思想政治理论课的课时量，增加教师配比，建立科学的教师培训机制，提升教师的思想道德素质，为学生接受良好的思想政治教育提供人力保障。加大经费上的投入有利于建立健全激励机制，有利于激发从事马克思主义相关研究的人员的工作热情。

我国已经全面进入新时代，信息全球化的今天，我们要利用新的传播途径、新的传播手段宣传我国的主流意识形态。习近平曾指出，让互联网"成为了解群众、贴近群众、为群众排忧解难的新途径，成为发扬人民民主、接受人民监督的新渠道。"[①] 但同时，也要善于利用技术手段去阻止那些外来国家试图对我国进行意识形态领域渗透和同化思潮的侵袭。此外，还要借助新媒体的作用发挥校园、社区等意识形态主阵地的作用。移动互联网的普及使网络传播更加迅速，人们的言论越发自由，甚至出现了很多青年人抱着对自己的言论不负责任的态度，肆意利用网络传播不良意识形态，来诋毁我们党和国家形象。所以对于网络，我们需要投入更多的精力和财力来探索合理有效的维护国家主流意识形态安全的相关措施，要尽力阻止网络上不良意识形态信息的传播，尽早发现及时处理，定期对互联网安全监管人员、网络信息宣传人员分别进行技术层面和思想政治层面的教育和培训，把有效的监管机制逐渐建立和利用起来。掌握先进的技术手段就掌握了舆论的主动权，打开西方国家对我国主流意识形态封锁的大门，力争使我国的主流意识形态、主流思想文化得到世界最普遍的认可。

马克思主义意识形态的发展也是国家文化软实力的体现，建立长期有效的激励机制刻不容缓，要注意激发人的内在动力，调动人们的积极性。首先要重视科研成果的积累，设立更多解决现实问题的重大科研项目，对于项目取得成绩的专家学者给予表彰和奖励；对于从事马克思主义思想教育和宣传工作、有着突出贡献和作为的从业者也给予表彰和奖励；对于优秀的宣传思想文艺作品，弘扬社会正能量的影视作品等设立相关奖项给予表彰和奖励，为我国主流意识形态建设营

---

① 《习近平谈治国理政》第 2 卷，外文出版社 2017 年版，第 336 页。

造一个良好的激励氛围。

四 建立有效的评价机制

"评价就是人们依据一定的标准和价值目标对事物发展的实效性、满意度等方面进行总结、评估的过程,具有反思、修正、导向和激励功能。评价机制就是把人们的评价活动进行规范化和制度化,使其常态化。"① 形成有效的评价机制,必须要有一个客观的评价标准,毛泽东指出:"真理只有一个,而究竟谁发现了真理,不依靠主观的夸张,而依靠客观的实践。只有千百万人民的实践,才是检验真理的尺度。"② 客观的、有实践性的真理才是评价马克思主义意识形态建设的标准。积极探索马克思主义意识形态建设评价机制的客观依据,主要是对马克思主义意识形态建设的理论预期与实施效果是否一致进行必要的检测,形成及时的反馈,还可以督促意识形态建设主管部门适时调整和改进相关政策和措施,由此构成一个动态的、良性的和有机的马克思主义意识形态建设长效评价机制。

"从群众中来,到群众中去"的根本点最能体现和评价一事物得到人民群众的认可程度,对人民群众进行马克思主义意识形态的思想教育,使其对党有信心,对国家制度有信心,对国家政策方针有信心,就需要充分重视人民群众的评价作用。所以宣传部门要积极地下基层去宣传国家制度和党的政策方针,通过对人民群众的调查走访以及宣传讲解,充分了解人民群众对党的大政方针的认可度、对国家战略性方针的理解和把握程度等,并把这些基层群众反馈的信息作为重要参考指标,根据这些评价信息对马克思主义意识形态建设工作进行反思总结,及时做出相应调整。

中国特色社会主义是符合中国国情的社会主义建设方针,要把马克思主义基本原理与时代特征相结合形成新的马克思主义意识形态体

---

① 张纲:《多元文化场域背景下马克思主义意识形态话语权建设研究》,博士论文,郑州大学,2016年。

② 《毛泽东选集》第2卷,人民出版社1991年版,第663页。

系，要建立具有时代性的马克思主义意识形态评价体系，在评价考核中，要看到人民群众遇到的现实性问题，要充分论证一些党的路线方针是否偏离轨道、是否实事求是、是否远离了群众生活等。依据这些真实评价，有利于国家政策的日趋完善，有利于提出更加具体化、科学化、现实化的新政策新方针，力争把时代的引领通过这些评价反馈又变成时代所需的精神。

马克思主义意识形态需要始终坚持以人民大众为中心，关注人民大众的利益，解决人民大众最广泛面临的现实问题，进而形成能够切实解决问题的方针政策。事实上，人民群众进行的历史实践，就是主流意识形态发展与创新的根本推动力，主流意识形态建设的进步体现整个社会的进步发展，其中评价的最高标准就是人民的认可度和满意度。主流意识形态能否在广大人民群众的实践中得到最广泛的认可，可以用来综合评价主流意识形态在人民心中的地位，主流意识形态在人民群众心中的认可度势必成为我们党意识形态工作发展的重要衡量指标。

第四节　注重主流意识形态引领多样化社会思潮的方法创新

社会思潮可以说是历史进程中某段时期出现的，针对某一事件或问题而产生了大量观点一致或思想倾向相同的人最终所形成的共同认同的理论观点。当前，对社会生活产生重大影响的思想更是如潮水般涌入。随着历史的发展，各种各样的社会思潮不断涌现冲击着主流的意识形态，这就要求我国主流意识形态要强化自身，使自身更具向心力，保持主导地位，学会适应时代，坚持创新，要学会运用新的方式方法引领多样化社会思潮。在马克思主义的引领下，使多样化社会思潮在主流意识形态的引领下能够服从和服务于主流意识形态，实现和谐共生，促进社会和谐。

一　引领多样化社会思潮的典型示范方式

主流意识形态在多样化的社会思潮中要起到主导作用，增强其自身的向心力，是强化主导地位首要的任务。党的十七大报告曾强调"增强社会主义意识形态的吸引力和凝聚力"。实践性与科学性是决定主流意识形态吸引力与凝聚力的关键所在。想加强主流意识形态的向心力，既要增强它的实践性，又要提高其科学性，一种理论是否可以满足社会的需求、被社会广泛认同是通过它的实践性表现出来的。主流意识形态的内容需要不断更新，需要在历史的车轮中坚持与时俱进，不断接受实践的考验。

主流意识形态在满足思想上的先进性的同时，还要满足其所需的广泛性。由于每个人成长的环境和经历不同，导致人们在思想认识上存在差异，思想认识的深入程度各不相同，所以不能用一个固定的统一的标准来要求和固化全体人民，要尊重个体的差异存在。

我国主流意识形态的精髓是社会主义核心价值观，它不仅是我国社会主义道路本质特征的体现，也是中国特色社会主义发展的需求与目标。面对现如今多样化的社会思潮，加强社会主义核心价值观的引领作用尤为关键，要在和谐社会的建设全过程中融入社会主义核心价值观教育，让全体人民能够自觉地、真正地把社会主义核心价值观作为人生信仰和信条，并具体作用在实践上。社会主义核心价值观是我国先进文化凝结的精华，是中国共产党政治立场的文化体现，是中国共产党坚定信念、价值追求的体现，具有典型示范作用。在实践社会主义核心价值观的过程中，出现的先进个人、先进事迹要列为榜样组织集体学习、观摩，并进一步加以宣传，把握媒体宣传的主动权，引导社会各界思想向主流思想的靠拢。在该过程中，要注意发挥青年党员的先进模范带头作用，加速社会主义核心价值观由理论层社会心理方面的转化进程。各级部门也要充分发挥带头作用，各基层团体要发挥好桥梁、纽带的作用，其他各行各业的自治组织也要起到辅助作用，把社会主义核心价值观融入到和谐社会建设的全过程中去，为创造出更加有利的社会思想环境而不懈努力。

二 引领多样化社会思潮的以人为本方式

坚持以人为本,把促进人的自由全面发展作为引领多样化社会思潮的根本指南,将主动贴近人民群众生活、切实解决人民群众所遇到的现实困难为己任。对人的关注可以说是马克思主义的核心内容。主流意识形态的引导作用主要体现在马克思主义向心力的扩大上,"人民立场是中国共产党的根本政治立场,是马克思主义政党区别于其他政党的显著标志"[1]。因此,把对人民群众的人文关怀转化为增强人民凝聚力的基础具有现实价值。马克思曾多次提到人的自由全面发展的重要性,《资本论》中,马克思明确提出,"而只有这样的条件,才能为一个更高级的、以每一个个人的全面而自由的发展为基本原则的社会形式建立现实基础"[2]。人民群众是历史的创造者,我们不能只是从理论上确认以人为本的方式,更要一步步将这一点落到实处,切实把全心全意为人民服务作为宗旨,把以人为本贯穿意识形态工作的始终。在社会生活中,加快改革的步伐,勇于啃硬骨头,努力提高全体人民群众的物质生活水平,不断提高人民群众的文化水平,使社会主义制度的优越性更加得以凸显,使我国的主流意识形态取得更广泛的认同,最终获得不可撼动的感召力和凝聚力。

伴随着我国政治体制改革的深入推进,人民群众的思想活动越来越独立和多变,人与人之间思想水平的差异也日趋明显,如何保障人民群众的自身权益,尊重人民群众表达诉求的权利,逐渐成为社会中各阶层与群体所关注的重点问题。现在,越来越多形式和内容的社会思潮不断产生,面对此种情况,我们要敢于给这些多样化社会潮流以尊重和发展空间,但要时刻掌握先机和主动权,以便于发挥主流意识形态的主导作用,使我国代表最广大人民群众根本利益的主流意识形态作用得到最大限度的发挥。

---

[1]《习近平谈治国理政》第 2 卷,外文出版社 2017 年版,第 40 页。
[2]《马克思恩格斯选集》第 2 卷,人民出版社 2012 年版,第 267 页。

要坚持把为人民群众解决好实际问题作为意识形态工作的总抓手，将以人为本贯穿于整个意识形态建设过程的始终，将主流意识形态同广大青年群体的日常生活紧密联系在一起，坚持着眼于实际，立足于未来的基本观点，一切以为人民群众服务为先，不断提高我国主流意识形态的后续战斗力，时刻关注各种错误思潮滋生的可能，正确引导人民群众的思想动向，全面获得人民群众对主流意识形态的认可。当前，需要我们做的工作还有许多，要将人民对美好生活的向往作为我们的奋斗目标，以马克思主义为指导，坚持以人为本的方式，维护社会的稳定，继续推进整个民族的团结与融合，提高整个社会的思想水平，促进社会健康、和谐、有序地发展。

三 引领多样化社会思潮尊重差异、兼容并包

在各方面都迅猛发展的今天，唯有尊重多样化社会思潮之间的差异，加强主流意识形态的包容性，才有利于我国主流意识形态的未来发展，才有利于牢固主流意识形态的话语权。"新时期的意识形态需要的是海纳百川式的宽容心态，也就是说，它只有在尊重多样性的基础上，才能对新时期的思想做出合理的引领。"① 采用尊重差异、兼容并包的方式，是我国主流意识形态引领多样化社会思潮的最佳方案。马克思主义理论本身就具有包容性，"从马克思主义发展的角度来看，善于包容、兼容并蓄是马克思主义意识形态生成、发展和壮大的必然要求，是马克思主义意识形态具有强大生命力的直接体现"②。我国主流意识形态是以马克思主义作为指导的意识形态，所以要辩证地、理性地看待多样化的社会思潮。各式各样的社会思潮间的差异是客观存在的，虽然在本质、内容和传播范围等方面有相同之处，但存在更多的仍是差异，正是这些差异的存在帮助我们汲取到了不一样的养分，利用这些差异我们不断丰富和完善了主流意识形态，使主流意识形态

---

① 俞吾金：《新时期意识形态的特征》，《党政干部文摘》2005 年第 7 期。
② 李建华、姜国俊：《用社会主义核心价值体系引领社会思潮》，《光明日报》2008 年 3 月 4 日第 11 版。

得到有效发展。但尊重差异和包容其他社会思潮并不是指一味地纵容和任其自由发展，我们尊重的是优秀的、健康的、可以为我所用的思想，吸纳它们的长处，丰富主流意识形态的内容，这就做到了在坚持马克思主义的指导下，用发展的眼光和有效的方法去引导和规范多样化的社会思潮来为主流意识形态的内容服务。

当然，尊重差异和兼容并包的前提是主流意识形态始终要保持主导地位，时刻把握着意识形态领域中的主动权、话语权和指导权。习近平说过："必须把意识形态工作的领导权、管理权、话语权牢牢掌握在手中，任何时候都不能旁落，否则就要犯无可挽回的历史性错误。"[1] 主流意识形态可以满足不同社会群体的各类正面、有效的诉求，而对于那些错误的思想倾向则要加以引导和纠正。党的十八大以来，从"中国梦""四个全面"到"人类命运共同体"的提出，我国的主流意识形态建设过程中逐渐凸显出了越来越大的包容性，体现出了大国应有的风范。只有在坚持主流意识形态主导地位的基础上，才能有效纠正各种错误倾向和思想对人们思想上造成的消极影响，才能引领多样的社会思潮向正确、健康的方向发展。未来，我们要继续尊重各式各样社会思潮的差异性，汲取不同社会思潮所包含的先进文化因素，实现主流意识形态对多样化社会思潮在真正意义上的引领。

四 引领多样化社会思潮的民主方式

中华传统文化为我国主流意识形态提供了良好的基因，"合"思想作为中华传统文化的精华蕴含着民主的思想。我国是人民民主专政的社会主义国家，民主制度随着我国政治体制改革的逐步深入而不断完善。党的十八大以来，习近平总书记多次强调民主的重要作用，提出"发展社会主义民主政治，是推进国家治理体系和治理能力现代化的题中应有之义"[2]。民主思想也是习近平新时代中国特色社会主义思

---

[1] 《胸怀大局把握大势着眼大事努力把宣传思想工作做得更好——在全国宣传思想工作会议的讲话》，《人民日报》2013年8月21日第1版。

[2] 《习近平谈治国理政》第2卷，人民出版社2017年版，第289页。

想的重要内容。因此,我国主流意识形态工作也必须贯彻民主思想。在金砖国家领导人第六次会晤时,习近平再次强调:"我们应该坚持包容精神,推动不同社会制度互容、不同文化文明互鉴、不同发展模式互惠,做国际关系民主化的实践者。"① 维护主流意识形态的主导地位,引领其他多样化的社会思潮并不是采取命令式的指挥,而是要以尊重多样化的社会思潮为前提,建立起社会思潮间民主的沟通机制,以民主平等的方式进行沟通和对话,这对推动多样化社会思潮的和谐发展有积极作用,也有利于增强其他社会思潮对主流意识形态的理解和扩大人民对主流意识形态的认同感。

习近平强调:"我们要坚持和完善中国共产党领导的多党合作和政治协商制度,加强社会各种力量的合作协调,切实防止出现党争纷沓、相互倾轧的现象。"② 所以以民主的方式引领多样化的社会思潮,建立科学、完善的民主体制,将民主的方式落实到实践中,不再用以往的方式单纯地灌输,而是注意良性互动,让多种社会思潮在意识形态领域有序地成长,对实现国家治理体系和治理能力现代化具有重要作用。

个体在受其自身所处的生活环境、阶级立场、价值追求等因素的影响时,所持的思想和表达方式都会有所差异。所以我们在掌握意识形态工作话语权的同时,对于其他的话语也不可以简单粗暴地处理,不能实行"一刀切",而是要做到准确分析评判、区别对待、具体情况具体分析。

在意识形态工作中,需要对对象的话语性质进行区分。区分话语的性质主要就是对其所映射出来的问题进行辨别,要分析该话语是属于简单的思想认识问题还是已经升级到了敌我矛盾、是单纯的学术观点上的争论还是在政治立场上的针锋相对、是话语传播途中的无心之过还是蓄意的抹黑——在追溯话语产生的根源性的过程中,我们还会

---

① 《新起点 新愿景 新动力——在金砖国家领导人第六次会晤上的讲话》,《人民日报》2014年7月17日第1版。
② 《习近平谈治国理政》第2卷,人民出版社2017年版,第290页。

发现，话语虽然是由个体发出的，但由于个体都有其各自不同的生活、工作背景等，所以话语产生的根源都不尽相同，对于产生不同话语的来源和出发点都要认真地进行剖析和判别。如果仅仅是属于人民内部的在思想认识上的问题，就要耐心地对其进行解释说明和完成教育工作，努力引导，帮其纠正不正确的思想和认识；如果仅仅是单纯地在学术观点上有不同看法产生的争论，就要在做好引导的同时，注意其以后的发展，及时进行方向上的引领；如果是话语在传播过程中产生的无意之过，那么除了对其进行教育指导之外，还要想办法降低和消除不良影响。但如果抛开上述的几种情况，一旦确认是属于敌我矛盾问题、政治立场上的绝对对立观点甚至是话语传播过程中的蓄意而为，那么就要勇于、敢于亮剑，进行严肃的批评教育，对于有涉及违纪违法行为的要绝不姑息、追究到底。民主是指在行为方式上，要做到尊重对方说话、表达的权利，但绝不能给有害的思想提供萌生和传播的平台与空间。

践行民主的首要方式就是尊重他人的话语权，我们要以平等的立场、民主的姿态正视不同人之间思想认识上的困惑和差异，允许秉持不同思想观点的人表达其所思、所想，赋予其论证自身观点与主张的自由和权利。主流意识形态就是在不断和其他观点的交锋、论战中证明自身的正确性与可信性，进而巩固自身主导地位。在面对人民内部矛盾和其他非政治立场上的不同意见时，我们开展辩论与交锋的目的是引导其纠正错误的、片面性的和不客观的认识，帮助其树立正确的观念和认识，这个过程中所蕴含的充分发挥民主的特点才是我们所不懈向往和追求的。

结 束 语

本书以阐述马克思意识形态概念的理论前提和形成过程为基本出发点，对马克思之后意识形态概念的嬗变及其理论困境进行了深入分析，认为在马克思关于意识形态的原初定义中，是彰显着虚假和真实的两极张力的。本书以此为基本的立论基础，提出社会实践是意识形态生成与发展的现实基础，反映大众利益是意识形态走向真实性的价值论路径。从而真实性地解读了与"实"俱进的中国当代意识形态发展的规律和路径。通过对马克思意识形态概念的文本考察，我们还发现，马克思将意识形态及其相关思想统一在人类的生活实践之中。因此，得出结论：如果一种意识形态能够真实反映社会存在，实现"事实真实"；能够代表大众利益，实现"利益真实"，那么，这种意识形态就是真实的，而这种真实的意识形态无疑是要建立在实践基础之上的。本书的主要创新性结论有以下几个方面。

第一，从意识形态的真假之争入手，回归马克思，重新阐释意识形态的实践之根。以往对于马克思意识形态的理解，通常有贬义、中性二分法或贬义、中性、褒义三分法，即认为资产阶级意识形态是贬义的，一般意识形态是中性的，革命阶级的意识形态是褒义的，由此便自然推导出资产阶级意识形态因其唯心性而虚假，马克思主义意识形态因其科学性而真实的简单结论。事实上，马克思考察意识形态的立足点是人的现实的社会生活实践。在阐述意识形态及其相关思想时，马克思始终是从人类生活实践出发来认识意识形态的，认为意识形态是人类生活过程的必然产物，意识形态也必将随着人类现实生活的变化而变化。本书对于实践与意识形态的关系研究，是以意识形态虚假性与真实性作为切入点的，这是一个全新的视角。通过对马克思意识形态理论的原生态考察，将其中所蕴含的虚假与真实的二元张力彰显出来，指出实践才是意识形态之根。

第二，通过事实真实与利益真实两个维度，分析出意识形态真实性的价值取向。当一种意识形态能够真实反映社会存在的时候，就实现了它的"事实真实"。同时，意识形态必须以利益为基础，正确反映大众利益诉求，才是符合历史的。当一种意识形态能够建诸实践基础之上，最大限度地反映大众利益的时候，就实现了其"利益真实"。本书提出"事实真实"与"利益真实"的观点，认为意识形态只有真实反映社会实践状况、代表大众利益，才能实现其真实性的价值取向。

第三，建构与中国社会发展实践相适应的意识形态范式。实现意识形态的利益真实是意识形态真实性的最终旨归。这就要求意识形态要随社会实践的发展而不断修正自身，这样才能达到统治阶级利益与社会普遍利益的不断契合，从而实现意识形态的真实性取向。本书通过比较研究，分析西方马克思主义意识形态理论与东欧社会主义国家意识形态的实践历程，指出当代西方研究意识形态的一些学者只是借用了"虚假"概念，并没有真正把握马克思的唯物主义历史观，对意识形态的批判由于脱离了实践而在理论上走入困境；并从中得到启示，纠缠于意识形态的"真假性"并无实际意义，对意识形态的评判要看其是否适应社会实践的发展。

在当代中国，改革开放带来社会的实践变迁，相应地，意识形态范式也应当随之转变，即在方法论上，从否定辩证法转向肯定辩证法；在历史观方面，从革命史观转向渐进史观。意识形态范式随社会实践的变迁而不断变革，意识形态由于建诸实践之上而推动了中国的经济与社会发展，创造了"中国奇迹"，凸显其利益真实。今后，意识形态仍然要始终真实反映社会存在、最大程度代表人民利益，才能保持其真实性。而实践是意识形态变革的立足点，中国当代意识形态应随实践发展而彰显其真实性旨趣。

由于本人研究能力有限，同时面对复杂多变以及论争不断的国际意识形态环境，使本书在"意识形态生成与发展的现实基础即社会实践"方面还缺少深层次和宽领域的研究。今后对于意识形态的研究，应当侧重于对中国当代的现实问题以及意识形态内在矛盾的深层次研究。应当说，遵从马克思意识形态理论的学理性基础，以不断变化发展的意识形态环境为现实基础是意识形态研究的发展趋势。

参考文献

中文著作

《邓小平文选》第2卷，人民出版社1994年版。
《邓小平文选》第3卷，人民出版社1993年版。
《列宁选集》第1—4卷，人民出版社2012年版。
《列宁选集》第26卷，人民出版社1988年版。
《列宁选集》第28卷，人民出版社1990年版。
《列宁选集》第29卷，人民出版社1985年版。
《列宁选集》第30卷，人民出版社1985年版。
《列宁选集》第41卷，人民出版社1986年版。
《列宁选集》第6卷，人民出版社1986年版。
《列宁专题文集·论辩证唯物主义和历史唯物主义》，人民出版社2009年版。
《马克思恩格斯全集》第1卷，人民出版社1995年版。
《马克思恩格斯全集》第2卷，人民出版社1957年版。
《马克思恩格斯全集》第30卷，人民出版社1995年版。
《马克思恩格斯全集》第3卷，人民出版社2002年版。
《马克思恩格斯全集》第42卷，人民出版社1979年版。
《马克思恩格斯全集》第44卷，人民出版社2001年版。
《马克思恩格斯文集》第1卷，人民出版社2009年版。
《马克思恩格斯选集》第1—4卷，人民出版社2012年版。
《毛泽东文集》第7卷，人民出版社1999年版。

《毛泽东选集》第1—4卷，人民出版社1991年版。

阿尔都塞：《哲学与政治：阿尔都塞读本》，陈越编，吉林人民出版社2003年版。

安德鲁·文森特：《现代政治意识形态》，袁久红等译，江苏人民出版社2005年版。

安东尼·吉登斯：《民族国家与暴力》，胡宗泽、赵力涛译，生活·读书·新知三联书店1998年版。

陈晏清、王南湜、李淑梅：《马克思主义哲学高级教程》，南开大学出版社2001年版。

陈越：《哲学与政治：阿尔都塞读本》，吉林人民出版社2003年版。

大卫·麦克里兰：《意识形态》，孔兆政、蒋龙翔译，吉林人民出版社2005年版。

方钰：《伊格尔顿意识形态理论探要》，重庆出版社2008年版。

费尔巴哈：《基督教的本质》，荣震华译，商务印书馆1995年版。

戈尔巴乔夫：《改革与新思维》，苏群译者，新华出版社1987年版。

葛兰西：《狱中札记》，曹雷雨等译，中国社会科学出版社2000年版。

郭忠义：《经济转轨与制度理念变迁》，辽宁大学出版社2005年版。

郭忠义：《社会理性与市场经济的兴起》，经济科学出版社2001年版。

黑格尔：《精神现象学》（英汉对照全译本），王诚、曾琼译，中国社会科学出版社2007年版。

侯惠勤：《马克思的意识形态批判与当代中国》，中国社会科学出版社2010年版。

季广茂：《意识形态视域中的现代话语转型与文学观念嬗变》，北京大学出版社2005年版。

卡尔·曼海姆：《意识形态与乌托邦》，商务印书馆2000年版。

刘明君、郑来春、陈少岚：《多元文化冲突与主流意识形态建构》，中国社会科学出版社2008年版。

卢卡奇：《历史与阶级意识》，杜章智、任立、燕宏远译，商务印书馆1992年版。

陆杰荣：《哲学境界》，吉林教育出版社 1998 年版。

陆俊：《理想的界限——"西方马克思主义"现代乌托邦社会主义理论研究》，社会科学文献出版社 1998 年版。

孟登迎：《意识形态与主体建构：阿尔都塞意识形态理论》，中国社会科学出版社 2002 年版。

莫里斯·博恩斯坦：《比较经济体制》，王铁生译，中国财政经济出版社 1988 年版。

齐格姆·鲍曼：《立法者与阐释者》，洪涛译，上海人民出版社 2000 年版。

齐泽克、阿多诺等：《图绘意识形态》，方杰等译，南京大学出版社 2006 年版。

齐泽克：《意识形态的崇高客体》，季广茂译，中央编译出版社 2002 年版。

乔舒亚·库珀·雷默等：《中国形象：外国学者眼里的中国》，沈晓雷等译，社会科学文献出版社 2008 年版。

乔治·莱尔因：《重构历史唯物主义》，姜兴宏等译，中国社会科学出版社 1991 年版。

叔贵峰：《马克思宗教批判的革命变革——从理性的批判到实践的批判》，人民出版社 2008 年版。

宋惠昌：《当代意识形态研究》，中共中央党校出版社 1993 年版。

童世骏：《意识形态新论》，上海人民出版社 2006 年版。

王国坛：《感性的超越——马克思哲学变革的基础》，辽宁大学出版社 2005 年版。

王晓升：《西方马克思主义意识形态理论》，社会科学文献出版社 2009 年版。

王永贵：《经济全球化与社会主义意识形态建设研究》，人民出版社 2005 年版。

杨海英：《社会主义意识形态创新研究》，中共中央党校出版社 2005 年版。

仰海峰：《西方马克思主义的逻辑》，北京大学出版社 2010 年版。

姚大志：《现代意识形态理论》，黑龙江人民出版社1993年版。

伊格尔顿：《历史中的政治、哲学、爱欲》，马海良译，中国社会科学出版社1999年版。

尹继佐：《当代文化论稿》，上海社会科学院出版社2006年版。

俞吾金：《意识形态论》，人民出版社2009年版。

约翰·B.汤普森：《意识形态和现代文化》，高铦等译，译林出版社2005年版。

张秀琴：《马克思意识形态理论的当代阐释》，中国社会科学出版社2005年版。

张秀琴：《西方马克思主义意识形态理论的当代阐释》，中国传媒大学出版社2005年版。

郑永廷：《社会主义意识形态发展研究》，人民出版社2002年版。

中共中央宣传部理论局：《科学发展观学习读本》，学习出版社2006年版。

周宏：《马克思意识形态理论的文本学研究》，上海三联书店2003年版。

中文文章

包毅：《意识形态是革命的武器——列宁意识形态观探微》，《社会主义研究》2008年第5期。

陈冬生：《马克思主义意识形态理论与当代中国意识形态建设研究》，《中共中央党校学报》2011年第8期。

陈扬：《列宁意识形态理论的文本考察》，《北方论丛》2011年第3期。

董扣艳、傅德华：《民国初期黔籍留学生与早期马克思主义中国化》，《上海党史与党建》2018年第4期。

董青、肖红雷、胡亚：《新媒体时代对气象宣传科普工作的思考》，《新媒体研究》2018年第6期。

杜章智：《关于卢卡奇和他的〈历史和阶级意识〉》，《马列主义研究资料》1983年第1期。

高清海：《中华民族的未来发展需要有自己的哲学理论》，《新华文摘》

2004 年第 14 期。

高阳：《西方马克思主义对意识形态理论的贡献》，《国外理论动态》2008 年第 8 期。

郭忠义：《从意识形态范式变革看中国化马克思主义哲学的逻辑演进》，《党政干部学刊》2010 年第 8 期。

郭忠义：《论中国经济奇迹的意识形态原因》，《哲学研究》2008 年第 9 期。

郭忠义：《中国奇迹与意识形态范式变迁》，《党政干部学刊》2011 年第 10 期。

何建津：《论青年马克思对黑格尔和费尔巴哈的批判、继承与超越——〈1844 年经济学哲学手稿〉中的马克思哲学》，《兰州学刊》2005 年第 5 期。

贺翠香：《穿越幻象 认同症兆——论齐泽克探讨意识形态理论问题的新途径》，《世界哲学》2011 年第 5 期。

胡辉华：《马克思的意识形态概念》，《暨南学报》（哲学社会科学版）2001 年第 6 期。

黄蓉：《政工工作力求做到"五唯"》，《智库时代》2017 年第 15 期。

黄珊：《出版工作者应牢固树立政治意识》，《科技与出版》2017 年第 12 期。

黄珊：《习近平新闻思想的哲学光辉》，《中共云南省委党校学报》2018 年第 2 期。

姜华：《西方马克思主义意识形态理论嬗变的文化向度》，《北方论丛》2010 年第 1 期。

姜迎春：《论改革开放以来我国意识形态变革的基本特点》，《学海》2009 年第 3 期。

解斌：《虚假和真实：马克思意识形态的两极张力》，《齐齐哈尔大学学报》2009 年第 7 期。

孔海棠、董淑平、衡连伟：《安徽红色资源在高校思想政治教育中的运用》，《安徽理工大学学报》（社会科学版）2018 年第 1 期。

孔明安:《深化精神分析维度中的意识形态研究》,《世界哲学》2011年第5期。

李德顺:《实践唯物主义与唯物史观——重读马克思哲学的两个纲领性论述》,《铜仁学院学报》2010年第1期。

李辉、刘修华:《习近平思想政治工作思想论纲》,《思想政治教育研究》2018年第1期。

李英田:《"科学的意识形态"与意识形态的科学性——论保持社会主义意识形态科学性的基本途径》,《资料通讯》2007年第3期。

李英田:《利益变迁与意识形态创新——对社会主义意识形态建设的一种方法论思考》,《宁夏党校学报》2007年第3期。

刘佳:《浅谈思想政治工作中的无意识教育》,《北京化工大学学报》(社会科学版)2018年第2期。

刘希刚、王永贵:《习近平意识形态思想的整体性探析》,《江苏社会科学》2018年第1期。

刘忠泽、刘克忠、李国庆:《社会发展最终动力之探讨》,《保定师范专科学校学报》2006年第3期。

鲁路:《意识形态批判的嬗变》,《马克思主义与现实》2004年第4期。

陆杰荣:《理论哲学的范式与马克思哲学关于"实践"的有限规定》,《学习与探索》2008年第6期。

陆杰荣:《马克思"新世界观"的现实性向度及其实质》,《中国社会科学》2007年第6期。

陆中恺:《高校思想政治教育微信媒体话语权的审视与构建》,《教育现代化》2018年第5期。

吕嘉:《重新理解"社会存在决定社会意识"》,《哲学动态》2001年第6期。

倪素香、靳文静:《新时代基层思想政治工作创新研究》,《北方工业大学学报》2018年第3期。

邱晓林:《意识形态论——从特拉西到齐泽克》,《内蒙古社会科学》(汉文版)2006年第4期。

孙宝国：《媒体融合时代中国电视节目创新创优》，《上海师范大学学报》（哲学社会科学版）2018年第1期。

孙建国、樊心刚：《新时期老干部宣传工作转型发展的对策研究》，《人力资源管理》2018年第5期。

唐忠宝：《九十年来中国共产党意识形态理论创新初探》，《广东省社会主义学院学报》2011年第3期。

王海锋：《马克思意识形态批判的真实意义——从当代国外马克思主义者的视野看》，《学术研究》2011年第11期。

王林林：《共产党宣言与党员干部理想信念的现实表达》，《中共合肥市委党校学报》2017年第6期。

王晓升：《简论西方马克思主义意识形态理论的几个问题》，《福建论坛》（人文社会科学版）2008年第2期。

文祥：《"学习共同体"模式在高校"思政"课程教学中的应用》，《长沙理工大学学报》（社会科学版）2018年第1期。

吴继寿：《做好基层宣讲工作的三个关键》，《贺州学院学报》2017年第4期。

武东生：《马克思意识形态观的思想理路》，《天津社会科学》2009年第6期。

郗戈：《青年马克思的理性概念——兼论马克思哲学与德国理性主义的关系》，《社会科学辑刊》2007年第5期。

肖唤元、秦龙：《习近平意识形态建设思想探析》，《社会主义研究》2018年第3期。

徐辉：《全媒体时代加强党的执政能力建设的几点思考——兼论马克思主义新闻观》，《领导科学》2014年第20期。

徐增文、房博：《社会主导意识形态变迁与中国经济发展：1978—2008》，《南京政治学院学报》2008年第6期。

杨河：《马克思主义的意识形态理论和实践》，《北京大学学报》2008年第2期。

杨敏、梁佳：《和谐社会与马克思主义新闻观》，《湘潮》（下半月）

2011 年第 6 期。

杨延圣、陈凯伦：《论习近平新闻舆论观的科学体系》，《理论界》2017 年第 12 期。

郁建兴、陈建海：《马克思主义意识形态理论的嬗变和转型》，《北方论丛》2008 年第 1 期。

张东林：《石家庄市借力试点城市推动安全生产宣传教育工作再上新台阶》，《中国安全生产》2018 年第 1 期。

张纲：《关于构建我国主流意识形态话语权保障机制的思考》，《河南理工大学学报》（社会科学版）2018 年第 1 期。

张思军：《利益和谐：中国社会建设的当代要求》，《云南社会科学》2011 年第 5 期。

赵文丹：《准确把握新时代习近平新闻舆论思想的核心内涵——深入学习习近平总书记十九大报告精神》，《西南政法大学学报》2017 年第 6 期。

郑吉伟、郭发：《论习近平对邓小平思想政治教育思想的继承与发展》，《思想教育研究》2018 年第 3 期。

周宏：《西方马克思主义意识形态理论的逻辑进程》，《哲学研究》2004 年第 2 期。

周天勇：《政治转型、适度集中和稳定与中国的经济增长》，《经济研究参考》2009 年第 19 期。

博士论文

安娜：《当代社会思潮对大学生思想行为的影响及对策研究》，博士论文，北京交通大学，2016 年。

白立新：《高校意识形态工作话语权研究》，博士论文，东北师范大学，2018 年。

蔡泉水：《新媒体环境下我国主流意识形态安全研究》，博士论文，南昌大学，2016 年。

仇志伟：《自媒体视域下大学生意识形态教育研究》，博士论文，河北师范大学，2018 年。

高宏强：《当代中国主流意识形态与国家安全观的共生关系研究》，博士论文，内蒙古大学，2017年。

高建华：《互联网时代我国意识形态面临的机遇与挑战研究》，博士论文，南开大学，2012年。

何红连：《大众媒介环境下社会主义意识形态传播问题研究》，博士论文，华东师范大学，2014年。

胡春阳：《社会主义意识形态认同历程研究》，博士论文，安徽大学，2016年。

胡银银：《改革开放以来我国意识形态话语权问题研究》，博士论文，南开大学，2014年。

黄丽娟：《建国以来社会主义意识形态建设研究》，博士论文，上海社会科学院，2017年。

刘贝贝：《当代大学生政治认同研究》，博士论文，北京交通大学，2016年。

刘国普：《当代中国马克思主义意识形态话语权建设研究》，博士论文，华南理工大学，2014年。

刘勇：《当代中国主流价值观话语权的思想溯源与现实建构》，博士论文，安徽大学，2017年。

刘友女：《意识形态结构视域下中国主导意识形态问题研究》，博士论文，华东师范大学，2012年。

任福义：《中国特色社会主义意识形态建设研究》，博士论文，北京交通大学，2018年。

史姗姗：《思想政治教育话语权研究》，博士论文，武汉大学，2014年。

王昊：《新时期社会主义意识形态社会治理研究》，博士论文，华中师范大学，2015年。

王娟娟：《高校宣传思想工作合力研究》，博士论文，辽宁师范大学，2017年。

朱继东：《新时期领导干部意识形态能力建设》，博士论文，中国社会科学院研究生院，2013年。

后 记

本书是在我的博士论文基础之上修改而成的。此刻，距离我博士毕业已整整7年，之所以拖这么久才出书，要从我踏入哲学之门、攻读博士说起……11年前，我带着对哲学的无限向往走进辽宁大学哲学与公共管理学院，开始攻读马克思主义哲学专业的博士研究生。当时，对于本科和硕士都是非哲学专业的我来说，哲学更像是一座圣殿，而我是虔诚的信徒。7年前，当我的博士论文辍笔的时刻，并没有想象中的释然，却深感漫漫征途才刚刚起步。哲学本身的晦涩深奥和我本人跨学科的学习背景，使我在学习过程中举步维艰；论文写作的过程中，有过不知所措的茫然、思路不通的懊恼，想过放弃、有过挣扎，一次次坐在电脑前泪流不止，一个个夜晚彻夜难眠，读博士的过程于我而言，似炼狱、如涅槃，好在论文的完成使我获得了"重生"！

特别感谢我的恩师郭忠义教授，他不仅在学业上给予我悉心的指导，更以一个父亲对孩子的宽容之心，包容我所有的无知和错误。老师教会我在不断学习中进步，在辛勤耕作中收获，在进步中自省，在收获中自勉！郭老师治学严谨，他的严格要求使我懂得，为学的道路上来不得一点马虎和虚假；老师博学多识，其悉心指导化解了我论文写作过程中一个又一个难题；老师沉于学术、淡泊名利，让我感受到他的儒雅大气和宽阔胸怀，也使我深感学海无涯、学无止境，只有笔耕不辍才不辱学者使命。我是老师的开山弟子，第一个博士，7年前那篇还散发着稚气的博士论文，承载着我的成长和感恩。7年的反思与积累，给了我沉淀的机会，让我能够更好地完善论文，弥补当初的不足。为学为人，老师教会我不急不躁，对老师的感激之情无法用语言来表达，有限的文字无法承载我们的师生之情，唯有继续前行，回报老师的再造之恩！

感谢辽宁大学马克思主义哲学博士点的各位导师，他们是陆杰荣教授、王国坛教授、邵晓光教授、叔贵峰教授、吕梁山教授。感谢老师们四年间对我的无私帮助和指导，我的点滴进步都离不开各位老师的关心和支持。在本书写作的过程中，各位老师更是以不同的方式提出了宝贵的意见和建议。在此，送上我最诚挚的谢意和最衷心的祝福！

感谢沈阳师范大学马克思主义哲学专业的研究生同学们，他们是张莹、李菡婷、乔子龙、林鑫、王筱晓，在本书的资料搜集及整理工作中给予我无私的帮助。

还有我的家人。感谢对我视如己出的公婆和我慈祥的母亲，几位老人为了支持我的学业，帮我承担了几乎所有的家务；感谢我的爱人，在我实现一个又一个人生梦想的过程中，他永远是我最坚强的依靠；感谢我的儿子，我读博士的时候，他还没上小学，如今已是一名高中生了，孩子懂事听话，很少让我操心，他的童年没有妈妈陪读、也没人检查作业，因为妈妈也在忙。感谢家人们在经济上、精神上对我的全力支持，使我有勇气克服困难、不断前行。我还要把此书献给我最亲爱的父亲，愿他含笑九泉。

"路曼曼其修远兮，吾将上下而求索。"愿以此书为起点，开启我人生新的征途！

李馨宇

2019 年 7 月 3 日于沈师专家公寓